文教の朝鮮 總目次·人名索引

崔惠珠 編著

어문학사

| 目次 |

第1部 解題編 —— 5

第2部 總目次編 —— 21

第3部 人名索引編 —— 301

第2部 · 第3部 凡例

1. 이 별권은 복간판 『문교의 조선』 전86권의 총목차와 인명색인을 다루었다.

2. 한자체, 가나(仮名)의 차이가 있을 시 원문 그대로 표기하였다.

3. 총목차 각호의 첫머리에는 원문의 호수와 발행년월을 표기하였다.

   例 → **文教の朝鮮 第1號 1925. 9 創刊號**

4. 목차의 표기는 「타이틀명 ▶ 집필자명 ……… 원본잡지의 페이지」 형식을 띠고 있다.

   例 → 會報改造に際し朝鮮教育者に望む▶李軫鎬 ……… 1

5. 인명색인은 「집필자명 ……… 총목차 · 인명색인의 페이지」 형식을 띠고 있다.

   例 → 相田重男 ……… 211

6. 인명색인은 한자의 음을 기준으로 가나다순으로 정렬하였고 일본어의 경우에는 오십음(五十音)순으로 정렬하였으며 영어는 알파벳순으로 정렬하였다.

7. 동일인물이라고 생각되는 경우라도 표기에 차이가 있을 시 별도로 표기하였다.

   例 → 「南朝鮮總督」「南次郎」「南總督」

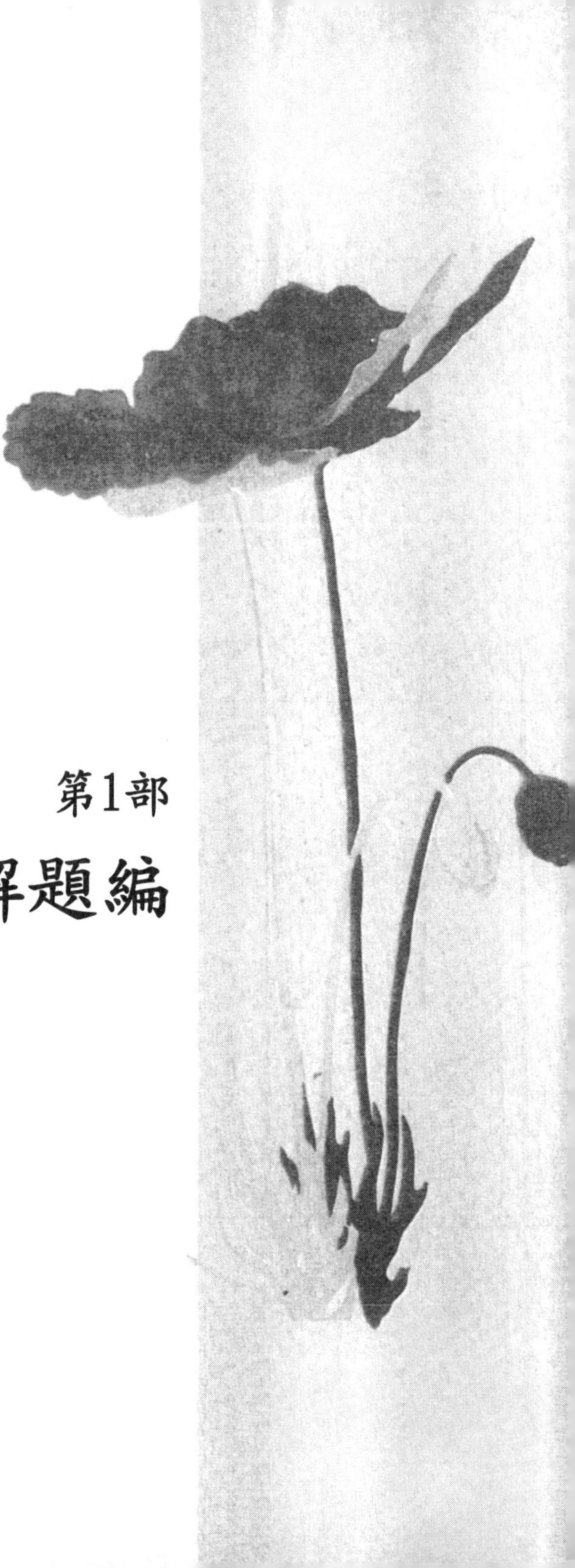

第1部

解題編

Ⅰ. 조선교육회의『文教の朝鮮』창간 경위

조선교육회는 1902년에 결성된 경성교육회를 모체로 1910년 12월에 조직된 교육단체다. 1915년 조선교육연구회로 축소 개편되었다가 1922년 조선교육령이 개정되면서 이듬해 다시 조선교육회로 확대되었다.[1] 조선교육회는 총독부의 학무국 내에 본회를 두고 각 도교육위원회를 지회로 두었으며, 그 밑에 각 府·郡·島교육회를 분회로 설치하였다. 본회의 임원은 회장, 부회장, 평의원 및 간사를 두었다. 역대회장은 정무총감이 맡았고[2] 부회장 2인을 두었는데 학무국장[3]과 조선인이 각각 맡았다.

조선교육회의 회원은 명예회원, 특별회원, 보통회원이 있었는데 명예회원은 학식과 덕망이 우월한 자, 특별회원은 특별한 공적이 있는 자로 규정하였다. 보통회원은 교육에 종사하는 일반 인사로 1923년 말 8,860명이었다. 1926년부터 회원 모집운동을 전개하면서 1만 명을 넘게 되었다. 이후 1939년에 2만 명을 돌파하였고 1940년에는 3만 명에 달하였다. 이렇게 회원이 증가하는 것은 교직원 수가 증가했기 때문이었다. 특히 이것은 공립보통학교의 학생, 교직원 수가 증가된 것과 밀접한 관련이 있었다. 이 회원들에게

---

1) 조선교육회에 대한 연구는 다음 논문을 참조. 김성학, 「일제시기 관변 교원단체의 형성 과정과 그 사회적 기능」『교육학연구』41-2, 2003과 강명숙, 「조선교육회 기관지『문교의 조선』에 나타난 조선인의 활동」『한국교육사학』30-1, 2008

2) 조선교육회 회장을 맡았던 역대 정무총감은 다음과 같다.
湯淺倉平(1925.11.22~1927.12.23), 池上四郎(1927.12.23~1929.4.4), 兒玉秀雄(1929. 4.4~1931.6.19), 今井田清德(1931.6.19~1936.8.5), 大野綠一郎(1936.8.5~1942. 5.29), 田中武雄(1942.5.29~1945.7.24)

3) 역대 학무국장은 다음과 같다.
長野幹(1922.10.16~1924.12.1), 李軫鎬(1924.12.1~1929.1.19), 松浦鎮太郎(1929.1.19~1929.10.4), 武部欽一(1929.10.4~1931.6.27), 牛島省三(1931.6.27~1931.9.23) 林茂樹(1931.9.23~1933.8.4), 渡邊豊日子(1933.8.4~1936.5.21), 富永文一(1936.5.21~1937.7.3), 鹽原時三郎(1937.7.3~1941.3.26), 眞崎長年(1941.3.26~1942.10.23), 大野謙一(1942.10.23~1944.8.17), 武永憲樹(1944.8.17)

배포한 것이 『文教の朝鮮』이었다.

『文教の朝鮮』은 일본어로 발행된 월간 종합잡지로 1925년 9월호부터 1945년 1월호까지 총 229호가 발행되었다. 창간호가 나온 이래 1 차례의 휴간(1943년 3월)과 3차례의 합병호[4]를 제외하고 20년 동안 간행되었다. 휴간과 합병호 발행은 전시통제기 배급용지가 부족했기 때문이었다. 이런 현상은 발행면수에서도 확인할 수 있다. 처음에 150쪽에서 200쪽 정도의 분량이 1941년 이후에는 대폭 축소되어 30쪽에서 50쪽 가량 되었다. 그러나 발행부수는 1930년 13,550부, 1938년 21,495부, 1944년 35,900부로 늘어났다.[5]

학무국장으로 조선교육회의 부회장을 맡고 있던 李軫鎬는 『文教の朝鮮』의 간행의의를 창간호에서 다음과 같이 말하고 있다.

> 조선교육회는 會를 위한 會가 아니고 회원을 위한 會이며 조선교육을 위한 會이다. 조선교육회는 다수의 회원을 포용하고, 회원은 보편적으로 각지에 산재하고 있으며 회원은 각 방면의 인사를 망라한 會이다. 그렇다면 본회의 왕성 여부는 조선교육자는 물론 조선통치에 지대한 관계가 있는 매우 유력한 단체의 하나라고 단언해도 과언이 아니다. (중략) 이에 『教育時報』를 개조하여 『文教の朝鮮』을 발행하는데 교육 및 그 당사자의 임무를 반성하고 나아가 분투의 길을 비추는 탐조등이 되어 더욱 유력한 본회로 번창하여 그 임무를 완수하기 바란다.

조선교육회의 역할은 총독부의 관변단체로서의 기능을 충실히 수행하는 것이었다. 이를 위해 조선교육회가 추진한 사업은 교육에 관한 의견 발표, 교육자료 조사, 잡지발행 및 도서발행, 교육유공자 표창, 학술강연회 및 강습회 개최, 사회교육 시설 및 지도 장려, 교육사정 소개, 학사시찰 등이었다.

---

4) 1941년 9월과 10월(193호), 1943년 5월과 6월(211호), 1944년 10월과 11월호(227호)

5) 1944년 4월 이후에는 약간의 변동이 있어 26,535(4월), 26,500(5월), 29,200(6월), 29,300(7~11월), 20,000(12월~1945년 1월)부가 발행되었다.

이러한 사업의 일환으로 『文教の朝鮮』을 발행하여 총독부의 통치방침에 협조한 것이었다.

II. 『文教の朝鮮』의 구성과 집필진

『文教の朝鮮』은 창간호에서 지면을 권두언, 학설, 연구, 만화, 잡록, 문예, 휘보 등으로 구분하였다. 이후 강연, 논설, 창작 등이 추가되었다. 문예와 창작은 희곡, 동화, 여행기, 수필, 영화시나리오, 短歌, 하이쿠(俳句) 등으로 구성되었다. 1928년 10월부터는 총독의 훈시가 등장하였고, 이어서 칙어와 정무총감 담화가 함께 나타났다. 1929년 9월 이후에는 영역을 구분하지 않았으며 문예, 창작은 줄어들었다. 1934년 5월부터는 훈시, 御誓文, 칙어, 황국신민서사 등이 게재되었다. 발행초기에는 교육에 관한 학설, 연구 등이 주류를 이루었고, 휘보에서는 법령개정이나 강습회 소식, 논문현상모집요령 등 다양한 정보를 제공하였다. 아울러 당시의 시대상황에 따라 총 45회 특집호를 발행했는데 13회의 교육총회나 대의원회관련 특집을 제외하면 32회의 특집호를 편성한 셈이다.

이 잡지에 연구와 학설, 논설 등을 집필한 사람은 주로 총독부의 관료, 경성제국대학 교수였고, 그 외에도 일본의 대학 교수, 사범학교와 각급학교의 교원 그리고 군인들이 있었다. 그들은 총독부의 교육정책을 입안하는 실무자, 교육정책에 필요한 이론적 근거를 제공하는 연구자, 실제 학습현장에서 그러한 정책을 실행하고 지도해 가는 담당자들이었다. 그들의 소속에 따라 그 내용을 나누어 살펴보기로 하겠다.

첫 번째로 총독부의 관료들이다. 그들 가운데는 학무국 소속이 많았다. 학무국은 문교, 종교, 사회행정을 관장한 부서다. 학무 관료들의 집필에는 편수관 다카다 쿠니히코(高田邦彦)의 교재, 學習帳에 대한 글과 학무과장

후쿠시 스에노스케(福士末之助)의 청년훈련, 교육의 임무, 조선교육 개관 등에 관한 글이 주목된다. 1930년 이후에는 학무국장, 학무과장, 시학관과 총독부 각 부서 과장들이 쓴 글이 대부분을 차지하고 있다. 조선 통치문제, 비상 시 조선의 초등교육, 사변 하의 조선교육, '대동아전쟁' 하의 학원태세 등이 수록되어 비상시국에 대한 대응자세를 강조하였다. 이밖에도 자력갱생, 농촌진흥운동, 지원병제 실시, 황도교육, '대동아전쟁'의 필승 신념과 교육자의 사명에 관한 글이 있다. 여기서는 決戰을 앞두고 교육의 중점을 '전력증강'에만 집중시킬 것을 주장하거나 국민학교의 아동도 전쟁을 준비해야 함을 자각시켜 전쟁수행에 도움이 되도록 촉구하였다.

두 번째로 경성제국대학 교수들이다. 이 가운데 주목되는 글은 법문학부장을 지낸 마쓰즈키 히데오(松月秀雄)의 「印度의 아세아 교육회의와 교육칙어」(1931.10), 「황국의 學的」(1939.6), 「국민학교령과 체육」(1942.5), 「교육칙어와 국민교육」(1942.10)이다. 그가 주장한 황국교육의 목적은 일본의 '교육칙어'를 통해 아시아 교육 전체를 지도하고, "비상시국 하 내일의 황국신민을 육성하여 내일의 황국을 준비하는 것"이었다. 시라이 시게노부(白井成允)의 「도덕적 정신」(1928.4), 「日本道의 연원」(1935.1)과 아키바 다카시(秋葉隆)의 「조선학동의 내지화 측정」(1940.3), 다바나 다메오(田花爲雄)의 「道義 조선 건설과 가정교육」(1942.11), 「학도근로동원」(1944.8), 다보하시 기요시(田保橋潔)의 「明治維新과 교육칙어 환발」(1941.1), 스즈키 다케오(鈴木武雄)의 「대동아전쟁과 일본전시경제(1942.3)」, 「대동아공영권과 경제문제」(1943.1), 「決戰 경제의 이론」(1943.3), 「전력증강의 이론과 과제(1945.1)」가 있다. 이밖에도 식물(森爲三), 설화(近藤時司), 문학(佐藤清), 조선어(小倉進平), 국어교수법(麻生磯次), 기후와 위생(水島治夫), 일본문화(速水滉), 법률(不破武夫 · 尾高朝雄) 등에 관한 글이 있다.

세 번째로 일본에 있는 대학 교수들이다. 이들은 주로 일본이 1930년대 침략전쟁을 수행하는 데 필요한 정신적 교화이론을 제공하였다. 예를 들면 도쿄제대의 히라이즈미 기요시(平泉澄)는 황국사관의 대표적 역사가이며,

만주건국대학 설립에 참여한 인물이다. 그는 「일본정신」에서(1935.10) 가마쿠라시대 말기부터 남북조시대에 걸쳐 활동한 구스노키 마사시게(楠木正成)란 인물을 소개하였다. 구스노키는 2차 세계대전 중 황국사관 아래 전사를 각오하고 대의를 위해 싸울 "충신의 본보기"였다. 이밖에도 교토제대 총장을 지낸 고니시 시게나오(小西重直)가 '교육보국'을 강조하는 「교육자의 정신」(1935.7), 「교육칙어와 흥아의 대업」(1940.11) 등이 있다. 1890년에 선포된 교육칙어는 일본제국헌법 제정이후 일본인의 교화를 위해 만들어진 교육지침서이다. 교육칙어에 대한 내용소개는 식민지 조선에 천황제 교육체제의 강화를 유도하기 위한 것이었고 이 잡지를 통해서도 여러 차례 강조되었다.

일본정신론은 1931년부터 일본에서 풍미한 유행 현상으로 일본의 침략전쟁 수행과 함께 등장하였다. 이 잡지에는 후카사쿠 야스부미(深作安文, 도쿄제대)의 「사상문제」(1931), 호즈미 시게도오(穗積重遠, 도쿄제대)의 「일본의 과거현재 및 장래」(1935), 기요하라 사다오(淸原貞雄, 히로시마문리대)의 「일본정신」(1935), 무라오카 쓰네쓰구(村岡典嗣, 도호쿠제대)의 「神道와 그 특질」(1936), 가노코기 가즈노부(鹿子木員信, 큐슈제대)의 「支那事變과 肇國의 정신」(1939) 등이 있다. 특히 긴케이(金鷄)학원을 설립한 야쓰오카 마사히로(安岡正篤)는 2차 세계대전 중에 설치된 大東亞省의 고문을 지내고 우익단체 연합조직인 新日本協議會를 설립하여 전후 우익사상의 사상적 기둥이 된 인물이다. 이 학교는 정신교화를 통해 일본 개조의 원동력을 창출하여 지도자를 육성하는 것이 목표였다. 야쓰오카는 「일본정신」(1934)에서 일본정신의 의미를 '몰아적인 무사도정신'에서 찾고 '자신을 비우고 자신을 잊으며 봉사하는 것'이라고 보았다. 아울러 일본정신을 연구하기 위해서는 3종의 神器와 국체를 연구해야 함을 주장하였다.

큐슈제대의 고이테 미쓰지(小出滿二), 히로시마문리대의 가쓰베 켄조(勝部謙造)·오사다 아라타(長田新)·이나토미 에이지로(稻富榮次郞), 도쿄문리대의 나라사키 아사타로(楢崎淺太郞)가 쓴 실업보습학교, 교육해석학, 최신 교육사조, 현대의 철학과 교육학, 교육쇄신에 관한 글도 교육담론에서 논하였다.

네 번째로 일선 교육현장에 있는 교원과 군인들이다. 교유, 훈도 학교장들의 글은 초기에는 일반교과와 교재의 교수법에 관한 내용이었다. 그러나 1930년대에는 簡易學校 경영, 농가갱생계획, 心田개발, 교육칙어 실천, 일본교학의 본질, 황국신민체조 실시, 시국과 국사교육, 무사도정신, 황도정신과 일본의 사명을 강조하였다. 1940년 이후에는 국체의 본의, 황국 일본이 나갈 길, 내선일체 구현의 지리교육, '대동아전쟁'과 초등교육, 무사도정신과 황국여성 등 전쟁수행과 황민화교육 시행에 부응하는 글로 바뀌었다.

또한 군인들의 집필내용은 학교교련 사열(1927), 대도시의 방공(1928), 청년훈련소 사열(1929), 일본의 聖業과 국방(1933), 日滿의 국경사정(1934), 국책자원(1938), 대동아전쟁(1942), 科學戰 실상(1944), 비상시국에 교육자에게 바람(1944), 학도근로 동원(1944), 특별지원학도 錬成 문제(1944) 등이 있다. 이들은 조선군사령부 소속이거나 육해군 장교 및 육군교수, 해군병학교의 현직군인들로 침략전쟁을 수행하면서 실전에 필요한 여러 정보와 비상시국 하의 정신무장, 학도병 동원문제 등을 다루었다.

Ⅲ. 특집호 발행과 잡지의 성격

일본은 1930년대에 접어들면서 군부의 입김이 강화되는 가운데 1931년 만주침략을 감행하였다. 침략전쟁을 수행하기 위해 일본 본토만이 아니라 식민지 조선을 전쟁동원 체제로 만드는 정책을 전개하였다. 만주사변이 발발하기 3개월 전에 우가키 가즈시게(宇垣成一)가 조선총독에 취임한 이래 1936년 미나미 지로(南次郎), 1942년 고이소 쿠니아키(小磯國昭), 1944년 아베 노부유키(阿部信行)가 각각 총독에 취임하였다. 일본은 이 기간 동안

대외적으로는 중일전쟁(1937), 아시아태평양전쟁(1941)을 일으켜 침략전쟁을 추진하고 대내적으로는 국가총동원체제를 구축하였다. 이는 농촌진흥운동(1932~40), 황국신민화운동(1936), 국민정신총동원운동(1938), 국민총력운동(1940) 등을 통해 구체화되었다.

조선교육회는 총독부가 추진한 이러한 정책에 발맞추어『文教の朝鮮』의 성격도 크게 변화시켜 갔다. 초기에는 식민교육의 담당자인 교사들에게 필요한 교수방법이나 외국의 교수이론을 소개하였으며 총독부의 교육정책을 설명하였다. 나아가 수업료의 징수문제, 일본어 교육방법 등에 관한 여러 정보를 마련하였다. 그러나 만주사변 발발이후 총독부의 시정방침에 따라 황민화교육에 중점을 둔 내용으로 교육정책을 선전하였고 전시 비상시국의 상황을 반영하였다.

『文教の朝鮮』특집호는 1930년 이전에는 경성제국대학 개학이나 백두산 답사, 학교체육, 은사기념과학관 개관, 국어교육, 국사과 교수법 등 교육관련 주제를 소개하였다. 이후에는 '황국신민화' '내선일체화' 교육정책을 선전하는 내용으로 구성하여 '교육칙어' 환발 및 하사 기념호나 국체 본의, 사상문제, 기원 2600년 기념호를 통해 일본정신 및 황도정신을 강조하였다. 아울러 조선교육령과 3대 교육강령, 육군지원병령 시행, 국민정신총동원, 징병제도 실시 문제를 다루었다.

이와 같이『文教の朝鮮』에는 문예와 창작, 총독부 관료들의 식민통치론, 일본지식층의 교육담론, 일본정치가의 조선정책론, 일본정계의 동향, 재조일본인의 조선 풍속·인구 및 지질조사, 李軫鎬, 韓相龍 등 친일적 인사의 기고문, 일제강점기의 사회와 문화를 이해할 수 있는 다양한 자료가 수록되었다. 그러므로『文教の朝鮮』은『朝鮮及滿洲』(1912~1941),『朝鮮公論』(1913~1944)과 함께 일제강점기의 식민통치, 교육, 사회, 문화를 이해하는데 크게 도움이 되는 자료인 것이다.

〈표〉『文教の朝鮮』 특집호 내용

호수	발행일	내 용
10	1926.6	경성제국대학 개학 기념호
12	1926.8	山紫水明號
14	1926.10	백두산답사 기념호
15	1926.11	我校의 실과시설호
17	1927.1	조선전설호
20	1927.4	학교체육호
21	1927.5	은사기념과학관 개관호
29	1928.1	童話號
30	1928.2	보통학교 국어교육 연구호
33	1928.5	국사과 교수법 연구호
38	1928.10	제주도 하계대학호
62	1930.10	교육칙어 환발 만40년 기념호
68	1931.4	졸업생지도호
70	1931.6	직업교육 연구호
74	1931.10	노작교육개론 특집호
75	1931.11	사상문제 특집호
136	1936.12	교육칙어 御下付 25주년 기념호
144	1937.8	국체의 본의 특집호
152	1938.4	개정 조선교육령 육군특별지원병령 양제도시행 기념호
163	1939.3	현상논문 국체명징, 내선일체, 인고단련의 3대 교육강령을 구현하는 학교경영안 특집호
167	1939.7	학생생도 친열배수 기록
174	1940.2	기원 2600년 기념호
176	1940.4	국민정신총동원 특집호
181	1940.9	과학교육진흥 특집호
183	1940.11	교육칙어 御下賜 50주년기념 특집호
184	1940.12	기념표창 및 총회호
188	1941.4	국민학교령시행 · 청년단 신체제 특집호
193	1941.10	체련과 특집호
194	1941.11	음감교육 특집호
196	1942.1	신년호
202	1942.7	징병제도 특집호
203	1942.8	조선의 국어문제 특집호
204	1942.9	국체의 본의 특집호

Ⅰ. 朝鮮教育会の『文教の朝鮮』創刊経緯

朝鮮教育会は1902年に結成された京城教育会を母体として、1910年12月に組織された教育団体である。1915年には縮小されて朝鮮教育研究会となったが、1922年に朝鮮教育令が改正されてから翌年ふたたび朝鮮教育会となり拡大された。朝鮮教育会は総督府の学務局内に本会を設置し各道教育委員会を支会として、その下に各府・郡・島教育会を分会とした。歴代会長は政務総監が就き[1]、副会長二人をおいたが学務局長[2]と朝鮮人の代表が各々引き受けた。

朝鮮教育会の推進した事業は教育に関する意見発表、教育資料調査、雑誌発行及び図書発行、教育有功者表彰、学術講演会と講習会開催、社会教育施設の設置と指導奨励、教育事情紹介、学事視察などである。この事業の一環として『文教の朝鮮』を発行して総督府の統治方針に協力した。

『文教の朝鮮』は日本語の月刊綜合雑誌である。この雑誌は1925年9月号から1945年1月号まで229号が発行された。創刊号が発行されて以来、1回の休刊(1943年3月)と3回の合併号発行[3]を除いて20年間刊行された。休刊と合併号の発行は戦時統制期に配給用紙が不足したためであった。このような現状は発行ページ数でも確認できる。最

---

1) 朝鮮教育会の会長を引き受けた歴代政務総監は次のとおりである. 湯淺倉平(1925. 11. 22~27.12.23), 池上四郎(1927.12.23~29.4.4), 兒玉秀雄(1929.4.4~31.6. 19), 今井田清德(1931.6.19~36.8.5), 大野綠一郎(1936.8.5~42.5.29), 田中武雄(1942.5.29~45.7. 24)

2) 歴代学務局長は次のとおりである. 長野幹(1922.10.16~24.12.1), 李軫鎬(1924.12.1~29.1.19), 松浦鎮太郎(1929.1.19~29.10.4), 武部欽一(1929.10. 4~31.6.27), 牛島省三(1931.6.27~31.9.23), 林茂樹(1931.9.23~33.8.4), 渡邊豊日子(1933.8.4~ 36.5.21), 富永文一(1936.5.21~37.7.3), 鹽原時三郎(1937.7.3~41.3.26), 真崎長年(1941.3.26~42.10.23), 大野謙一(1942.10.23~44.8.17), 武永憲樹(1944.8. 17)

3) 1941年9月と10月(193号), 1943年5月と6月(211号), 1944年10月と11月号(227号)

初には150から200ページぐらいの分量が、1941年以後は大幅縮小されて、30から50ページぐらいになった。しかし発行部数は1930年の1万3550部、1938年の2万1495部、1944年の3万5900部でだんだん増加され会員に配布された。

II.『文教の朝鮮』の構成と執筆陣

『文教の朝鮮』の創刊号は巻頭言、学説、研究、漫画、雑録、文芸、彙報等で構成された。以後講演、論説、創作が追加された。文芸と創作の内容は戯曲・童話・旅行記・随筆・映画シナリオ・短歌・俳句である。1928年10月からは総督の訓示が登場し、勅語と政務総監の談話がのせられた。そして1929年9月以後にはジャンルを区分せず掲載して文芸、創作は減っている。1934年5月からは訓示・御誓文・勅語・皇国臣民誓詞などが掲載された。なお発行初期には教育に関する学説、研究などが主流をなし、彙報では法令改正、講習会消息、論文懸賞募集要領などの多様な情報を提供した。ちなみに当時の時代状況によって全部で45回の特輯号を発行したが13回の教育総会と代議員会特輯を除外すれば32回の特輯号を編集したのである。

この雑誌に研究と学説、論説などを書いた人々は主に総督府の官僚と京城帝大教授であって、その他に日本の大学教授と教員、そして軍人たちであった。彼らは総督府の教育政策を立案する実務者で、教育政策に必要な理論的根拠を提供する研究者として実際に学習現場でその政策を指導して行く担当者の役割もはたした。

(1)　総督府の官僚のなかでは学務局に属する局長・課長・視学官と各部署の課長たちの見解が大部分を占めた。学務局は文教・宗教・社会行政を管掌する部署である。彼らは朝鮮の統治問題及び教育展望そして‘大東亜戦争’下の非常時局に対する対応姿勢を強調した。このほかに自力更生・農村振興運動・志願兵制実施・皇道教育・‘大東亜戦争’と教育者の使命に関する内容があった。ここでは決戦を控えて教育の重点を‘戦力増加’にだけ集中させることを主張するとか小学校の児童も戦争を準備しなければならないことを自覚させて戦争遂行に役に立つように促した。

(2) 京城帝大の教授。このなかで注目されるのは法文学部長を歴任した松月秀雄の教育論である。彼が主張した皇国教育の目的は日本の‘教育勅語’を通じてアジア教育全体を指導して、“非常時局下の皇国臣民を育成して明日の皇国を準備すること”だった。白井成允の「日本道の淵源」(1935)と秋葉隆の「朝鮮学童の内地化測定」(1940)、田花爲雄の「道義朝鮮建設と家庭教育」(1942)、「学徒勤労動員」(1944)、田保橋潔の「明治維新と教育勅語渙発」(1941)、鈴木武雄の戦時経済論が注目される。

(3) 日本本土の大学教授。彼らは主に日本が1930年代、侵略戦争を遂行するのに必要な精神的教化理論を提供した。例えば東京帝大の平泉澄は皇国史観の代表的な歴史家として「日本精神」(1935)で鎌倉時代末期から南北朝時代にかけて活動した楠木正成を紹介した。このほかにも京都帝大総長を歴任した小西重直が教育報国論を強調した。

日本精神論は1931年から日本で流行した現象で日本の侵略戦争遂行とともに登場した論調である。この雑誌では深作安文(東京帝大)・穂積重遠(同)・清原貞雄(広島文理大)・村岡典嗣(東北帝大)・鹿子木員信(九州帝大)等によって紹介された。安岡正篤は精神教化を通じて日本改造の原動力を新たにつくって、リーダーを育成するのが目標だった。ちなみに日本精神を研究するためには三種の神器と国体を研究しなければならないと主張したのである。

(4) 教育現場における教員と軍人。まず教員たちの寄稿文は初期には一般教科と教材の教授法に関する内容だった。しかし1930年代以後には国体の本義·皇国日本の行くべき使命·内鮮一体具現·‘大東亜戦争’遂行と皇民化教育施行に応じる内容に変わった.次に軍人たちは朝鮮軍司令部所属あるいは陸海軍将校として侵略戦争を遂行しながら実戦に必要なさまざまな情報と精神武装、学徒兵の動員問題等を扱っている。

Ⅲ. 特輯号発行と雑誌の性格

日本は1930年代に入り軍部の影響力が強化される中で1931年に満洲侵略を敢行した。侵略戦争のために本土だけではなく植民地朝鮮でも戦争動員体制を施行する政策を展開したのである。満洲事変が勃発する3ヶ月前に宇垣一成が朝鮮総督に就任して以来、南次郎(1936)·小磯国昭(1942)·阿部信行(1944)が各々総督に就任した。日本はこの間に対外的には日中戦争(1937)·アジア太平洋戦争(1941)を起こして侵略戦争を推進し、国内的には国家総動員体制を構築した。これは農村振興運動(1932~40)·皇国臣民化運動(1936)·国民精神総動員運動(1938)·国民総力運動(1940)などを通じて具体化されたのである。

朝鮮教育会は総督府が推進したこのような政策にあわせて『文教の朝鮮』の性格も大きく変化させていった。初期には植民教育の担当者である教師らに必要な教授方法や外国の教授理論を紹介して総督府の教育政策を説明した。ひいては授業料の取り立て問題、日本語教育方法などに関する多くの情報も紹介している。しかし満洲事変勃発以後総督府の方針に従って皇民化教育に重点を置いた内容で、教育政策を宣伝して戦時非常時局下の状況を反映した。

『文教の朝鮮』の特輯号は1930年以前には京城帝大開学や白頭山踏査·学校体育·恩賜記念科学館開館·国語教育·国史科教授法など教育関連主題を紹介した。以後には皇国臣民化·内鮮一体化の教育政策を宣伝する内容で構成して‘教育勅語’渙発及び下賜記念号や国体本義·思想問題·紀元2600年記念号を通じて皇道精神を強調した。同時に朝鮮教育令と三大教育綱領·陸軍志願兵令施行·国民精神総動員·徴兵制度実施問題を扱った。

このように『文教の朝鮮』には文芸と創作、総督府官僚たちの植民統治論、日本知識層の教育論議、日本政治家の朝鮮論、朝鮮風俗及び地質調査等、植民統治期の社会と文化とが、理解できる多彩な資料が収録されている。従って『文教の朝鮮』は『朝鮮及満洲』(1912~1941)、『朝鮮公論』(1913~1944)と共に日帝統治期の植民統治·教育·社会·文化を理解するうえで大いに役立つ資料である。

〈表〉『文教の朝鮮』特輯号の内容

号数	発行日	内　容
10	1926.6	京城帝国大学開学記念号
12	1926.8	山紫水明号
14	1926.10	白頭山踏査記念号
15	1926.11	我校の実科施設号
17	1927.1	朝鮮伝説号
20	1927.4	学校体育号
21	1927.5	恩賜記念科学館開館号
29	1928.1	童話号
30	1928.2	普通学校国語教育研究号
33	1928.5	国史科教授法研究号
38	1928.10	済州道夏季大学号
62	1930.10	教育勅語渙発満40年記念号
68	1931.4	卒業生指導号
70	1931.6	職業教育研究号
74	1931.10	労作教育概論特輯号
75	1931.11	思想問題特輯号
136	1936.12	教育勅語御下付25周年記念号
144	1937.8	国体の本義特輯号
152	1938.4	改正朝鮮教育令·陸軍特別志願兵令 両制度施行記念号
163	1939.3	懸賞論文 国体明徴、内鮮一体、忍苦鍛錬ノ三大教育綱領ヲ具現セル 学校経営案特輯号
167	1939.7	学生生徒御親閲拝受記録
174	1940.2	紀元2600年記念号
176	1940.4	国民精神総動員特輯号
181	1940.9	科学教育振興特輯号
183	1940.11	教育勅語御下賜50周年記念特輯号
184	1940.12	記念表彰竝総会号
188	1941.4	国民学校令施行·青年団新体制特輯号
193	1941.10	体練科特輯号
194	1941.11	音感教育特輯号
196	1942.1	新年号
202	1942.7	徴兵制度特輯号
203	1942.8	朝鮮の国語問題特輯号
204	1942.9	国体の本義特輯号

第2부

總目次編

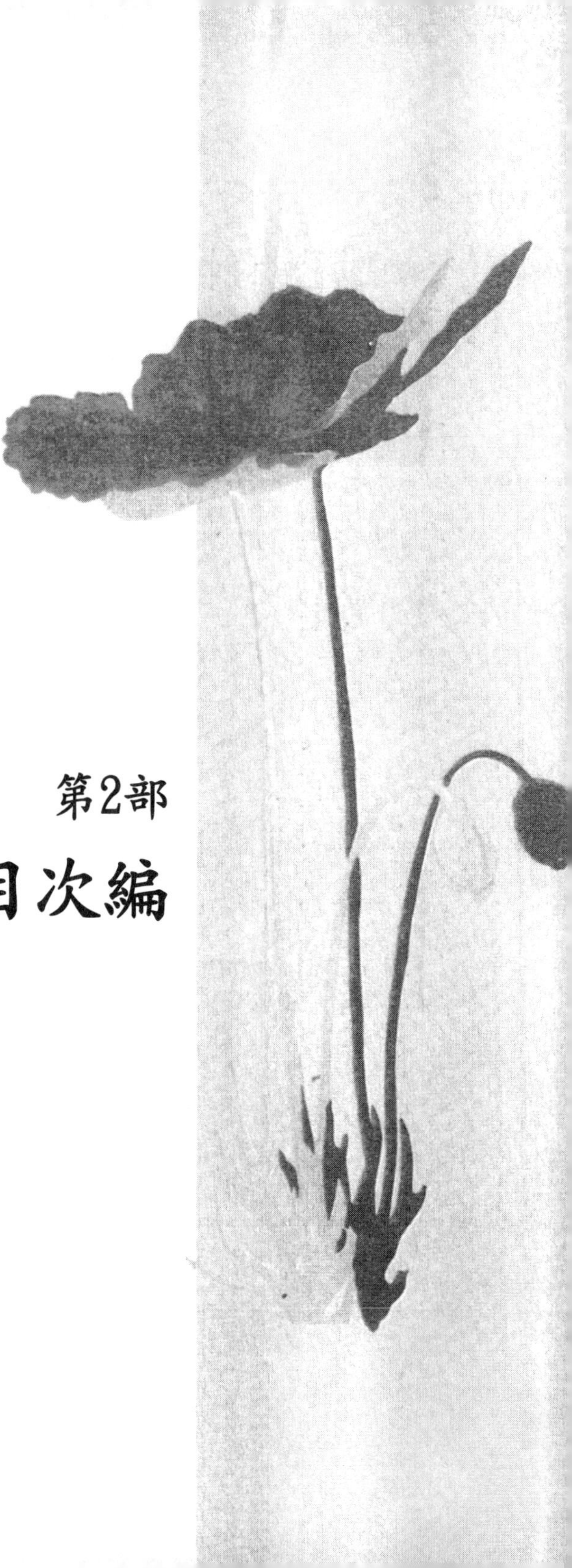

文教の朝鮮 第1號 1925.9 創刊號

表紙題字▶齋藤實總督

表紙▶日吉守

〈口繪寫眞〉

朝鮮總督府 新廳舍と齋藤實總督

實業教育講習會實況(上)

海軍見學團一行の乘艦(中)

佐世保海兵團第一兵舍前の海軍見學團一行(下)

會報改造に際し朝鮮教育者に望む▶李軫鎬 …… 1

東西兩文明の比較(上)▶野上俊夫 …… 4

日本詩觀一片▶平井三男 …… 10

國防の將來▶河村幹雄 …… 14

萌芽時代の文學▶岩佐重一 …… 27

朝鮮の氣候一班▶後藤一郎 …… 31

中等學校に於ける現代文の取扱に就いて▶高田犁牛 …… 35

普通學教に於けるメートル法の取扱▶齋藤手之喇 …… 50

普通學教唱歌教授の苦い體驗▶小形勝 …… 59

今駄荷比戸里君結婚前後の卷(一)▶田島泰秀 …… 63

今駄荷比戸里君結婚前後の卷(二)▶田島泰秀 …… 64

廢墟に立ちて▶覆面子 …… 65

京城師範學校理科教室にて▶一記者 …… 68

朝鮮教育會主催 海軍見學記▶U生 …… 72

飛行機搭乘の記▶T生 …… 84

萬人傘▶上原千馬太 …… 90

彙報 教化事業奬勵御下賜金 ………… 97
編輯餘錄 ………… 129

文教の朝鮮 第2號 1925. 10

表紙題字▶齋藤實總督
表紙▶日吉守

〈口繪寫眞〉
金剛山の秋
卷頭畵▶日吉守

東西兩文明の比較(下)▶野上俊夫 ………… 2
內鮮學生協力奉公▶志賀潔 ………… 12
ダルトン案の理論と實際▶ヘレン、パークハスト ………… 16
國防の將來(承前)▶河村幹雄 ………… 28
李退溪と其の學說▶木藤重德 ………… 35
婦人運動の歸趨▶倉島至 ………… 41
中等學校に於ける數學教授について▶福岡貞平 ………… 48
普通學教に於ける理科教授法▶岩村俊雄 ………… 55
普通學教修身書下學年の教材について= 附 尋常小學修身書との比較=▶長根禪提 ………… 61
朝鮮語の洒落(一)▶田島泰秀 ………… 66
今駄荷比戸里君結婚前後の卷(三)▶田島泰秀 ………… 73
今駄荷比戸里君結婚前後の卷(四)▶田島泰秀 ………… 74
今駄荷比戸里君結婚前後の卷(五)▶田島泰秀 ………… 75

朝鮮神宮の御造營に就て▶渡邊彰 …… 76
學校のぞ記(和光學校の卷)▶覆面子 …… 82
德川時代の名外交家雨森芳洲の對朝鮮觀一瞥▶加藤桂坡 …… 87
朝鮮昔話 三つの願文▶上原生 …… 92
教育會館の建設に就いて再び全國二十萬の教育家諸君に訴ふ▶
澤柳政太郎 …… 101
戲曲 萬人傘▶上原千馬太 …… 105
句帖より▶星舟生 …… 111
彙報 官幣大社朝鮮神宮獻木 …… 114
編輯餘錄 …… 132

文敎の朝鮮 第3號 1925. 11

表紙題字▶齋藤實總督
表紙▶日吉守

〈口繪寫眞〉
秋深し▶伊藤秋畝
卷頭書「東小門」▶日吉守

教育者への希望▶時實秋穗 …… 2
眞の健康法に就て▶二木謙三 …… 12
國防の將來(承前)▶河村幹雄 …… 24
紅葉の原理と朝鮮の紅葉▶森爲三 …… 31
世界大戰休戰記念日の追懷▶那珂次郎 …… 43
普通學教兒童の國語發音の誤謬と其の矯正法▶齋藤作松 …… 48

音樂教育の効果▶五十嵐悌三郎 …… 57
綴方教授最近の傾向を述べて內觀的綴方教授を提唱す▶末永又一 · 66
今駄荷比戶里君結婚前後の卷(六)▶田島泰秀 …… 68
今駄荷比戶里君結婚前後の卷(七)▶田島泰秀 …… 69
今駄荷比戶里君結婚前後の卷(八)▶田島泰秀 …… 70
子の直面せる刻下の緊要問題▶伊藤吉三郎 …… 71
鍬持つ心▶三浦斧吉 …… 85
赤露の邊土より▶小形愛山 …… 90
第二回全鮮初等教育者研究會▶寂秋生 …… 96
ナンソンゴー▶U生 …… 105
秋の讀みもの▶大阪屋號主人 …… 108
戯曲 萬人傘▶上原千馬太 …… 110
山雀▶中林英三 …… 115
慶州行▶星舟生 …… 119
古調三章▶內野建兒 …… 122
短歌 …… 124
俳句 …… 126
彙報 新年御歌會の御題 …… 127
編輯餘錄 …… 133

文教の朝鮮 第4號 1925. 12

表紙題字▶齋藤實總督
表紙▶日吉守

〈口繪寫眞〉

白樺の冬▶泰西名
噫下岡會長
弔辭▶李軫鎬

人間萬事二十年▶常盤大常 …… 1
丁抹の農村と國民高等學校▶松村松盛 …… 6
奢侈の影響▶倉島至 …… 18
朝鮮語讀本教材について▶李源圭 …… 23
中等學校に於ける圖畵教授に就て▶日吉守 …… 32
綴方教授最近の傾向を述べて內觀的綴方教授を提唱す▶末永又一 · 40
今駄荷比戸里君結婚前後の卷(九)▶田島泰秀 …… 60
今駄荷比戸里君結婚前後の卷(十)▶田島泰秀 …… 61
今駄荷比戸里君結婚前後の卷(十一)▶田島泰秀 …… 62
雜錄 在內地朝鮮學生私觀▶榎本生 …… 63
足利時代に於ける日本僧侶の朝鮮紀行に就て▶加藤桂坡 …… 71
關北の秋色▶李源圭 …… 74
普通學校現行教科書質疑欄 …… 82
苗字の由來▶武政正明 …… 87
鐘の音▶任錫禹 …… 80
女教員大會を覗く=第三回全鮮初等教育研究會見聞記=▶一記者 · 90
創作 彼れと萇▶原丈一郎 …… 100
戲曲 萬人傘▶上原千馬太 …… 104
短歌 …… 109
俳句 …… 110
漢詩 …… 110
彙報 朝鮮神宮鎭座祭及例祭に各道教育會代表者參拜 …… 111

編輯餘錄 ………………………………………………………………………… 135

文教の朝鮮 第5號 1926. 1

表紙題字▶齋藤實總督
表紙▶日吉守

〈口繪寫眞〉
黎明の春▶片山坦
湯淺政務總監
卷頭書「虎」▶北古賀順橘

近代文學に現はれたる町人生活▶藤村作 ………………………………… 2
ラヂオの話▶津田常男 ………………………………………………………… 11
國民精神と公民道德=修身科の新使命=▶赤木萬二郎 …………… 21
火災保險の起源▶河內山樂三 ……………………………………………… 29
朝鮮の民族說話に現はれたる虎について▶近藤時司 …………… 33
福壽草の話▶岩村俊雄 ……………………………………………………… 46
體育如是我觀▶平井三男 …………………………………………………… 49
年頭所感▶李軫鎬 …………………………………………………………… 54
人と其の追想 回顧五十年▶古城梅溪 ………………………………… 75
京城の思出▶山口太兵衛 …………………………………………………… 83
今駄荷比戶里君結婚前後の卷(十二)▶田島泰秀 …………………… 90
今駄荷比戶里君結婚前後の卷(十三)▶田島泰秀 …………………… 91
今駄荷比戶里君結婚前後の卷(十四)▶田島泰秀 …………………… 92
朝鮮に於ける年頭の習俗▶玄櫶 ………………………………………… 93

亦復巡り來る新年と朝鮮古來物語の追憶▶李源圭 …………………… 98
朝鮮の丙寅史大觀▶李敦英 ……………………………………………… 103
創作 亂醉のあと▶上原千馬太 ………………………………………… 111
短歌 ………………………………………………………………………… 116
俳句 ………………………………………………………………………… 118
漢詩 ………………………………………………………………………… 119
彙報 皇孫照宮成子內親王御誕生 …………………………………… 120
編輯餘錄 …………………………………………………………………… 139

文教の朝鮮 第6號 1926. 2

表紙題字▶齋藤實總督
表紙▶日吉守

〈口繪寫眞〉
國境に佇みて
猛獸使の女▶遠田運雄

近代文學に現はれたる町人生活(中)▶藤村作 ……………………… 2
學習能力の恒常性について▶福富一郎 ……………………………… 12
アンデルゼンの童話創作上の態度▶田中梅吉 ……………………… 18
謂ゆる檀君傳說に就て▶小田省吾 …………………………………… 32
普通學教に於ける皇室教材に就て▶岡田貢 ………………………… 41
女子競技に對する考察▶梅澤慶三郎 ………………………………… 46
初等學校に於ける農業教育に就いて▶横田俊郎 …………………… 56
今駄荷比戸里君結婚前後の卷(十五)▶田島泰秀 …………………… 63

今駄荷比戸里君結婚前後の巻(十六)▶田島泰秀 …………………… 64
今駄荷比戸里君結婚前後の巻(十七)▶田島泰秀 …………………… 65
人とその感想 回顧五十年(承前)▶古城梅溪 ………………………… 66
門外漢の教育観▶藤井寛太郎 …………………………………………… 72
動亂の奉天から▶鬚大尉 …………………………………………………… 78
溫突の話▶高橋喜七郎 ……………………………………………………… 85
正月の朝鮮料理▶孫貞圭 …………………………………………………… 92
新總督府見物▶三太郎 ……………………………………………………… 97
創作 亂醉のあと▶上原千馬太 …………………………………………… 104
兎の餅つき▶志村善四郎 …………………………………………………… 110
小品文 ……………………………………………………………………… 112
俳句 ………………………………………………………………………… 114
短歌 ………………………………………………………………………… 115
川柳 ………………………………………………………………………… 115
彙報 朝鮮總督府令 第一號 ……………………………………………… 116
編輯餘錄 …………………………………………………………………… 134

文教の朝鮮 第7號 1926. 3

表紙題字▶齋藤實總督
表紙▶日吉守

〈口繪寫眞〉

雛まつり▶土居彩畝
江岸春淺し▶野守健

近代文學に現はれたる町人生活(下)▶藤村作 …………………………… 1
現代思想批判＝二月八日　本會主催講演會に於ける講演＝▶吉田靜致 …………………………………………………………………………… 9
現代新聞紙と人生亨樂への考察(上)▶井上收 ……………………… 24
心理學上より見たる審美的感情の優位▶朴鍾鴻 …………………… 33
表彰されし人々 ……………………………………………………………… 42
小學校の算術科に就て▶片岡都三郎 ………………………………… 47
發音教授▶河受源 ………………………………………………………… 54
初等教育に於ける實業教育に就て▶松野紋治 ……………………… 57
今駄荷比戸里君結婚前後の卷(十八)▶田島泰秀 …………………… 62
今駄荷比戸里君結婚前後の卷(十九)▶田島泰秀 …………………… 63
今駄荷比戸里君結婚前後の卷(二十)▶田島泰秀 …………………… 64
人とその感想 生活の安定を得る教育方法でありたい▶富田儀作・65
亞米利加物語▶松村松盛 ………………………………………………… 68
科學館に付いて▶重村義一 ……………………………………………… 75
日本の尺度で支那を計るの誤▶横山彌三 …………………………… 77
全州女子公立普通學校附設夜學會狀況▶山本さだ ………………… 84
海外通信 …………………………………………………………………… 92
音樂會をのぞきて▶唐變木 ……………………………………………… 98
創作 亂醉のあと▶上原千馬太 ………………………………………… 100
隨筆 大自然のふところに▶原丈一郎 ………………………………… 104
鶴は千年の壽▶志村喜四郎 ……………………………………………… 107
兒童文藝 …………………………………………………………………… 110
短歌 ………………………………………………………………………… 112
俳句 ………………………………………………………………………… 113
川柳 ………………………………………………………………………… 114
彙報 官幣大社朝鮮神宮獻木に關する件 ……………………………… 117

編輯餘錄 …… 123

文教の朝鮮 第8號 1926. 4

表紙題字▶齋藤實總督
表紙▶日吉守

〈口繪寫眞〉
かゞみ▶李漢福
しくらめん▶飯田一枝

改むべき一風習▶三上參次 …… 2
現代新聞紙と人生享樂への考察(下)▶井上收 …… 18
英國劇作家の見た歐洲大戰▶藤井秋夫 …… 32
描寫作業を加味せる手工教▶見原正治 …… 41
國史教授に就いて▶小貫頼次 …… 45
今駄荷比戸里君結婚前後の卷(二十一)▶田島泰秀 …… 53
今駄荷比戸里君結婚前後の卷(二十二)▶田島泰秀 …… 54
今駄荷比戸里君結婚前後の卷(二十三)▶田島泰秀 …… 55
人とその追想 醫事衛生の回顧▶古城梅溪 …… 56
アメリカ物語▶松村松盛 …… 65
朝鮮文藝の趨向と學生生活▶李源圭 …… 74
元山から咸興へ▶一記者 …… 83
海外通信 …… 92
普通學校現行教科書質疑欄 …… 97
創作 第二義を步く男▶眞須也一水 …… 98

戲曲 萬人傘▶上原千馬太 …………………………………………………… 105
流れ星▶國井甲辰 ……………………………………………………………… 113
いづみ集▶川根虛水 …………………………………………………………… 115
民謠三篇 ………………………………………………………………………… 117
兒童文藝 ………………………………………………………………………… 118
短歌 ……………………………………………………………………………… 122
俳句 ……………………………………………………………………………… 122
彙報 朝鮮度量衡令 …………………………………………………………… 123
編輯餘錄 ………………………………………………………………………… 136

文教の朝鮮 第9號 1926. 5

表紙題字▶齋藤實總督
表紙▶日吉守

〈口繪寫眞〉
江畔の新綠▶足立芝香
朝鮮神宮獻木報告祭(上)
パーマー博士英語講習會實況(中)
朝鮮神宮獻木祭當日に於ける植樹の狀況(下)
草靑む▶加藤松林

生殖腺の內分泌竝に性の決定と第二の分化に就て▶增井清 …… 2
朝鮮に於ける陶磁器業の産業的地位と斯業の振興策▶小山一德 ‥ 9
朝鮮人は如何に生活を改善すべきか＝大家族制度·溫突·白衣の
改善＝▶稻葉君山 ……………………………………………………………… 17

學說年代教▶齋藤作松 …… 24
朝鮮に於ける實業補習教育振興を如何にすべきか▶初田太一郎 · 36
普通學校教育音樂觀▶行實重義 …… 50
今駄荷比戶里君結婚前後の卷(二十四)▶田島泰秀 …… 54
今駄荷比戶里君結婚前後の卷(二十五)▶田島泰秀 …… 55
今駄荷比戶里君結婚前後の卷(二十六)▶田島泰秀 …… 56
今駄荷比戶里君結婚前後の卷(二十七)▶田島泰秀 …… 57
人とその追想 日本海々戰の回顧▶大原利武 …… 59
新羅王朴昔金三姓始祖陵祭の創始▶李軫鎬 …… 67
あめりか物語▶松村松盛 …… 69
春の七草の話▶岩村俊雄 …… 79
深く崇敬心を養へ▶澤光範 …… 83
同行二人▶丹羽登喜 …… 85
寫眞藝術に就て▶伊藤秋畝 …… 102
創作 第二義を步く男▶眞須也一水 …… 105
創作 愛▶井上位人 …… 118
兒童文藝 …… 124
短歌 …… 132
俳句 …… 133
彙報 朝鮮神宮獻木報告祭 …… 134
編輯餘錄 …… 152

文教の朝鮮 第10號 1926. 6
京城帝國大學開學記念號

表紙▶日吉守

〈口繪寫眞〉

半島文化の誇 京城帝國大學▶井上位人

京城帝國大學正門

京城帝國大學總長 服部宇之吉博士(中央)

村はづれ▶多田毅三

京城帝國大學始業式に於ける齋藤總督告辭 …… 2

京城帝國大學始業式に於ける總長訓辭 …… 3

京城帝國大學の開學を祝す▶李軫鎬 …… 8

京城帝國大學醫學部開講式訓辭▶志賀潔 …… 10

京城帝國大學に寄する希望▶安倍能成 …… 13

本大學の豫科に就て▶小田省吾 …… 18

吾人は學生に斯く希望す▶高橋亨 …… 21

榮養測定の新法▶佐藤剛藏 …… 23

何のため朝鮮に▶兒島獻吉郎 …… 27

四庫全書編纂と其の環境▶藤塚鄰 …… 30

衛生學の進步▶綿引朝光 …… 45

東洋史の大勢▶大谷勝眞 …… 47

新領土と憲法の效力に就いて▶松岡修太郎 …… 53

京城帝國大學の沿革及現況▶西澤新藏 …… 56

學苑を飾る人々▶服部宇之吉 …… 62

人物の輩出を期待す▶渡邊定一郎 …… 69

教育系統の目標にやつと到達した▶有賀光豊 …… 71

實際に役立つ人物をつくれ▶藤井寬太郎 …… 71

祝福と希望▶河内山樂三 …… 72

京城帝國大學に望む▶韓相龍 …… 74

亞細亞文化の研究に特色を發揮せよ▶大村百藏 …… 77

京城帝國大學に就て▶和田一郎 …… 79
第五回鮮展洋畵瞥見記＝附美術批評家の出現を望む事＝▶遠田運雄 …… 81
海軍紀念日を迎へて▶高橋清一 …… 87
出雲大社詣で▶榎本生 …… 89
川柳の持てる味と史的川柳▶浦村鷺外 …… 91
創作 しいの實▶笠井清 …… 95
長歌 名鐘の悲譜▶近藤時司 …… 105
短歌 …… 118
俳句 …… 118
彙報 京城帝國大學通則 …… 120
編輯餘錄 …… 147

文教の朝鮮 第11號 1926. 7

表紙題字▶齋藤實總督
表紙▶日吉守

〈口繪寫眞〉
靜物▶山田新一
午さがり▶上原千馬太郎

朝鮮の將來と工業▶三山喜三郎 …… 2
刑罰法規所感▶丸山敬次郎 …… 4
哲學的美から見た手塚氏の自由教育説▶崔允秀 …… 15
尋常小學校普通學校に於ける讀圖力の指導と地理附圖の取扱▶

甲斐周吉 …… 22
小學讀本俳句評釋 色眼鏡▶構枕城 …… 42
學校體操教授要目の改正に就て▶高野六郎 …… 62
若き教師物語▶田島泰秀 …… 65
人とその感想 朝鮮鐵道網の急務に就て▶賀田直治 …… 72
地球の實質は鐵なりや＝附磁石の偏差＝▶重村生 …… 78
維新資料の斷片を拾ふて江湖に紹介す▶渡邊彰 …… 80
開城少年刑務所訪問記▶一記者 …… 81
善いことを爲たのに叱らねばならぬこの謎は如何▶西田天香 … 90
龍攘虎搏 (鮮滿柔道仕合を見る)▶一有段者 …… 92
現行教科書質疑欄 …… 97
創作 妹の幸福▶隈耳 …… 99
創作 人が好過ぎる▶諸留寛 …… 108
鬼づくし▶志村善四郎 …… 118
蛙の民謠▶岡村菊堂 …… 119
短歌 …… 125
俳句 …… 125
彙報 宮內省令第五號 …… 126
編輯餘錄 …… 151

文教の朝鮮 第12號 1926. 8
山紫水明號

表紙題字▶齋藤實總督
表紙▶日吉守

<口繪寫眞>

夏の精▶立花香園

山紫水明境(一)海金剛(江原道)(上)/佛國寺(慶尙北道)(中)/漢江(京畿道)(下)

山紫水明境(二)大同江(平安南道)(上)/白頭山顚(咸鏡南道)(中、上)/鴨綠江(平安北道)(中、下)/仁川觀測所(京畿道)(下)

卷頭畵▶結城素明

銷夏と朝鮮鐵道沿線▶戸田直溫 ……… 2

京畿のほこり

京城と其の郊外との佳境を紹介した古い記錄の一つに就て▶加藤灌覺 ……… 6

驪州自慢▶さざなみ ……… 7

松坡の古碑▶八丸生 ……… 9

此處も亦一勝地▶横山政吉郎 ……… 11

一大工業地にならうとする永登浦▶永登浦住人 ……… 12

高麗舊都開城▶高麗生 ……… 13

自然に親み自然に抵抗するが衛生の要諦▶工藤武城 ……… 20

全羅の粹

島の全南▶全南生 ……… 22

濟州島と海女の生活▶前田生 ……… 25

全羅北道槪說と五大事業及都邑▶全州人 ……… 27

湖南金剛と龍潭耶馬溪▶むらさき ……… 31

馬韓の古蹟▶KI生 ……… 31

淳昌郡附近▶朱東性 ……… 33

慶基殿と肇慶廟▶いにしへ人 ……… 35

金山寺と碧骨堤事蹟▶金堤住土 ……… 35

馬耳山▶東風生 …… 37
お池の蟲のいろいろ▶岩村俊雄 …… 39
黄海みやげ
歴史上から見る黄海道▶黄海生 …… 45
遊覽保養地としての黄海道▶SS生 …… 47
西鮮の遊境信川▶藤岡生 …… 55
傳說 首を斬られた佛の續命寺(所在黃海道瑞興郡瑞興面五雲里)▶桃紅生 …… 60
名勝の二三に對する私の印象▶岩佐重一 …… 61
凉味萬解の咸鏡道
夏の咸南▶佐村生 …… 66
咸北の朱乙と七寶山▶島崎生 …… 68
水泳小言▶倉田健之助 …… 73
平安の雅趣
柳京の夏は涼し▶野口孝高 …… 80
龍岡溫泉及附近古蹟▶樂浪山人 …… 83
國境舊都義州の情趣▶岩下榮吉 …… 85
平北國境江界▶高田生 …… 89
スウイスの山と水▶松村松盛 …… 91
四季の樂土慶尙道
慶南の勝地馬山▶IS生 …… 94
新羅の舊都慶州▶桐一葉 …… 98
聖賢の遺趾安東▶太古生 …… 102
道內其他の名勝舊蹟▶M生 …… 104
大邱の文化的施設▶スポーツマン …… 105
伽倻の靈峯▶金溶淳 …… 105
名士と朝鮮の夏▶和田一郎 …… 108

江原の仙鄉
五臺山月精寺▶江原生 …… 112
弓裔の古趾を訪ねて▶倉澤藤三郎 …… 114
春川の名勝古蹟▶水出梅平 …… 117
寧越の名勝古跡▶平井正 …… 120
金剛一萬二千峰▶佐藤莊平 …… 123
金剛山(東國名山記抄)▶學園居士 …… 127
江陵▶臨瀛舘主人 …… 130
凉しい夏のお料理▶辻德光 …… 133
山水床しき忠淸道
扶餘の懷古とその山水▶桂坡散士 …… 136
論山彌勒佛▶論山住人 …… 140
忠北の三勝▶豊田操 …… 142
俗離山大法住寺▶蔦崗道人 …… 148
銷夏色々▶今井壽雄 …… 151
創作 微光▶上原千馬太 …… 157
傳說に現れた朝鮮の特質▶岡田貢 …… 163
創作 或る男の對話▶井上位人 …… 167
短歌 翡翠の裳▶さすらひ人 …… 173
俳句 夏季十句 …… 173
讀者雜言▶朴壹光 …… 174
彙報 朝鮮總督府圖書館月報 …… 176
編輯餘錄 …… 180

文教の朝鮮 第13號 1926. 9

表紙題字▶齋藤實總督

表紙▶中村盛一

〈口繪寫眞〉

靜物▶遠田運雄

豊山に於ける高山博物講習會員(上)

京城に於ける單級講習會員(中)

水原勸業模範場に於ける實業講習會員(下)

卷頭書▶野守健

産業第一主義と實業敎育▶渡邊豐日子 …… 2

有望なる朝鮮に於ける蠶絲業▶梅谷與七郎 …… 13

學敎體操敎授要目改正に關する主旨▶上杉敏夫 …… 23

敎育勅語の讀樣▶澤光範 …… 27

二つの地理的單元より見た朝鮮の地形概觀▶日笠護 …… 29

我校に於ける養鷄施設の實際▶星厚 …… 32

プロ連の金剛山のぞ記▶M・O生 …… 37

箏歌 千鳥の曲評釋▶ふぢのや …… 45

若き敎師の物語(二)▶田島泰秀 …… 50

流行唄發生についての考察▶田中初夫 …… 54

現行敎科書質疑欄 …… 57

道視學官會議 …… 58

創作 或敎育者とその子▶原丈一郎 …… 71

歸途▶岩崎千代子 …… 77

中等學校讀本に現れた千家元麿の詩研究(上)▶內野健兒 …… 82

古き嚢より▶水上皐太郎 …… 91
短歌 …… 93
俳句 …… 94
彙報 白頭山地帯現地博物講習會出席者 …… 95
編輯餘錄 …… 110

文教の朝鮮 第14號 1926. 10
白頭山踏査記念號

表紙▶中村盛一

〈口繪寫眞〉

靈境「天地」▶福田義之助
高山植物▶田島泰秀
高原の朝(神武城)▶菅咲太郎
白頭山巓天池の偉觀(1)
定界碑を圍んで(2)
露營の準備(3)
流す筏(鴨綠江上流)(4)
白頭山附近略圖

白頭山巓に立ちて▶高橋濱吉 …… 2
活動寫眞撮影の苦心＝白頭山踏査隊に參かして＝▶菅咲太郎 · 5
白頭山と白頭火山脈▶川崎繁太郎 …… 7
畵家の見た白頭山▶福田義之助 …… 25
白頭山に産する美しき植物と其の鑑別▶石戸谷勉 …… 26

茶ばなし▶山岸貢 …… 51
岩石の白頭山▶山成不二麿 …… 56
白頭山の氣象▶和田雄治 …… 65
白頭山征服の旅▶一記者 …… 82
白頭山所生植物分布に就て▶森爲三 …… 96
支那人某の記せし白頭山の記錄▶森爲三 …… 170
白頭山の神話に就て▶加藤灌覺 …… 173
俳文 白頭山紀行▶加藤星舟 …… 175
コレラの撲滅は東洋全體の共同作業によりて▶志賀潔 …… 198
李星秋▶西村三子 …… 201
童話 鏡のない國▶渡邊忠雄(畵▶野守健) …… 205
黑きもだえ▶さすらひ人 …… 211
兒童文藝 …… 212
俳句 …… 215
短歌 …… 215
彙報 メートル法の普及に就て …… 216
編輯餘錄 …… 221

文敎の朝鮮 第15號 1926. 11
我が校の實科施設號

表紙題字▶齋藤實總督
表紙▶中村盛一

〈口繪寫眞〉

小春日和▶井上齊

秋は逝く▶伊藤秋畝
京畿道陽川公立普通學校製絲實習狀況

朝鮮教育の大目標▶平井三男 …… 1
ゆきづまつたといふこと▶井上智 …… 21
農村問題私見▶廣田豐 …… 32
我が校の實科施設 …… 44
現行教科書質疑 …… 137
全鮮農協學校長會議要項 …… 138
創作 死灰を握る女▶北上光之介 …… 140
創作 無資格者の惱み▶白石鎭男 …… 146
創作 貧しき休暇▶鄭日秀 …… 151
龜▶志原善四郎 …… 154
寂光土(逝ける友を憶ふ)▶さすたひ人 …… 156
兒童文藝 …… 157
俳句 …… 159
彙報 朝鮮總督府令 …… 160
編輯餘錄 …… 169

文教の朝鮮 第16號 1926. 12
教育總會號

表紙題字▶齋藤實總督
表紙▶中村盛一

〈口繪寫眞〉

靜物▶野守健

冬のおとづれ▶菅咲太郎

教育品展覽會內部(右、上)

朝鮮教育總會祝辭朗讀(左、中)

教育展覽會會場正門(中、左)

教育總會の狀況(下)

祝辭▶齋藤實 …… 1

祝辭▶石鎭衡 …… 2

朝鮮教育會規則(大正十二年四月) …… 3

第四回朝鮮教育會代議員概況 …… 5

朝鮮教育會第四回總會概況(十二月十八、十九兩日 於全南光州小學校講堂) …… 18

教育總會漫筆▶田島泰秀 …… 39

總會風聞錄▶馬耳生 …… 49

批判的情神▶安倍能成 …… 54

鯨骨化石と化石森林の發見＝附 天然記念物保存法の法規を制定されん事を切望す＝▶森爲三 …… 68

有史以前の英國▶名越那珂次郞 …… 78

操行の意義と其査定法▶時長宗治 …… 85

現行教科書質疑欄 …… 89

祠院制度沿革紀要▶渡邊彰 …… 91

京城帝國大學射場開▶豐崎生 …… 94

追憶▶諸留寛 …… 103

夢をまつ人▶さすたひ人 …… 112

短歌 …… 113

俳句 …… 114
彙報 王公家軌範公布の詔書 …… 115
編輯餘錄 …… 144

文教の朝鮮 第17號 1927. 1
朝鮮傳說號

表紙題字▶齋藤實總督
表紙▶中村盛一

〈口繪寫眞〉
大行天皇陛下御肖像
慶州影池傳說圖稿▶伊藤秋畝
うさぎ
朝鮮總督府廳舍大ホール壁畫の一部▶和田三造

年頭所感▶李軫鎬 …… 1
新春新聲▶松村松盛 …… 4
勤儉の必要▶服部宇之吉 …… 7
國字問題について▶稻垣伊之助 …… 10
工業の發達に絡まる勞資問題▶林原憲貞 …… 16
傳說情話 古樓に絡む乙女の怨▶近藤時司 …… 29
逍遙山の大鯰▶岡田貢 …… 34
濁流を渡る幻僧の奇瑞 = 平南七佛寺の由來 = ▶車基鼎 …… 35
乳兒岩の由來▶HK生 …… 36
傳說 黃大臣▶志村善四郎 …… 37

紗帽岩の不思議▶嚴弼鎭 …… 41
悲戀龍頭山▶李生 …… 45
白頭山創生記▶許鎭 …… 48
姜邯贊京城の虎害を除く▶KK生 …… 52
鬼女に魅入られた男▶李完基 …… 54
池の秘▶鬪生 …… 60
石炭の焚き方▶桑垣隆人 …… 68
流行唄發生についての考察(二)▶田中初夫 …… 82
朝鮮に於ける文學的教養の必要▶龍ノ口忠太郎 …… 89
兎の話▶下郡山誠一 …… 93
傳說戲曲 敬順王子(全三幕)▶崔允秀 …… 102
創作 先生とG▶藤田かずよし …… 113
無理な註文▶崔昌崙 …… 116
筆▶千鳥草 …… 117
折々の歌▶丘草之助 …… 119
兒童文藝 …… 121
綴方 …… 124
彙報 長慶天皇を仰ぎ奉りて …… 128
編輯餘錄 …… 148

文教の朝鮮 第18號 1927. 2

表紙題字▶齋藤實總督
表紙▶中村盛一

〈口繪寫眞〉

春寒▶福田豐吉

四溫日和▶菅咲太郎

スタンツに於けるペスタロツチ先生▶鎌塚

文學の價值(一)＝駱山文學會講演＝▶佐藤清 …… 1

吾人の師表としてのペスタロツチ▶松月秀雄 …… 12

ペスタロツチー先生を憶ふ▶鎌塚生 …… 23

曲線の積の求め方▶寺崎久造 …… 30

國話讀本卷十二第五課「蜜柑山」の學習▶嶺乾一 …… 37

諒闇に關する事ども …… 47

大行天皇奉悼歌▶芳賀失一 …… 57

昭和の出所▶高田邦彦 …… 58

石炭の焚き方(二)▶桑垣隆人 …… 60

現行教科書の質疑 …… 82

帝國農會の「農村教育改善に關する建議」に對する意見▶全國聯合教育會 …… 83

音聲學協會の設立に就いて …… 85

傳說戱曲 敬順王子(全四幕)▶崔允秀 …… 90

創作 氷雨ふる夜▶吉村ふたば …… 105

溫突歌話▶具谷砂丘 …… 111

除夜の鐘▶丘草之助 …… 112

風の夕▶加藤星舟 …… 113

涙▶白石鎭男 …… 114

俳句 …… 118

短歌 …… 119

兒童文藝 …… 120

讀者通信 …… 123
彙報 歷代天皇ノ御在位年數、尊號第ニ關シ教授上注意ノ件 ‥ 125
編輯餘錄 …… 162

文教の朝鮮 第19號 1927. 3

表紙題字▶齋藤實總督
表紙▶中村盛一

〈口繪寫眞〉
蒙古の夕▶玉井莊雲
御大喪儀實況
卷頭畵 藥水のほとり▶菅咲太郎

昭和元年十二月二十八日 踐祚後朝見ノ儀ニ於テ賜ハリタル勅語 ‥ 2
文學の値價(その二)▶佐藤清 …… 4
國語問題と音聲學▶小倉進平 …… 10
國語讀本に現はれたる人間愛の社會哲學的考察▶高田邦彦 …… 18
御大喪儀に參列して▶赤木萬二郎 …… 34
學校教練査閱の跡を顧みて▶山田大佐 …… 46
蒙古瞥見▶玉井莊雲 …… 54
石炭の焚き方(三)▶桑垣隆人 …… 58
京畿道沿革▶大原利武 …… 81
教育效績者の選獎に際して▶平井三男 …… 84
大正十五年十月 修正せられたる尋常小學讀本と舊讀本との相異點 …… 86

「戀の出來ぬ男」▶香住喜一 …… 93
夕川端▶丘草之助 …… 109
俳句 霜の朝▶加藤星舟 …… 110
讀者文藝 …… 111
讀者通信 …… 112
兒童文藝(童謠) …… 113
作文 …… 115
兒童歌壇 …… 120
詩 …… 121
彙報 選科生及聽講生募集 …… 123
編輯餘錄 …… 130

文教の朝鮮 第20號 1927. 4
學校體育號

表紙題字▶齋藤實總督
表紙▶中村盛一

〈口繪寫眞〉
春の悅び▶多田毅三
唱歌遊戲
戰たけなは 少年ベースボール(上)
バスケツトボール(中)
バレーボール(下)
海外スポーツニユウス
青い眼のお人形さん

アメリカのお人形さんを歡迎する歌(上)

お人形さんの歡迎會(於大阪)(下)

最近體育思潮▶上杉敏夫 …… 2

筋肉の興奮と疲勞現象▶大塚藤吉 …… 6

體操教授書改定に就いて思ふこと▶高田邦彦 …… 9

運動の程度▶中西政周 …… 23

スポーツに就て▶山縣尙 …… 26

輓近體育の倫理的考察▶村岡哲夫 …… 30

ボールゲームに就て▶宮田保 …… 41

投技跳技の實施に就いて▶梅澤慶三郎 …… 45

テニス十五年畧史▶立石隆司 …… 53

セオリー外の子供のベース▶齋藤正一 …… 62

學校體操教授要目改正に就て▶向井虎吉 …… 71

普通學校兒童と體操▶嶽小原天眞 …… 82

昭和の聖代に於けるスポーツ界の任務▶佐藤薰之助 …… 88

課外運動について▶高野六郎 …… 92

初等學校下學年の體操教授に於ける改正要目の活用▶高木忠太郎 …… 99

螺旋階段に立てる舞踊▶稻葉慶市 …… 101

體育と柔道▶阿部文雄 …… 104

弓道に就て▶內田金作 …… 106

朝鮮運動競技界の發達と現狀▶宮田保 …… 111

陸上競技記錄 …… 118

我か校に於ける實科教育實施狀況 …… 127

四月の兒童博物室經營▶柳澤藤策 …… 131

ベートベンの追憶＝百年祭に際して＝▶安部吉治 …… 135

戲曲 敬順王子(全四幕)▶崔允秀 …… 141
挽歌ども▶峽谷岐延三 …… 154
俳句 …… 155
短歌 …… 156
彙報 詔書 …… 157
編輯餘錄 …… 167

文教の朝鮮 第21號 1927. 5
恩賜記念科學館開館號

表紙題字▶齋藤實總督
表紙▶洪祐伯

〈口繪寫眞〉
靜物▶合原松芳
科學館正門の景(舊總督府廳舍)(上、中)
齋藤朝鮮總督(上、右)
朝鮮教育會副會長 李學務局長(下、右)
朝鮮教育會長 湯淺政務總監(下、中)
宇垣朝鮮總督臨時代理(上、左)
恩賜記念科學館長重村海軍少將(下、左)
科學館陳列場一部 レントゲン室の一部X線裝置と附屬品(上、右)
家庭室の電氣裝置(下、右)
造船室の戰艦鞍馬の模型(中)
地理室の一部朝鮮地理模型と世界全國其他(上、左)
土木建築室の橋梁模型(下、左)

恩賜記念科學館に就て▶重村義一 …… 1
科學館と教育▶岩佐彦二 …… 3
電氣學發達の跡を尋ねて▶小島見一 …… 8
恩賜記念科學館設置に關する事項 …… 24
朝鮮に於ける有益鑛物 …… 28
恩賜記念科學館案內 …… 39
關屋宮內次官の科學館視察 …… 46
世界の航空路＝世界一週定期航空船の計畫＝▶重村生 …… 51
米國マーシヤル、フヰールドの自然科學博物館▶高橋濱吉 …… 56
孔夫子の集大成＝春季釋典に於て＝▶兒島獻吉郎 …… 57
國語讀本に現はれたる人間愛の社會哲學的考察▶高田邦彦 …… 64
科學と藝術の交錯▶遠藤清男 …… 74
インキ壼利用の理科器械▶岩島一二三 …… 78
窓硝子の廢物を利用せる光學實驗器 …… 82
手工科に於ける塗料の硏究▶東海林儀太郞 …… 91
海外通信 …… 96
LOVE▶山縣尙 …… 98
創作 なかうど▶吉村ふたば …… 102
讀者文藝 …… 119
兒童文藝 …… 121
作文 …… 124
彙報 朝鮮總督訓示 …… 136
編輯餘錄 …… 141

文教の朝鮮 第22號 1927. 6

表紙題字▶齋藤實總督

表紙▶中村盛一

〈口繪寫眞〉

花壇の一隅▶李英一

つゆの山みち▶菅咲太郎

阿蘇山の噴煙を脊にして

門外漢として教育を眺めて▶關屋貞三郎 …… 1

書畵と個性▶今泉雄作 …… 5

アメリカの鴨綠江節▶高木市之助 …… 9

教材觀の確立に就いての小考察＝社會意識的の觀方＝▶高田邦彥 …… 19

諸外國小學國語讀本について▶三ヶ尻浩 …… 36

普通教育に於ける數學科の使命▶波多野尊虎 …… 48

普通學校國史教科書改訂の急を認ふ▶竹內熊治 …… 55

鮮展入選洋畵瞥見▶遠田運雄 …… 59

帝國聯合教育會總會聲明書 …… 65

米國よりの使者人形のこと …… 70

北九州の旅▶北九州學事視察團記錄係 …… 83

奇人奇談＝蛇先生の話＝▶一記者 …… 92

LOVE(2)▶山縣尙 …… 96

小さな出來ごと▶SI生 …… 101

平井三男氏著「世界より朝鮮へ」を讀みて …… 103

現行教科書質疑 …… 106

意姑地▶諸留寛 …… 111
讀者文藝 …… 120
彙報 道知事訓示 …… 124
編輯餘錄 …… 153

文教の朝鮮 第23號 1927. 7

表紙題字▶齋藤實總督
表紙▶中村盛一

〈口繪寫眞〉
靜物▶前田金七
照る日▶菅咲太郎

人生に於ける愛の意義(一)▶松月秀雄 …… 1
夏季衛生の重大問題＝野菜と肥料と流水との關係＝▶志賀潔 · 9
常に其を思ふによりて＝自然より理性への教材觀＝▶高田邦彦 …… 11
農業初等教育に對する考案▶佐藤謙三 …… 21
文藝教育に就て予が疑問とする點▶鄭日秀 …… 26
私の抱く學習指導の意義▶嶺乾一 …… 31
夏休と課題▶任錫禹 …… 38
たはれ草と海游錄▶笠井清 …… 47
夏季の飲み物に就いて▶橋本健二郎 …… 53
教育漫言▶森岡茂美 …… 56
科學者の見たる酒の影響(紐育タイムスより)▶重村生 …… 59

現行教科書質疑 ……………………………………………………… 60
工女に賣る▶西村ミ子 ………………………………………………… 63
蜶の歯▶原丈一郎 ……………………………………………………… 69
讀者文藝 ………………………………………………………………… 75
兒童文藝 ………………………………………………………………… 77
讀者通信 北九州視察の雜感▶黃南周 ……………………………… 83
彙報 米國世界兒童親善會お使人形歡迎會施設要項 ……………… 87
編輯餘錄 ………………………………………………………………… 106

文教の朝鮮 第24號 1927. 8
教育總會號

表紙題字▶齋藤實總督
表紙▶中村盛一

〈口繪寫眞〉

風景▶遠田運雄
金剛山九龍淵大飛瀑(上)
金剛山楡岾寺途上(中、右)
舊萬物相鬼面岩(中、左)
金剛連峯最高峯毘盧峯頂上より海金剛を望む(下)
金剛小學校に於ける第五回朝鮮教育會總會出席者(上)
第五回朝鮮教育總會幹部(下)

朝鮮教育會規則 ………………………………………………………… 1
代議員會議事錄 (昭和二年六月二十日午前十時開會) …………… 20

第五回朝鮮教育會總會概況 …… 36
會議のぞ記(1)(視學官會議)▶田島泰秀 …… 46
總會無駄話 …… 49
第一回汎太平洋會議要領▶小田省吾 …… 50
汎太平洋會議餘錄 …… 57
支那文學の內容及び其の價値▶兒島獻吉郎 …… 62
人生に於ける愛の意義(二)▶松月秀雄 …… 73
彗星と流星▶中村庫造 …… 81
傳說の金剛山▶近藤時司 …… 91
金剛山遊記▶上原千馬太 …… 101
京城府教育者懇話會 …… 113
恩賜記念 科學館月報 …… 115
朝鮮總督府圖書館月報 …… 116
京城に於ける米國使者人形歡迎會概況 …… 117
元山松濤園天幕村の生活▶石塚藤太郎 …… 127
林檎▶吉田熊治 …… 134
讀者文藝 …… 144
讀者通信 …… 146
彙報 朝鮮總督府令 第七十條 …… 147
編輯餘錄 …… 149

文教の朝鮮 第25號 1927. 9

表紙題字▶齋藤實總督
表紙▶中村盛一

〈口繪寫眞〉

グロキシニアの花▶飯田一枝
實業補習學校教員養成所開所式に於ける湯淺政務總監の告辭朗讀(上)
同上記念の撮影(下)
京城に於ける米國使者人形觀迎會の人形授受(中)

勞働教材の教材觀＝生の生產的考察の一つ＝▶高田邦彥 …… 1
藝術態度の訓練▶平春眞一郎 …… 27
メートル法の實施と算術教育＝附 二學期に於ける其の指導＝▶緒方篤三郎 …… 36
教科書の俳句の問ひに對して▶搆枕城 …… 45
水產教材中の「魚」について▶天野壽之助 …… 48
副業としての「わかさぎ」養殖の價値▶江口早苗 …… 54
鳥類標本に就て▶重村義一 …… 58
滿鮮の視察を終へて朝鮮教育の前途を論ず▶關本辰次郎 …… 62
金剛山遊記(續)▶上原千馬太 …… 69
實業補習學校教員養成所開所式瞥見▶一記者 …… 75
現行教科書質疑 …… 79
第一回懸賞論文當選者發表 …… 80
恩賜記念科學館月報 …… 81
朝鮮總督府圖書館月報 …… 82
教育童話 牛を買ふまで▶木佐貫喜代助 …… 85
創作 空に鞭うつ▶千鳥草 …… 91
殉死▶韓烱宣 …… 103
高麗の秋▶土谷玲湖 …… 110
讀者文藝 …… 111
兒童文藝 …… 117

彙報 學事視察團派追の件 ……………………………………………… 123
編輯餘錄 …………………………………………………………………… 144

文教の朝鮮 第26號 1927. 10

表紙題字▶齋藤實總督
表紙▶中村盛一

〈口繪寫眞〉
靜物▶和田香明代
慶州公立普通學校生徒粘土細工成績物
慶州公立普通學校手工品の成績物を紹介するに當つて▶大坂金太郎
秋うらゝ▶菅咲太郎

支那文學の內容及其の價値(承前)▶兒島獻吉郎 ……………………… 1
自然界の研究▶新城新藏 ……………………………………………………… 6
正しき自由▶島本愛之助 …………………………………………………… 24
普通學校第一學年生に對する國語教授について▶南伊三松 …… 31
リズミックムーブメント PHYTHMIC MOVEMENT▶上杉敏夫 · 41
實科施設叺織に現はれたる教育的價値▶水越順 …………………… 46
松茸料理六種▶岩崎平吉 …………………………………………………… 51
歌の朝夕▶若山牧水 ………………………………………………………… 59
北海道·樺太を巡りて▶日笠護 …………………………………………… 65
本郡に斯の如き良教育家あり▶森川萬藏 …………………………… 78
金剛山遊記(續)▶上原千馬太 …………………………………………… 81
教育界の不祥事件を聞いて▶森五龍生 ……………………………… 88

恩賜記念科學館月報 …… 90
朝鮮總督府圖書館月報 …… 91
インコと鷹の子▶青嵐生 …… 92
時雨ふる夜半▶土谷玲湖 …… 101
子をなくした雲雀▶白石鎮男 …… 103
秋草譜▶武田全 …… 107
文教俳壇 …… 108
讀者文藝 …… 110
彙報 宮內省告示第十五號 …… 117
編輯餘錄 …… 126

文教の朝鮮 第27號 1927. 11

表紙題字▶齋藤實總督
表紙▶中村盛一

〈口繪寫眞〉
郊外の家▶Ethelbert White
Miss Chosen
弱き日さし▶伊藤秋畝

正しき自由(下)▶島本愛之助 …… 1
デイ、ライト、スクリーンに就て▶重村義一 …… 8
工藝の美▶柳宗悅 …… 11
正しき事業の繁榮▶中山太一 …… 19
夏休冬休 學習帳編纂に就いて＝専ら冬休學習帳を中心として＝

▶高田邦彦 …… 22
第一回懸賞論文二等當選　普通學校第一學年生に對する國語教授について(二)▶南伊三松 …… 28
童話の教育的價値研究▶高見清太郎 …… 44
水産教材の魚について(承前)▶天野壽之助 …… 60
現行朝鮮語讀本に對する私見▶嚴詳燮 …… 69
國境ところどころ(一)▶石山紫紘 …… 71
「流行哀號」▶多景象 …… 85
小供の科學▶岩佐彦二 …… 92
除塵油(Floor dressing oil)塗布につきて▶堤政助 …… 98
繪佛師▶石本清次郎 …… 104
コスモスの咲き亂るゝ頃▶土谷珍湖 …… 114
國境行吟抄▶佳陶生 …… 116
秋五句▶上原晩谿 …… 118
文教俳壇 …… 119
恩賜記念科學館月報 …… 121
朝鮮總督府圖書館月報 …… 122
讀者文藝 …… 127
彙報 朝鮮總督府主催 內地實業教育觀察團 …… 131
編輯餘錄 …… 142

文教の朝鮮 第28號 1927. 12

表紙題字▶齋藤實總督
表紙▶中村盛一

〈口繪寫眞〉

靜物▶孫一峯

初等教育座談會記念撮影(上)

明治三十九年九月官公立普通學校傭聘日本人教師一行ノ伊藤統監邸玄關前ニ於ケル記念撮影(中)

其ノ當時ノ辭令(下)

初冬の路▶菅咲太郎

世界瞥見▶澤柳政太郎 …… 1

大西鄕と敬天愛人▶名越那珂次郎 …… 14

第一回懸賞論文二等當選　普通學校第一學年生に對する國語教授について(三)▶南伊三松 …… 19

書道上假名研究の態度に就て▶井上勇喜三郎 …… 44

初等教育座談會＝朝鮮教育の黎明期に於ける＝ …… 48

明治神宮體育大會を觀て▶山縣尙 …… 76

科學館のぞ記▶一記者 …… 83

書間幕に就いて▶尾崎正哉 …… 86

子供の科學(二)▶岩佐彦二 …… 88

恩賜記念科學館月報 …… 95

朝鮮總督府圖書館月報 …… 96

現行教科書質疑▶金瀅穆 …… 99

創作 子なき夫婦▶內野武吉 …… 102

折にふれて▶江原瑠璃 …… 105

文教俳壇 …… 106

讀者文藝 …… 109

彙報 全國女子靑年團體ニ關スル調査 …… 111

編輯餘錄 …… 140

文教の朝鮮 第29號 1928. 1
童話號

表紙題字▶齋藤實總督

表紙▶中村盛一

〈口繪寫眞〉

春の歌▶土居彩畝

朝鮮總督府屬官署職員ニ對スル訓示▶山梨半造

朝鮮總督山梨半造閣下

社頭▶菅咲太郎

新年所感▶李軫鎬 …… 1

童話の本質と教育▶高田邦彦 …… 5

童話の價値及童話口演者としての條件▶佐田至弘 …… 13

報恩の瓢▶岩佐重一 …… 19

兒童劇 魂から出る泉▶岡村菊堂 …… 43

榮泰さんと金貨▶石原忠義 …… 49

童話「五色のお城」▶青山弘城 …… 52

人馬▶柳漢益 …… 60

童話と教育▶三ケ尻浩 …… 64

皇土のはて▶志村善四郎 …… 78

星様を助けたお爺さんの話▶原丈一郎 …… 83

兎の仇うち▶近藤時司 …… 87

面白くない話▶岡久 …… 94

泣蟲の次郎さん▶ひでを …… 97

新作童話「二つの豆は一つ」▶西村光治 …… 101

郭公の鳴きごゑ▶車基鼎 …… 105
蛇取りの子▶佐藤力 …… 107
雨蛙▶金殷相 …… 109
岬の目▶藤田草路 …… 110
青龍と黃龍▶嚴弼鎭 …… 113
珍らしい病氣▶山田鐵 …… 116
蠅と蟻との話▶禹鍾喆 …… 120
平和の使＝アメリカ人形と答禮使日本の娘＝ …… 123
日本語化した英語の話 …… 126
創作 秋はゆく▶古賀恭子 …… 129
春のよろこび▶土生黎光 …… 132
文教俳壇 …… 134
文教歌壇 …… 137
恩賜記念科學館月報 …… 140
朝鮮總督府圖書館月報 …… 142
兒童文藝 …… 149
讀者文藝 …… 157
彙報 退官に際して …… 159
編輯餘錄 …… 166

文教の朝鮮 第30號 1928. 2
普通學校 國語教育研究 特輯號

表紙題字▶齋藤實總督
表紙▶中村盛一

讀みの本質に關する一つの研究＝現象學的 考察＝▶高田邦彦 · 1
普通學校國語教授法研究會 計畫及びその大要▶中林英三 …… 17
國語科讀方指導案▶吳貞華 …… 24
指導の實際 …… 33
批評會(午後二時三十分) …… 55
參考文獻(教材釋迦に關して) …… 128
國語教育拾穗集▶高見淸太郎 …… 167
直接法と飜譯法の原據 …… 188
善良なる讀本 …… 190
國語教育に對する一面の感想▶朝野菊太郎 …… 193
普通學校 國語教育の惱み▶野中淸彌 …… 204
國語教育關係書類解題▶池谷耘兒 …… 211
老教師(三浦修吾譯愛の學校より) …… 218
村上先生と熊吉▶加藤武雄 …… 226
編輯後記 …… 238

文教の朝鮮 第31號 1928. 3

表紙題字▶齋藤實總督
表紙▶中村盛一

〈口繪寫眞〉

東京に於けるミス大日本送別會
澁澤子爵の挨拶(上)
ミス大日本(圓內)
日米兩孃の握手(下)

大地は溫む▶菅咲太郎

嶺西方言▶小倉進平 …… 2
教育者に與ふ▶澤光範 …… 13
地理教授の新傾向▶關本辰次郎 …… 16
余の學級行事(三年)▶宋熹八 …… 25
我が學級經營方案▶金溶淳 …… 30
入學試驗の成績調査▶三宅右祐 …… 35
入學試驗成績の調査▶河野高秀 …… 46
教育效績者の選獎に際して▶李學務局長 …… 52
教育作爲の本質▶河口政之助 …… 57
教生日誌▶岡村菊堂 …… 74
學校とメートル法▶大原林次郎 …… 80
活動寫眞と實物教育▶長濱生 …… 83
「純精神の如し」を映畫化するまで▶光永紫潮 …… 85
海豹島に於ける膃肭獸の話▶東海林儀太郎 …… 88
日本語化した英語の話(前號の續き) …… 92
恩賜記念科學館月報 …… 93
朝鮮總督府圖書館月報 …… 94
戲曲 劇藥(全一幕)▶崔允秀 …… 96
隨筆 無題錄▶深川儀一 …… 106
麗人逝けり▶土生黎光 …… 110
水原雜歌▶貝谷砂丘 …… 112
早春によする▶澤輝子 …… 113
第五回 文教俳壇 …… 115
第六回 文教俳壇 …… 118
文教歌壇 …… 121

第三回 文教歌壇 …… 122
讀者文藝 …… 124
彙報 朝鮮總督府及所屬官署職員ニ對スル池上政務總監ノ訓示 · 126
編輯餘錄 …… 133

文教の朝鮮 第32號 1928. 4

表紙題字▶齋藤實總督
表紙▶中村盛一

〈口繪寫眞〉
ハルピン風景▶佐藤九二男
道視學打合會議に於ける政務總監の訓辭
日曜日の公園▶菅咲太郎

道德的精神▶白井成允 …… 2
道視學打合會議に於ける政務總監訓示▶池上四郎 …… 11
道視學打合會議に於ける指示事項並に打合事項 …… 17
道視學打合會議に現れたる朝鮮教育會關係事項 …… 20
道視學會議のぞ記(傍聽席より) …… 35
實業補習學校長會議政務總監訓示 …… 37
實業補習學校長會議指示事項 …… 42
實業補習學校提出諸問題 …… 44
クヌードセンシステムに據る教育的體操を顧みて(一)▶上杉敏夫 …… 50
童謠に就いての考察(一)▶高見清太郎 …… 56

二年度桑苗横接法▶金海水 …… 68
普通學校に於ける國語教育と朝鮮語教育の使命▶崔璋烈 …… 71
國語教授參觀記を讀みてGM君に答ふ▶田中彌市 …… 84
學齡期兒童の心理と自學▶林貞植 …… 96
普通學校授業料納入成績向上方案▶齋藤作松 …… 97
科學館の兒童デー▶岩佐彦二 …… 103
桑春土(農民劇)▶三根謙一 …… 108
川柳と驚異▶柳建寺鯨左衛門 …… 117
第七回 文教俳壇 …… 121
文教柳壇 …… 124
讀者文藝 …… 125
彙報 各府縣に一名宛視學官を增置 …… 127
編輯餘錄 …… 132

文教の朝鮮 第33號 1928. 5
國史科教授法研究號

表紙題字▶齋藤實總督
表紙▶佐藤九二男

〈口繪寫眞〉
新羅王冠(慶州博物分館所藏)
大邱に於ける國史科教授法研究會
流す筏

史實を如何に教材化すべきか▶木藤重德 …… 1

歴史と言語▶田保橋潔 …… 7
國史科教授法研究會 日程及出席者氏名 …… 19
實地授業▶吳聖達 …… 29
批評會 …… 46
國史教授の眼目と學習過程▶楢崎八十一 …… 68
國史教授に於ける相互學習と説話中心指導の結合▶吉尾勳 …… 73
閉會の辭▶平井三男 …… 78
打合會原案 …… 80
國史教授法研究會雜感▶一記者 …… 115
第八回 文教俳壇 …… 118
文教歌壇 …… 121
文教柳壇 …… 123
讀者文藝 …… 124
彙報 朝鮮美術展覽會規程一部改正 …… 126
編輯餘錄 …… 131

文教の朝鮮 第34號 1928. 6

表紙題字▶山梨陸軍大將
表紙▶中村盛一

〈口繪寫眞〉

北京所見(鮮展特選)▶金殷鎬
兒童愛護デー所見
開館を待つ群童(上)
花召しませ(鮮銀前)(中)

三越の飾窓(下)

夏日▶菅咲太郎

アメリカ合衆國の世界に於ける經濟的地位と其の基調としての彼が教育策▶高橋濱吉 …… 1
勤勞の教育學的概念(二月十九日大邱に於ける國史科教授法研究會講演)▶松月秀雄 …… 16
小さな地理學の序曲▶嶺乾一 …… 36
童謠に就いての考察(二)▶高見清太郎 …… 46
農業手工科施設一班▶平北嘉山公立普通學校 …… 56
米國婦人氣質▶重村義一 …… 59
普通學校授業料 教育的徵收實際案▶丁焌榮 …… 61
科學館の兒童デー 兒童科學講話▶岩佐彦二 …… 64
科學館の兒童デー 兒童科學實驗▶小島見一 …… 69
創作 殘骸を抱く＝テエマを下すつた齋藤君へ＝▶河口政之助 · 72
創作 弱はすぎる▶田島義平 …… 82
第九回 文教俳壇 …… 91
文教歌壇 …… 93
文教柳壇 …… 94
恩賜記念科學館月報 …… 95
朝鮮總督府圖書館月報 …… 96
彙報 訓示 …… 97
編輯餘錄 …… 113

文教の朝鮮 第35號 1928. 7

表紙題字▶山梨前總督

表紙▶中村盛一

〈口繪寫眞〉

うらわ▶中西つぐゑ

涼味掬すべき大自然の藝術

江畔情趣▶菅咲太郎

青年訓練の本旨に就て▶福士末之助 …… 1

アメリカ合衆國の世界に於ける經濟的地位と其の基調としての彼が教育策▶高橋濱吉 …… 9

經濟生活を限る意味二題▶柴山昇 …… 19

クヌードセンシステムに據る教育的體操を顧みて(二)▶上杉敏夫 …… 25

朝鮮に於ける國語教育問題＝卒業生諸君に與ふ＝▶田中初夫 · 32

圖畵科について▶趙來壁 …… 41

圖畵教育について▶趙南台 …… 42

兒童文庫春の卷の刊行を終りて▶木下久吉 …… 43

在内地朝鮮學生調(昭和二年末現在) …… 45

趣味の科學 氷の話▶小島見一 …… 61

水のスポーツ▶立石隆司 …… 63

潛水夫物語▶岩佐彦二 …… 67

汽船の話▶岩佐彦二 …… 69

通俗電話學(日電月報第三卷 第二號より拔萃)▶小島見一 …… 71

京城から日歸りの旅＝夏は涼しい水鄕に綠り深い爽快な山に＝

▶S生 …… 73
恩賜記念科學館月報 …… 79
朝鮮總督府圖書館月報 …… 80
創作 殘骸を抱く(承前)＝テエマを下すつた齋藤君へ＝▶河口政之助 …… 81
夏日偶成＝(勤續·經驗)＝▶平春眞一郎 …… 90
農村振興實科教育「農村進行曲」(無斷上映を禁ず)▶光永紫潮 …… 93
野兎▶末石休山 …… 106
「別れ」▶水上阜太郎 …… 113
第十回 文教俳壇 …… 114
文教歌壇 …… 117
文教柳壇(投稿勸迎題隨意) …… 119
讀者文藝 …… 120
兒童文藝 …… 122
彙報 朝鮮總督府訓令 第一三號 …… 123
編輯餘錄 …… 126

文教の朝鮮 第36號 1928. 8
教育總會號

表紙題字▶山梨前總督
表紙▶中村盛一

〈口繪寫眞〉

江岸暮景▶三原邦俊
朝鮮教育會長池上政務總監

平壤公會堂ニ於ケル第六回朝鮮教育會代議員會(上)
第六回朝鮮教育總會ニ決議サレタル御大禮奉祝獻上品繡初式(中)
第六回朝鮮教育總會ニ於ケル政務總監ノ告辭(下)

朝鮮教育會規則(大正十二年四月) …… 1
第六回 朝鮮教育會代議員會提案 …… 18
第六回 朝鮮教育會代議員會議事錄 …… 22
開會ノ辭▶李軫鎬 …… 36
告辭▶池上四郎 …… 38
祝辭▶青木戒三 …… 40
第六回 朝鮮教育總會概況 …… 42
丁抹の農村と其の教育▶高橋濱吉 …… 61
現地講話 文祿役と明治卄七八年戰役▶武久大尉 …… 69
大禮奉祝 獻上品繡初式祭典 …… 88
空を飛ぶの記＝附 飛行隊見學＝▶上原千馬太 …… 90
牡丹臺から大同江へ▶一記者 …… 97
鎭南浦及江西地方見學記▶大山一夫 …… 99
平安南道大同公立普通學校に於ける卒業生教育點呼を觀る(六月九日執行)▶一參觀者 …… 105
兒童科學▶岩佐彦二 …… 116
恩賜記念科學館月報 …… 121
朝鮮總督府圖書館月報 …… 122
「星」▶水上皐太郎 …… 123
文教俳壇 …… 124
文教歌壇 …… 127
文教柳壇 …… 131
讀者文藝 …… 132

編輯餘錄 …… 133

文教の朝鮮 第37號 1928. 9

表紙題字▶山梨前總督
表紙▶中村盛一

〈口繪寫眞〉
「栗」▶俵雅亮
臨時教育審議委員會狀況
魚釣る人▶アルフオンス·レグロス

教育と社會理想(八月十五日京畿道教育總會席上講演)▶吉田熊次 · 1
予の觀たる愛難劇▶田中梅吉 …… 20
大都市の防空について▶大內收多 …… 35
臨時教育審議委員會▶議案 …… 43
教育審議委員會の狀況に就て▶李學務局長 …… 51
臨時教科書調查委員會▶議案 …… 54
臨時教科書調查委員會狀況▶李學務局長 …… 62
學校教練ニ關スル學校長並配屬將校會同 …… 63
指示事項 …… 65
福士學務課長口演 …… 66
打合事項 …… 87
學校教錬に關する協議 …… 88
會報 金剛山夏季大學概況 …… 96
かうして面白い模型圖が出來る▶東海林儀太郎 …… 101

初等學校に於ける社會的教育の指導▶金三斗 …………………… 105
兒童科學▶岩佐彦二 …………………………………………………… 110
仁川キャンプ漫談▶上原生 ………………………………………… 115
創作 指▶民木檞丘 …………………………………………………… 121
「雨の日に」▶水上皐太郎 ………………………………………… 129
文教俳壇 ……………………………………………………………… 130
文教歌壇 ……………………………………………………………… 132
文教柳壇 ……………………………………………………………… 134
彙報 恩賜記念科學館月報 ………………………………………… 135
編輯餘錄 ……………………………………………………………… 139

文教の朝鮮 第38號 1928. 10
濟州島夏季大學號

表紙題字▶山梨前總督
表紙▶今岡賢一郎

〈口繪寫眞〉

濟州島夏季大學一行(上)
鎭海要港部司令官淸河中將(中、右)
驅逐艦榎艦長山口少佐(中、左)
一行の乘船榎(下)
濟州島名勝天地瀑(上、右)
龍淵(上、左)
漢拏山頂上に於ける夏季大學一行(中央)
放水の實況(下、右)

海女作業及風俗(下、左)
森教授「濟州島所在植物分布に就いて」及び「濟州島の陸産動物概論」參考圖
漢拏山頂上の火口白鹿潭(上)
灌木帶ツツジ滿開の景觀(五月末撮影)(中)
濟州島絶滅種テウセンシカの鹿角(樺島氏所有)(下)
森教授「濟州島所在植物分布に就いて」參考圖
漢羅山高山植物(右)
灌木帶の植物(左)
灌木帶高山植物帶にある植物(下)
森教授「濟州島所在植物分布に就いて」參考圖
溫帶林の代表林木(左)
寒帶林の代表林木(中段、上)
灌木帶の植物(中段、下)
濟州島海岸植物(右)
森教授「濟州島所在植物分布に就いて」參考圖
寒帶林の密林(上段、右)
噴火口內の高山植物景觀(上段、左)
溫帶林(中央)
山野植物群落(カハラナデシコ·ムラサキススキ·メカルカヤ等の群落)(下段、右)
濟州島植物採集の第一功勞者タケー氏の原住宅(濟州島西烘里)(下段、左)
川崎博士「濟州島の地質學的觀察」參考圖ノ一
大靜面もしるぼん(摹瑟峯)(上)
大靜面山房山(さんばんさん)(中段、左)
西歸浦粗面安山岩と西歸浦層(中段、右)

西歸浦層の轉塊(下段、左)
濟州面さむいやんおるむ(三義讓岳)(下段、右)
川崎博士「濟州島の地質學的觀察」參考圖ノ二
松岳の西側海岸の斷崖(火山岩屑層の蝕浸面を蔽ふ玄武岩流)(上)
金寧蛇穴の北入口(熔岩隧道)(中段、左)
東金寧の熔岩隧道(淸水流る)(中段、右)
松岳の西側海岸に於ける龜甲形黑色橄欖石玄武岩(下)

訓示(道知事·官立學校長宛 教員服務及德教ノ振作ニ關シテ) ···· 2
教員の服務及德教の振作に關する總督訓示に就て▶李學務局長 · 5
至聖孔夫子を仰ぐ▶福士末之助 ············ 6
濟州島の地質學的觀察▶川崎繁太郎 ············ 12
濟州島所生植物分布に就て▶森爲三 ············ 33
濟州島の陸產動物槪論▶森爲三 ············ 55
全羅南道林政の一端を述べ森林と文化の關係に及ぶ▶福間俊正 · 61
濟州島の植物と將來の問題＝(附)野外植物の鑑別法＝▶石戸谷勉 ············ 71
三柱の神(三姓穴傳說)▶近藤時司 ············ 93
濟州島に就て▶前田善次 ············ 96
濟州島の思出▶向江犬吾 ············ 100
濟州島漫談▶森生 ············ 109
下孝里川を探賞して▶岡村菊堂 ············ 110
濟州島に於ける見聞記▶朴晟根 ············ 114
會報 御卽位大禮記念施設ニ關スル件 ············ 117
夕顏▶水上皐太郎 ············ 121
彙報 第三回朝鮮公立女子中等學校長協議會 ············ 122
編輯餘錄 ············ 125

文教の朝鮮 第39號 1928. 11

表紙題字▶山梨前總督

表紙▶中村盛一

〈口繪寫眞〉

晩秋▶多田毅三

間島領事館前に於ける北鮮秋季大學一行(上)

女教員講習會員(下)

コスモス▶伊藤秋畝

奉祝の微忱▶福士末之助 …… 1

大禮の要旨 …… 4

教育の本來の任務▶福士末之助 …… 17

生命の躍動と教育の眞境▶後藤長治 …… 26

支那清代の教育▶竹中康雄 …… 30

鄉土の教育化▶蓮間森信 …… 40

地理教授上の一案▶藤村實則 …… 54

初學年兒童出席奬勵方案▶康重植 …… 56

第二回懸賞論文當選發表 …… 60

學習帳口繪選畵發表 …… 62

社會教育講習會概況(詳細は次號に揭載) …… 63

小學校普通學校女教員講習會概況 …… 68

恩賜記念科學館月報 …… 73

食用昆蟲に就て(一)▶高木五六 …… 75

勅語謄本を奉護して三晝夜山上に佇む＝咸南新豊公立普通學校
姜炯求氏の赤誠＝ …… 81

偉大なる一婦人の力▶崔承愛 …… 83
兒童科學▶岩佐彦二 …… 87
短歌「北漢山行記」▶水上皐太郎 …… 93
文教俳壇 …… 94
文教歌壇 …… 98
文教柳壇 …… 104
編輯餘錄 …… 107

文教の朝鮮 第40號 1928. 12

表紙題字▶山梨前總督
表紙▶中村盛一

〈口繪寫眞〉

港の船(テンペラ畵)▶麻生隆秀
朝鮮教育會より奉獻の朝鮮地圖の刺繡(全鮮女子生徒謹製)
御大禮奉祝提燈行列(京城府廳奉祝塔附近)
御大禮奉祝旗行列の總督府訪問
御大禮記念平安南道生産振興教育品展覽會
展覽會會場(中央)
教具及校具(右、上)
裁縫手藝品及廢物利用(左、上)
家具類(右、下)
農具及農業手工品(左、下)

歲末の感 …… 1

勅語 …… 2
訓令第三十一號發布に就て▶池上政務總監 …… 7
青年訓練所の認定に就て▶學務當局 …… 8
景氣不景氣の話▶吉川義弘 …… 10
兒童の心理に立脚した綴方の基礎的啓培誘導の實際▶丁寬植 · 16
趣味の繪具 テンペラについて▶清水節義 …… 25
昭和三年專門學校入學者檢定試驗 …… 32
會報 御大禮記念聖德文庫圖書目錄 …… 56
全國教育大會出席竝に內地學事視察團名簿及日程 …… 62
恩賜記念科學館月報 …… 65
兒童科學▶岩佐彥二 …… 66
漫畵 奉祝の誠意(其の一)▶田島泰秀 …… 70
食用昆蟲に就て(二)▶高木五六 …… 72
國際オリムピツク大會と日本▶村岡哲夫 …… 80
御大典記念平安南道生產振興教育品展覽會狀況 …… 85
自由擁護の一擊▶モルトン・ハワード▶首陽山人 …… 94
奉祝の歌▶山本信三 …… 111
文教歌壇 …… 113
文教俳壇 …… 115
文教柳壇 …… 117
讀者文藝 …… 118
彙報 光榮の鮮人女教員二十名 …… 120
編輯餘錄 …… 125

文教の朝鮮 第41號 1929. 1

表紙題字▶山梨前總督

表紙▶中村盛一

〈口繪寫眞〉

水仙▶土居彩畝

題字▶山梨前總督閣下

勅題「田家の朝」(一)▶菅咲太郎

勅題「田家の朝」(二)▶菅咲太郎

朝鮮教育會より朝鮮地圖の壁掛と共に獻上の「奉頌」三卷(上)

大禮奉拜女教員一行の李王家御邸玄關前の記念撮影(下)

歲旦の感

訓令 ………… 2

新年所感＝朝鮮の教育に就て＝▶池上朝鮮教育會長 ………… 4

新年所感＝教育の普及充實へ＝▶李副會長 ………… 10

所感▶松浦鎭次郎 ………… 12

年頭所感▶赤木萬二郎 ………… 15

新年所感＝教育者への希望＝▶金漢奎 ………… 16

青年の指導▶丹羽清次郎 ………… 19

新年初頭の感▶朝野菊太郎 ………… 21

樂浪帶方に就きて▶今西龍 ………… 22

柶戲より觀たる上代の日鮮關係▶葛城末治 ………… 38

紫宸殿の御儀に參列して▶李軫鎬 ………… 50

青年訓練所を查閱して▶南雲親一郎 ………… 53

公立實業學校長會議事項 ………… 62

訓示 ························ 64
京城府教育會功績者表彰 ························ 72
女教員及び保姆の姙娠中の心得(一)▶工藤武城 ························ 73
ヤーン先生を憶ふ(ヤーン先生百五十年記念祭に於ける講演)▶福士末之助 ························ 79
憂國の士ヤーンを憶ふ▶上杉敏夫 ························ 81
新春幻滅 ························ 84
朝鮮に於けるお正月の行事▶吳晴 ························ 86
兒童の心理に立脚した綴方の基礎的啓培誘導實際(二)▶丁寬植 ························ 101
會報 御大禮記念全國教育大會概況 ························ 111
恩賜記念科學館月報 ························ 113
兒童科學 野蕃人のお話▶岩佐彦二 ························ 115
農村振興實科教育「農村行進曲」(禁無斷撮影興行)▶光永紫潮 · 118
龍山中學校創立十周年記念展覽會地理室川柳に就て▶柳建寺鯨左衞門 ························ 127
清凉里行▶柳下博 ························ 129
文教俳壇 ························ 131
文教歌壇 ························ 133
文教柳壇 ························ 134
彙報 明大女子部は法商の二科 ························ 136
編輯餘錄 ························ 139

文教の朝鮮 第42號 1929. 2

表紙題字▶山梨前總督

表紙▶中村盛一

〈口繪寫眞〉

静物▶北古賀順橘

朝鮮教育會の大禮奉祝獻上品赤坂離宮東御門搬入(昭和四年一月十七日)

早春風景▶菅咲太郎

卷頭言 已の年の二月 …… 1

公立學校とは何ぞや(義州農學校に於ける福士學務課長の講演筆記) …… 2

佛像の歴史▶玉井是博 …… 7

國民精神教養の第一要件▶大山一夫 …… 22

勤勞好愛(實科教育)の思潮とフレーベルに於ける作業教育の理念▶石井正雄 …… 27

寒燈隨筆▶默笑子 …… 33

女教員及び保姆の姙娠中の心得(二)▶工藤武城 …… 40

漫畵 女教員視察團▶田島泰秀 …… 45

大邱林檎を産ませた自然と人文▶金奇煥 …… 49

兒童科學 象の話▶岩佐彦二 …… 53

冬季農業手工の實際▶鈴木生 …… 55

會報 朝鮮教育會の大禮奉祝獻上品搬入 …… 60

農業振興實科教育「農村行進曲」(禁無斷撮影興業)▶光永紫潮 … 61

寂光▶柳下博 …… 67

文教俳壇 …… 69

文教歌壇 …… 71

文教柳壇 …… 73

彙報 生徒募集 …… 75
編輯餘錄 …… 86

文教の朝鮮 第43號 1929. 3

表紙題字▶山梨前總督
表紙▶中村盛一

〈口繪寫眞〉
風景▶白容成
第一回卒業生を送る京城帝國大學法文學部
京城帝國大學大學部本館(上)
同圖書館の一部(下)
松浦總長(圓內右)
安倍法文學部長(左)

卷頭言 …… 1
勅令第六號 朝鮮公立小學校長及朝鮮公立普通學校長優遇令 …… 2
初等學校教員優遇に關する勅令の公布に就て▶松浦學務局長 …… 3
私立學校規則の改正に就て▶學務當局 …… 4
教育效績者選奬 …… 6
教育效績者選奬規程第一條第一項該當者 …… 8
教育效績者選奬規程第一條第二項該當者 …… 11
教育效績者の選奬に就て▶松浦學務局長 …… 12
本府編纂普通學校教科用圖書(兒童用)中定價改正に關する件▶

松浦學務局長 …… 13
女性の任務＝於京城女子教員會＝▶福士末之助 …… 16
貨幣の過去、現在及び將來＝現ナマ拔き經濟の實現性＝▶三好守治 …… 24
國語教材に於ける形式論の限界に就て▶田中初夫 …… 40
佛教思想より見た初等學校教材▶高柳遠義 …… 46
普通學校新入兒童取扱に就て▶康重植 …… 54
會報 朝鮮教育會副會長李軫鎬氏を送る …… 61
恩賜記念科學館月報 …… 63
雜錄 兒童科學▶岩田彦二 …… 65
漫畵 女教員視察團▶田島泰秀 …… 71
昔の旅▶岩下安平 …… 73
教室漫畵 …… 84
海外教育事情▶後藤逸次 …… 85
戀を摸索する男▶紫陽 …… 98
老人亭▶丘草之助 …… 102
文教俳壇 …… 103
文教歌壇 …… 105
文教柳壇 …… 107
彙報 歐米教育視察團員募集 …… 110
敍任及辭令 …… 114
編輯餘錄 …… 126

文教の朝鮮 第44號 1929. 4

表紙題字▶山梨前總督

表紙▶中村盛一

〈口繪寫眞〉
春の郊外▶日吉守
噫!池上朝鮮教育會長
釋奠
春光▶菅咲太郎

卷頭言
全國教育大會の開催に就きて▶高橋濱吉 …… 2
全國教育大會開催要項 …… 5
脳の健康＝大阪每日新聞健康增進運動開始式にて＝▶志賀潔 · 6
嶺東の旅▶秋葉隆 …… 20
朝鮮のマラリア▶小林清治郎 …… 27
學級擔任者への願ひ二三▶鈴木文夫 …… 31
朝鮮に於ける農業補習學校の經營に就て▶井上改平 …… 38
地理科の本質及びそれより考察せる指導に就て▶金溶淳 …… 45
朝鮮教育會評議員更任 …… 50
朝鮮教育會處務規程 …… 50
朝鮮教育會評議員會議事 …… 51
恩賜記念科學館月報 …… 57
女教員內地の旅▶柴田喜四郎 …… 61
お花見のお辨當 …… 73
兒童科學▶岩佐彦二 …… 76
海外より亡き父を弔ふ＝三月二十一日南支那海航行中の大和船室にて＝▶西田榮三郎 …… 83
ラヂオドラマ土に叛いた男▶野路丘聖爾 …… 86

大北鐵道の列車中にて▶高島平三郎 ………………………………… 104
新羅野集 ……………………………………………………………………… 106
文教俳壇 ……………………………………………………………………… 108
文教歌壇 ……………………………………………………………………… 110
文教柳壇 ……………………………………………………………………… 113
彙報 職業指導上の要項 …………………………………………………… 116
敍任及辭令 ………………………………………………………………… 119
編輯餘錄 ……………………………………………………………………… 122

文教の朝鮮 第45號 1929. 5

表紙題字▶山梨前總督
表紙▶中村盛一

〈口繪寫眞〉
朝鮮黑雷鳥▶金周經
平壤女子高等普通學校御視察中の高松宮殿下(左は同校生徒の奉迎)
新綠▶菅咲太郎

卷頭言 ………………………………………………………………………… 1
全國教育大會開催要項 …………………………………………………… 2
朝鮮博覽會教育館出品計畫▶學務局長 ……………………………… 3
朝鮮教育令改正 …………………………………………………………… 15
朝鮮教育令の改正に就て▶松浦學務局長 ………………………… 26
普通學校卒業生指導に關する計畫 ………………………………… 29

普通學校に於ける實業教育▶菊地良樹 …… 32
全羅北道西部地方旅行雜記▶今西龍 …… 38
佐保野の家(萬葉集より)▶近藤時司 …… 56
初めて我が國に見出さるゝ珍鳥黑雷鳥に就て(口繪參照)▶森爲三 · 64
普通學校國語教授私見▶高見淸太郎 …… 68
西洋音樂鑑賞家の爲めに▶山田耕作 …… 75
明治大帝御製頌歌取扱に就いての大要▶中尾淸 …… 99
會報 本會施設第一回民衆講座 …… 105
恩賜記念科學館月報 …… 105
日本內地に於ける端午の節句と朝鮮の端午節▶加藤灌覺 …… 107
女教員內地の旅(二)▶柴田喜四郞 …… 114
內地みやげ▶金弘雲 …… 124
漫畵 女教員視察團▶田島泰秀 …… 127
ダルマストーブの改良に付て▶桑垣隆人 …… 131
子供の科學 死んだまね▶岩佐彦二 …… 133
地租委讓▶原碧 …… 137
洋燈愛唱▶田中初夫 …… 140
文教俳壇 …… 142
文教歌壇 …… 144
文教柳壇 …… 146
彙報 學童のお辯當 …… 148
編輯餘錄 …… 152

文教の朝鮮 第46號 1929. 6

表紙題字▶山梨前總督

表紙▶中村盛一

〈口繪寫眞〉

靜物▶玉井ひらく

榮譽ある校長の面影(一)

1.橫山彌三 2.石原淸熙 3.中島訂治郎 4.山本吉久 5.申鉉鼎 6.服部富枝 7.北川淸之助 8.照屋敏夫 9.恒松茂雄 10.山中辰之允 11.古賀新太郎 12.竹內勝一 13.山本哲太郎 14.那須辰夫 15.三浦勇 16.大坂金太郎

榮譽ある校長の面影(二)

17.赤澤竹太郎 18.若林勇 19.上原榮 20.橋本良藏 21.松村岩太郎 22.林孝輔 23.李斗鍾 24.黑駒鉚吉 25.宮崎藤一 26.川越行雄 27.小川太喜治 28.水出梅平 29.平井正 30.安藤忠治 31.山田類藏

卷頭言 …… 1
全國教育大會開催要項 …… 2
諺文綴字法調査に關する件 …… 4
農民の流浪▶大內武次 …… 5
全羅北道西部地方旅行雜記▶今西龍 …… 22
經驗主義的倫理思想の一典型▶渡植彦太郎 …… 38
論壇 卒業生に餞す▶安倍能成 …… 46
朝鮮初等教育に於ける學校體操の將來▶村岡哲夫 …… 52
研究 書き方教育の問題▶北野蘇市 …… 57
會報 諸種會議要項 …… 63
恩賜記念科學館月報 …… 64
兒童科學 駱駝の話▶岩佐參三 …… 65
女教員內地の旅(三)▶柴田喜四郎 …… 68

漫畵 女教員視察團▶田島泰秀 ………………………………………… 75
小選擧區制▶原碧 ……………………………………………………… 79
創作 腐肉を抱く(一)▶下野朝岳 ………………………………………… 82
十四人集 ……………………………………………………………… 86
文教俳壇 ……………………………………………………………… 89
文教歌壇 ……………………………………………………………… 91
文教柳壇 ……………………………………………………………… 94
彙報 初等學校教員優遇令による奏任官待遇者 ……………………… 97
敍任及辭令 …………………………………………………………… 100
編輯餘錄 ……………………………………………………………… 120

文教の朝鮮 第47號 1929. 7

表紙題字▶山梨前總督
表紙▶中村盛一

〈口繪寫眞〉
鴨綠江小景▶今村政次郎
御大禮奉祝獻上品に對し宮內大臣よりの通達
新朝鮮教育會長伯爵兒玉秀雄閣下

卷頭言 ………………………………………………………………… 1
全國教育大會開催要項 ……………………………………………… 2
本會々長兒玉新朝鮮政務總監閣下を迎ふ ………………………… 4
訓示(道視學官會議に於ける) ………………………………………… 6
指示事項及注意事項 ………………………………………………… 9

小學校普通學校規程改正▶山梨半造 …………………………… 11
內鮮兩語の聯絡▶金澤庄三郎 …………………………………………… 34
全人の教育▶福士末之助 ………………………………………………… 43
經驗主義的倫理思想の一典型(續)▶渡植彦太郎 ……………………… 51
京畿道師範學校附屬普通學校 初等教育(體操科圖畵科)研究會(其の一)
…………………………………………………………………………………… 59
尋五學級經營案▶田中彌市 …………………………………………… 76
普通學校國語教授私見(二)=言語の象徵性=▶高見清太郎 ….. 87
金輸出解禁▶原碧 ……………………………………………………… 92
實話 赤い夕陽▶竹中やすを ………………………………………… 95
文教俳壇 ……………………………………………………………… 100
文教歌壇 ……………………………………………………………… 102
彙報 慶南東萊高普の夏季講習會 ………………………………… 105
敍任及辭令 …………………………………………………………… 107
編輯餘錄 ……………………………………………………………… 119

文敎の朝鮮 第48號 1929. 8

表紙題字▶山梨前總督
表紙▶中村盛一

〈口繪寫眞〉
京城郊外風景▶俵福子
第七回朝鮮教育會代議員會
凉を趁うて
金剛山望軍臺よりの展望(上)

大同江舟遊(中)

仁川月尾島プール(下)

巻頭言 …… 1
全國教育大會(主催朝鮮教育會) …… 2
朝鮮總督府及所屬官署職員ニ對スル訓示 …… 9
普通學校卒業生指導協議會 …… 11
朝鮮教育諸法令改正等に就いて▶福士末之助 …… 16
大阪市細民密集地帶に於ける勤勞學校視察の印象▶松月秀雄 … 50
學說 ベクトル解析(1)▶平賀良藏 …… 69
第七回朝鮮教育會代議員會(於總督府會議室) …… 94
懸賞マーク當選發表 …… 125
恩賜記念科學館月報 …… 127
京畿道師範學校附屬普通學校 初等教育(體操科圖畵科)研究會(其の二) …… 128
衆議院の解散▶原碧 …… 141
文教俳壇 …… 144
文教歌壇 …… 146
彙報 專門學校入學者試驗檢定日時割竝ニ出願者注意 …… 150
編輯餘錄 …… 151

文教の朝鮮 第49號 1929. 9

表紙題字▶山梨前總督

表紙▶中村盛一

〈口繪寫眞〉

新總督齋藤子爵閣下

開會を待つ朝鮮博覽會

卷頭言 …… 1

全國教育大會(主催朝鮮教育會) …… 3

齋藤總督閣下を迎ふ …… 11

朝鮮博覽會に就て …… 14

朝鮮博覽會の歌 …… 23

奢侈の弊▶福士末之助 …… 24

英國に於ける初等教育の基調▶高橋濱吉 …… 29

朝鮮の實業補習教育▶菊地良樹 …… 38

比律賓の中學校▶江頭六郎 …… 45

德川時代に於ける朝鮮書籍の翻刻▶山口正之 …… 52

管見永字八法に就きて▶大海不知人 …… 71

京畿道師範學校附屬普通學校　初等教育(體操科圖畫科)研究會(其の三) …… 74

國語教材の觀方に就て＝高田邦彦氏著「國語教材の現象學的考察」を讀む＝▶高見清太郎 …… 89

豫算▶原碧 …… 100

兒童科學▶岩佐彦二 …… 104

學校衛生上より見たる床面塗油と其の實際▶荻野正俊 …… 108

新譯 楊風雲傳(一)▶中田午川 …… 113

雨ばれ▶藤田瑠璃 …… 119

雜詠▶丘草之助 …… 120

文教俳壇 …… 121

文教歌壇 …… 123

彙報「經濟難局の打開」濱口首相の大獅子吼 ······ 126
編輯餘錄 ······ 143

文教の朝鮮 第50號 1929. 10
全國教育大會號

表紙題字▶齋藤實總督
表紙▶嶺乾一

〈口繪寫眞〉

農村の子供(鮮展特選)▶李英一
神宮奉頌唱歌
皇大神宮新殿(右)
豊受大神宮新殿(左)
全國教育大會々場(景福宮勤政殿)

卷頭言 ······ 1
諭告▶齋藤實 ······ 2
全國教育大會を祝す ······ 3
朝鮮教育の概觀▶福士末之助 ······ 6
朝鮮教育の特質▶高橋濱吉 ······ 17
農村教育の本旨▶兒玉秀雄 ······ 24
朝鮮人蔘に就て(一)▶杉原德行 ······ 28
普通學校卒業生指導の實際▶林虎藏 ······ 37
長屋王と新羅の使節「懷風藻より」▶近藤時司 ······ 50
朝鮮地質の大略▶立岩巖 ······ 58

京城に於ける百貨店の進出と購買組合の出現▶西原峰次郎 …· 68
式年遷宮の本義＝大阪每日新聞所載＝▶宮地直一 ………………… 79
釜山から新義州まで▶高橋源太郎 ………………………………………… 97
梁武帝と朝鮮半島の文教▶多田正知 ……………………………… 115
朝鮮風俗 秋の行事▶李源圭 ………………………………………… 123
朝鮮體育界の一般▶立石隆司 ……………………………………… 136
恩賜記念科學館の由來と現狀 ……………………………………… 144
立法·司法·行政▶原碧 …………………………………………………… 147
兒童科學▶岩佐彦二 ……………………………………………………… 150
文教俳壇 ……………………………………………………………………… 155
文教歌壇 ……………………………………………………………………… 157
編輯餘錄 ……………………………………………………………………… 161

文教の朝鮮 第51號 1929. 11
全國教育大會報告號

表紙題字▶齋藤實總督
表紙▶中村盛一

〈口繪寫眞〉
閑院宮殿下御親閲式に於て殿下より令旨を賜ふ(本文記事參照)
全國教育大會
全國教育大會部會(其の一)
師範教育部會(上右)
專門教育部會(上左)
中等教育部會(下右)

女子中等教育部會(下左)
全國教育大會部會(其の二)
社會教育部會(上右)
體育衛生部會(上左)
保育部會(下右)
初等教育部(下左)

卷頭言 …… 1
我が國體の本義▶武部欽一 …… 2
閑院宮殿下御親閱式に陪して▶福士末之助 …… 10
閑院宮殿下金剛山御探勝隨從記▶立石隆司 …… 15
學務局長送迎の辭 …… 18
全國教育大會 …… 20
朝鮮教育會主催 全國教育大會出席者招待宴遊會雜觀▶一記者 ‥ 137
全國教育大會に於ける初等教育部決議問題批判▶高橋世外 ‥ 139
第七回朝鮮教育會總會(於京城師範學校) …… 141
東人詩話其他二三の翻刻本に就て▶松田甲 …… 146
白頭山高地帶に於ける朝鮮黑雷鳥及朝鮮蝦夷雷鳥の習性の一端に就て▶元洪九 …… 148
學校衛生と風紀問題▶長根禪提 …… 152
第八回全鮮初等教育者研究會概要記 …… 159
再び金輸出解禁に就いて▶原碧 …… 161
兒童科學▶岩佐彦二 …… 164
文教俳壇 …… 167
文教歌壇 …… 169
彙報 京城友の會▶SO生 …… 173
編輯餘錄 …… 198

文教の朝鮮 第52號 1929. 12

表紙題字▶齋藤實總督

表紙▶中村盛一

〈口繪寫眞〉

風景▶俵雅亮

新朝鮮教育會副會長武部學務局長

冬の一景▶菅咲太郎

巻頭言 ······ 1

諸外國との貸借は如何にして決濟されるか▶三好守治 ······ 2

ウイルヘルム·ライン逝く▶田花爲雄 ······ 13

現代文化と都市問題▶白井規一 ······ 25

平壤の洋亂事件＝ヂエネラル·シヤーマン號の遺物「加農砲及鐵鎖」＝▶山口正之 ······ 41

感激物語 涙ぐましい中學生のまごゝろ▶市川少佐 ······ 48

御親閲式に參加して▶山内繁太郎 ······ 48

聾の身を以て閑院宮殿下の御親閲に參列せし山内繁太郎君に就て▶山田初男 ······ 50

僕の見た山内君▶田邊信靖 ······ 52

京畿道師範學校附屬普通學校 初等教育(體操科圖畵科)研究會(其の四) ······ 54

圖科指導の實際に就いて▶村松儉爾 ······ 54

圖案指導の一方法に就て▶星野 ······ 68

圖畵學習態度竝に其の道程▶金忠煥 ······ 69

兒童の色彩官能について▶清水前義 ······ 72

私の圖畫教育▶李俊興 …… 75
下學年に於ける圖畫學習指導法▶草場貢 …… 83
全國都市實業補習學校長會に出席して▶吉原雄四郎 …… 88
普通教育に於ける家事科の位置及び教材の排列について▶羽柴亥之助 …… 93
樞密院に就て▶原碧 …… 96
內鮮に交る純愛の至情▶沖原南海 …… 100
文教俳壇 …… 111
文教歌壇 …… 113
彙報 恩賜記念科學館月報 …… 116
編輯餘錄 …… 118

文教の朝鮮 第53號 1930. 1

〈口繪寫眞〉

海邊巖
教材 その一 我に愛する良馬あり
教材 その二 扶餘

卷頭言 …… 1
如何なる教育を施すべきか▶武部欽一 …… 2
實力を養つて多幸なる社會へ▶志賀潔 …… 4
偶感▶關本幸太郎 …… 6
馬に對する朝鮮語▶小倉進平 …… 10
馬の進化と朝鮮馬▶森爲三 …… 18
高麗版龍龕手鏡解說▶藤塚鄰 …… 36

朝鮮人蔘に就て(講演抄)▶杉原德行 …… 48
學說 ベクトル解釋(2)▶平賀良藏 …… 61
天覽競技と文部省訓令▶梅澤慶三郎 …… 87
對歐無線電信の概要▶天野榮十郎 …… 93
議會制度(二院制度)▶原碧 …… 95
兒童科學▶岩佐彦二 …… 98
文教俳壇 …… 101
文教歌壇 …… 103
彙報 恩賜記念科學館月報 …… 106
編輯餘錄 …… 109

文教の朝鮮 第54號 1930. 2

〈口繪寫眞〉

伊良子岬▶池上秀畝
三防のスキー(上)
瑞西アルプスのスキージヤンプ(下)
早春▶松田正雄

卷頭言 …… 1
昭和四年の回顧▶韓相龍 …… 2
歷史上にあらはれたる內鮮の融化(昭和四年九月十六日中央朝鮮協會員懇談會席上にて講演)▶中山久四郎 …… 5
性解放の機會▶秋葉隆 …… 25
神功皇后以前の內鮮關係の考察▶日笠護 …… 28
兒童科學▶岩佐彦二 …… 37

大都市に於ける實業補習教育の現狀▶吉原雄四郎 …………………… 40
構想畵指導▶喜多村肇 ………………………………………………… 45
實業學校學事狀況▶全羅南道報 ……………………………………… 51
小學校普通學校職業科教授細目編成草案▶大邱初等學校委員會
…………………………………………………………………………… 70
昭和五年度講習會研究會計畫豫定表 ……………………………… 103
昭和五年度學事視察團實施豫定表 ………………………………… 104
雜詠▶丘草之助 ……………………………………………………… 105
文教歌壇 ……………………………………………………………… 107
文教俳壇 ……………………………………………………………… 110
法令 …………………………………………………………………… 113
彙報 朝鮮神宮昭和四年十二月中參拜人員數調 …………………… 119
編輯餘錄 ……………………………………………………………… 129

文教の朝鮮 第55號 1930. 3

〈口繪寫眞〉

淺間の放牧▶掛札功
京城師範學校生徒の軍隊生活
春思(右)▶白潤文
墨梅(左)▶韓圭復

卷頭言
世界の趨勢より見たる實業補習學校▶小出滿二 ……………………… 2
生活を解釋し現代の教育思潮に及ぶ▶鎌塚扶 ………………………… 9
小學校普通學校規程改正に伴ふ　職業教育の考察より職業科の取

扱に及ぶ▶河野卓爾 …… 18
現代文教授に關する基礎的な覺書の一二▶田中初夫 …… 29
俳句教授への憧憬▶石橋令邑 …… 37
算術教育の最近思潮と現行算術書の活用▶緒方篤三郎 …… 48
奈良女子高等師範學校附屬小學校參觀記▶金洪三 …… 60
肉食と菜食に就いて▶本田健義 …… 79
海軍々備制限の話▶阿部誠雄 …… 84
清州公立普通學校實科教育施設の概要 …… 99
文教歌壇 …… 104
彙報 朝鮮神宮參拜者 …… 107
編輯餘錄 …… 120

文教の朝鮮 第56號 1930. 4

〈口繪寫眞〉
樹間風景▶山田貞利
明倫堂(中)
鄭萬朝(左上)
書を讀む女(上)▶吳点壽
薄暮(下)▶石黑義保

弔辭▶兒玉秀雄 …… 2
鎭海遭難事件▶武部學務局長 …… 3
我國近時の立法と儒道との關係▶武部欽一 …… 9
生活を解釋して現代の教育思潮に及ぶ(二)▶鎌塚扶 …… 20
人間俳一茶(一)▶高田邦彦 …… 30

明倫學院の設立を聞きて▶松田甲 …… 42
修養團教化運動に就て(一)▶和久正志 …… 56
小學校普通學校職業科教授要目▶京畿道教育會 …… 65
朝鮮洒落物語(一)▶田島泰秀 …… 84
小學校普通學校職業科教授細目編成草案 要旨篇(男兒の部)▶大邱初等學校編成委員會 …… 96
明倫學院の設立 …… 119
文教歌壇 …… 121
文教俳壇 …… 123
彙報 朝鮮神宮參拜者 …… 125
編輯を了りて …… 134

文教の朝鮮 第57號 1930. 5

〈口繪寫眞〉
ある婦の肖像▶アンリ·ロイヤー
公山城附近地圖(上)
公州附近出土(百濟時代墳塼)(左)
公山城(熊川山城地)

第八回朝鮮教育會總會開催要項
卷頭言
生活を解釋して現代の教育思潮に及ぶ(三)▶鎌塚扶 …… 2
生活の合理化▶善生永助 …… 8
學說 ベクトル解析(3)▶平賀良藏 …… 14
歷史教授に於ける神話の意義と價值▶日笠護 …… 37

石潭遊記▶松月秀雄 …… 43
中山博士の講話「李梅溪」に就て▶松田甲 …… 49
呪はれた學生思想▶金茶村 …… 52
京城北部山地の植物と學校園▶橋本雅輝 …… 61
尋常小學國語讀本卷十一第二課 孔子の研究▶樋口節春 …… 67
海軍々備制限の話(續き)▶阿部誠雄 …… 84
兒童科學▶岩佐彦二 …… 99
青年訓練美談▶第二十師團査閲官報 …… 104
小學校普通學校職業科教授細目編成草案 教材配當表教材分類表(女兒の部)▶大邱府初等學校委員會 …… 109
文教歌壇 …… 117
文教俳壇 …… 119
彙報 朝鮮神宮參拜者 …… 122
編輯室 …… 129

文教の朝鮮 第58號 1930. 6

〈口繪寫眞〉

春陽を浴び(第九回鮮展無鑑査特選)▶金鍾泰
日本官職員圖(上)
和文漢譯資料(下)
人蚤(中)
蠅の爪に附着せるバクテリヤ(右、下)

卷頭言
全羅北道西部地方旅行雜記(三)▶今西龍 …… 2

人間俳一茶(二)▶高田邦彦 …… 19
刻下の國情に鑑みて信仰教育の急務を叫ぶ▶加藤三太 …… 34
讀史瑣話 明治十四年の日本遊覽朝士▶山口正之 …… 40
第七十五回の誕生日に於けるゲオルク·ケルシェンシュタイナー(一)
▶京城大學教育學研究室 …… 49
理科七月の教材 蠅と蚤▶橋本雅輝 …… 54
職業科に於ける商業教材の研究▶廣瀨哲盛 …… 60
犁耕中心の農村青年指導▶井上改平 …… 71
朝鮮洒落物語(二)▶田島泰秀 …… 76
兒童科學▶岩佐彦二 …… 83
京城に於ける不良少年少女に就て▶小松本町警察署長 …… 87
高等學校入學試驗答案に對する講評 …… 92
文教歌壇 …… 108
文教俳壇 …… 111
彙報 朝鮮神宮參拜者 …… 114
編輯室 …… 118

文教の朝鮮 第59號 1930. 7
教育總會號

〈口繪寫眞〉

平濟塔(扶餘)
第八回朝鮮教育總會(於大田中學校講堂)
代議員會(上)
扶餘遺物陳列館(中)
論山灌燭寺に於ける一行(下)

卷頭言
勤労教育に就て▶武部欽一 …… 2
百濟史講話(一)▶今西龍 …… 8
第八回朝鮮教育會總會記錄
朝鮮教育會規則 …… 19
昭和四年度朝鮮教育會歲入出決算表 …… 24
昭和五年度朝鮮教育會歲入出豫算表 …… 25
恩賜記念科學館事業概況 …… 31
獎學部事業狀況 …… 37
各道支會施設狀況 …… 40
代議員會及總會 …… 55
泰西思想紹介＝第七十五回の誕生日に於けるゲオルク·ケルシェンシュタイナー(二)＝▶京城大學教育學研究室 …… 102
全國訓導國語協議會に出席して▶熊田滿 …… 108
普通學校に於ける裁縫教授に就て▶鄭啓元 …… 116
兒童科學▶岩佐彦二 …… 135
牙山灣の독갑이現象▶蓮間森信 …… 141
若き教育者へ呈する文▶別府喬次 …… 142
文教歌壇 …… 144
文教俳壇 …… 146
彙報 朝鮮神宮參拜者 …… 149
總會評判記 …… 157
朝鮮教育會主催 馬山夏期大學施設要項

文教の朝鮮 第60號 1930. 8

〈口繪寫眞〉

ダリヤ

齋藤總督汶山普通學校視察

京城三越青年訓練所開所式

巻頭言

青年の心理と其の教育指導に就て▶關本幸太郎 ……………………… 2

修養團教化運動に就て(二)▶和久正志 ……………………………… 7

全羅北道西部地方旅行雜記(四)▶今西龍 …………………………… 18

圃隱集の板本について▶多田正知 …………………………………… 33

泰西思想紹介 = 如何にして我々の學校を生活に近づかしむべきか?(二) = (京城大學教育學研究室)▶ケルシェンシュタイナー · 51

總督の視察せられたる汶山公立普通學校近況 ………………………… 58

普通學校國語教育に於ける話方教授の研究▶高見清太郎 ……… 69

書簡文教授に對する卑見▶澤幡常業 ………………………………… 80

新綴字法の立場から見た舊朝鮮語讀本▶李倫求 …………………… 86

朝鮮洒落物語(三)▶田島泰秀 ………………………………………… 93

玉溪隕石に就て▶奧利秀 …………………………………………… 103

再び信仰的教育の急務を叫ぶ▶加藤三太 ………………………… 106

「おもちや」に對する考察▶池田正長 ……………………………… 106

文教歌壇 …………………………………………………………………… 112

文教俳壇 …………………………………………………………………… 114

彙報 朝鮮神宮參拜者 …………………………………………………… 117

編輯室 …………………………………………………………………… 123

文敎の朝鮮 第61號 1930. 9

〈口繪寫眞〉

羆釣睡日圖▶截文進

實業教育臨地講習會

驅逐艦上の馬山夏季大會(上)

同上對馬嚴原港上陸(下)

卷頭言

職業的勞作による人文社會の理解▶鎌塚 扶 ………………………… 2

修養團教化運動に就て(三)▶和久正志 ………………………………… 8

全羅北道西部地方旅行雜記(五)▶今西龍 …………………………… 14

人類の進化と亞細亞▶森爲三 ………………………………………… 29

學說 ベクトル解析(4)▶平賀良藏 …………………………………… 41

歐洲に於ける社會體育の實勢▶赤間雅彦 …………………………… 49

婦人科より見たる女子の競技▶工藤武城 …………………………… 54

幼兒及兒童の言語に關する研究▶高見淸太郎 ……………………… 57

國語教材への態度＝解釋學的現象學による態度＝▶田中初夫 · 74

李王家御慶事十週年奉祝記念 女子教員內地視察記 ……………… 82

智的素質と教育▶湯本高男 …………………………………………… 94

唱謠教材の教育的價値と選擇上の注意▶五十嵐悌三郎 ……… 100

對壁放言▶江外山人 …………………………………………………… 103

子供の科學▶岩佐彦二 ………………………………………………… 107

文教歌壇 ………………………………………………………………… 112

文教俳壇 ………………………………………………………………… 114

天日常次郎氏略歷 ……………………………………………………… 117

天日農業育英資金 ……………………………………………………… 118

馬山夏季大學 …… 120
彙報 御救恤金下賜 …… 128
編輯室 …… 131

文教の朝鮮 第62號 1930. 10
教育勅語渙發滿四十年記念號

〈口繪寫眞〉

勅語御下賜(明治二十三年十月三十日)

教育に關する勅語の御下賜と其の意義▶亘理章三郎 …… 1
德の樹立▶西晋一郎 …… 27
四十年の回顧▶下田次郎 …… 37
フレンツエル博士と教育勅語▶津田榮 …… 40
教育勅語と我國民的精神▶島本愛之助 …… 41
世界の趨勢に鑑みて皇國の大道を仰ぐ▶渡邊信治 …… 53
教育家の奮起を望む▶安寅植 …… 61
教育勅語渙發四十年記念に際して▶松月秀雄 …… 65
道德教育の一進展▶原房孝 …… 71
回顧漫錄▶田中玄黃 …… 77
教育勅語渙發四十周年を迎へて所感を述ぶ▶平山正 …… 79
教育勅語渙發四十周年を迎へて▶大山一夫 …… 87
勅語渙發滿四十年の感想▶伊藤藤太郎 …… 95
教育に關する勅語と李退溪▶松田甲 …… 97
勅語渙發當時を語る座談會 …… 107
教育に關する勅語座談會補說▶高木善人 …… 127

學校卒業生の成功談▶各道調査報告 …… 135
勅語謄本奉護美譚▶各道調査報告 …… 187
聖旨の徹底に就き 特に研究せる事項▶各道調査報告 …… 203
教育勅語渙發滿四十年記念 朝鮮總督府施設 …… 247

文教の朝鮮 第63號 1930. 11

〈口繪寫眞〉

四季の楓
本府に於ける勅語奉讀式

訓示▶齋藤實 …… 1
謹話▶兒玉秀雄 …… 6
全羅北道西部地方旅行雜記(六)▶今西龍 …… 11
俗離山の植物と動物▶森爲三 …… 31
道德愛の考察▶鎌塚扶 …… 51
小學校普通學校に於ける公民的陶冶の提唱(一)▶後藤長治 …… 57
泰西思想紹介＝如何にして我々の學校を生活に近づかしむべきか?
(二)＝(京城大學教育學研究室)▶ケルシェンシュタイナー …… 64
紅葉について▶橋本雅輝 …… 70
秋の理科教材シダの分類概要▶上田常一 …… 76
子供の科學▶岩佐彦二 …… 84
職業科農業を主としたる指導案▶沈元弘 …… 90
學生生徒及兒童身體檢查成績表▶文部大臣官房體育課調查 ‥ 101
文教歌壇 …… 108
文教俳壇 …… 111

随筆 雲片々▶諸留寛 …… 114
金剛山遊覽紀行雜詠▶朴洵龍 …… 114
內鮮融化について▶康興淳 …… 121
鎭海事變弔慰金決算報告書 …… 125
彙報 朝鮮神宮參拜者 …… 128

文教の朝鮮 第64號 1930. 12

〈口繪寫眞〉
冬景色
京城丁子屋青年訓練所
京城第一高女蔬菜壜詰實習

東洋倫理の特徵▶宇野哲人 …… 1
職業科一元の新學校▶松月秀雄 …… 18
人の力▶鎌塚扶 …… 26
小學校普通學校に於ける公民的陶冶の提唱(二)▶後藤長治 …… 33
昭和五年理科スクラップス▶橋本雅輝 …… 39
泰西思想紹介＝如何にして我々の學校を生活に近づかしむべきか?(三)＝(京城大學教育學研究室)▶ケルシェンシュタイナー …… 45
京城帝國豫科昭和五年度入學試驗　數學科答案調查報告(一)▶平賀教授 …… 48
世相を反映する民謠▶田中初夫 …… 54
家事科教授細目編成に當りて▶羽柴亥之助 …… 64
圖畵科成績考查に關する研究▶齋藤三四郎 …… 70
昭和五年專門學校入學者檢定試驗 …… 74

子供の科學▶岩佐彦二 ……………………………………………………… 99
「壜詰便り」▶家事室より ……………………………………………… 106
文教歌壇 …………………………………………………………………… 107
文教俳壇 …………………………………………………………………… 109
學生生徒及兒童身體檢查成績表▶文部大臣官房體育課調査 ‥ 112
明治以後に於ける我國學校體操發達年表(自明治四年至大正十五年 五十五年間)▶村岡哲夫 …………………………………… 117
人口問題の一考察▶別府喬次 ………………………………………… 117
江原道三陟カルスト(Karst)地形に就いて▶蓮間森信 …………… 122
彙報 朝鮮神宮參拜者 …………………………………………………… 126

文教の朝鮮 第65號 1931. 1

〈口繪寫眞〉

羊かひ
忠北「二品松」
道視學官會議

公民教育の必要▶武部欽一 …………………………………………… 1
農村に於ける卒業生指導に關する所見▶八尋生男 ……………… 4
初等學校に於ける職業科の要旨とその運用▶高橋濱吉 ………… 15
道視學官會同 ………………………………………………………… 31
社會主義より理想主義へ(上)▶島本愛之助 …………………… 35
一英人の觀たるソヴィエット·ロシヤの實情を紹介す▶八田吉平 · 66
歐米教育概觀(一)▶福士末之助 …………………………………… 75
宇野博士の"Die Ethik des Konfuzianismus"を讀む▶松月秀雄 · 84

勞作教育學と本質(アウグスト·ヴオルフ 原著)▶李俊夏 …… 100
京城帝國大學豫科昭和五年度入學試驗 數學科答案調査報告(二)
▶平賀教授 …… 106
羊の話▶森爲三 …… 112
新年の植物▶橋本雅輝 …… 121
事業費用の性質と其の統制▶近藤英三 …… 128
子供の科學▶岩佐彦二 …… 132
文教歌壇 …… 135
文教俳壇 …… 137
實際教育の意義▶小川三千男 …… 141
國語教育と普通學校教員の發音問題▶朴永仁 …… 146
彙報 朝鮮神宮參拜者 …… 148

文教の朝鮮 第66號 1931. 2

〈口繪寫眞〉

雪の金剛(鬼面巖)
社頭雪(朝鮮神宮)

勅題「社頭雪」選歌(昭和六年一月二十三日披講)
社會主義より理想主義へ(下)▶島本愛之助 …… 1
歐米教育概觀(二)▶福士末之助 …… 28
泰西思想紹介＝如何にして我々の學校を生活に近づかしむべきか?
(四)＝(京城大學教育學研究室)▶ケルシェンシュタイナー …… 45
百濟史講話(二)▶今西龍 …… 51
小學校普通學校に於ける公民的陶冶の提唱(三)▶後藤長治 …… 66

冬の果物密柑に就いて▶上田常一 …… 73
尋常小學國語讀本卷十第十八文天祥の研究▶樋口節春 …… 78
中學校及高等普通學校規程等改正 …… 89
子供の科學▶岩佐彦二 …… 95
文教歌壇 …… 100
文教俳壇 …… 102
職業科教授要目▶京城公立小學校聯合教育研究部 …… 106
石鹼について▶木村雪子 …… 125
遊戯化せる低學年算術の取扱▶吳永善 …… 128
壯丁の思想調査概況▶文部省社會教育局靑年教育課 …… 131
學校生徒の人命救助 …… 135
彙報 總督府編纂兒童用教科書の値下 …… 137

文教の朝鮮 第67號 1931. 3

〈口繪寫眞〉

歌仙圖▶岩佐又兵衛
朝鮮學生代表者答辭(上)
永田東京市長祝辭(下)
內裏雛寄贈式餘興

ウォッシュバーン氏の來城に就て▶松月秀雄 …… 1
二宮翁が印した貧村救濟の跡(一)▶鎌塚扶 …… 16
泰西思想紹介＝ジヨン・デュウィの教育説＝▶京城帝國大學教育學研究室 …… 27
お雛さまの今昔▶加藤灌覺 …… 35

小藤博士の朝鮮山脈論を紹介す▶伊藤文治 …………………………… 39
小學校普通學校に於ける公民的陶冶の提唱(四)▶後藤長治 …… 60
カントの根本立場と道德的法則の形式性▶安龍伯 ………………… 68
常識科學としての雌雄▶橋本雅輝 ……………………………………… 83
子供の科學▶岩佐彦二 ………………………………………………… 91
文教歌壇 ……………………………………………………………………… 96
文教俳壇 ……………………………………………………………………… 99
母と子＝孝子美談＝▶徐林炯 ……………………………………… 102
境なき路を行け▶吉村春子 ………………………………………… 113
教師の感激日記▶松田忠藏 ………………………………………… 113
彙報 朝鮮神宮參拜者 ………………………………………………… 116

文教の朝鮮 第68號 1931. 4
卒業生指導號

〈口繪寫眞〉

全南初等學校教員職業科講習會に於ける民謠踊(上)
全南初等學校教員職業科講習會に於ける田植實習(中)
平北渭原公立普通學校製硯指導生實習(下)
咸北富寧公立普通學校卒業生萩籠作(上)
慶源公立普通學校卒業生土木作業(中)
黃海西鍾公立普通學校自彊團員社會奉仕(下)
全北 富安公立普通學校指導生張判吉とその牛(上)
同指導生蠶具の共同製作(冬季農閑期の作品を引受者の家に搬入)(中)
平南 平壤南山女子公立普通學校卒業生の製帽部作業(下)

慶南 大渚公立普通學校卒業生李鳳道經營の蔬菜促成栽培(上)
慶南 背屯公立普通學校指導生共同實習地の牛耕(中)
京畿 孔道公立普通學校指導生徐光泰一家の叺織(下)
慶北 義谷公立普通學校在校生及卒業生製紙實習

卒業生指導奬勵に就いて …… 1
教育上に於ける當面の諸問題▶武部欽一 …… 3
歐米教育の實際▶福士末之助 …… 15
農家指導上より見たる普通學校卒業生の指導▶八尋生男 …… 45
卒業生指導に關する各道施設報告概要 …… 75
卒業生指導講習會竝協議會狀況(於總督府圖書館) …… 159
各道卒業生指導施設の紹介及質疑研究 …… 163
京畿道內卒業生指導學校實地視察の質疑研究 …… 199
協議事項 …… 215
茶話會(朝鮮教育會主催) …… 235
文教歌壇 …… 241
文教俳壇 …… 243
八年の神經衰弱と胃腸病全快し五貫匁ふとる▶本多由雄 …… 248

文教の朝鮮 第69號 1931. 5

〈口繪寫眞〉

芍藥圖▶酒井抱一

全北の旅より歸りて▶松月秀雄 …… 1
二宮翁が印し貧村救濟の跡(二)▶鎌塚扶 …… 7

小學校普通學校に於ける公民的陶冶の提唱(五)▶後藤長治 …… 24
泰西思想紹介 = ジョン·デュウィの教育説 = (二)▶京城帝國大學教育學研究室 …… 30
理科春の生物教材(燕)▶橋本雅輝 …… 38
平澤低地に於ける聚落形態二つ▶蓮間森信 …… 44
第一學年學級經營案▶金在華 …… 48
卒業生指導座談會 …… 62
子供の科學(空中の寶探し)▶岩佐彦二 …… 82
文教歌壇 …… 86
文教俳壇 …… 88
全州地方の言葉 = 普通學校朝鮮語讀本卷一を中心に = ▶陸敏哲 …… 93
國語教育と普通學校教員の發音問題の筆者に▶李鍾極 …… 105
朝鮮總督府及朝鮮教育會昭和六年度教育講習會·研究會·學事視察團實施計畫 …… 107
科學館に於ける數學說明器の陳列 …… 108
彙報 小學校普通學校教員試驗規則改正 …… 109

文教の朝鮮 第70號 1931. 6
職業教育研究號

〈口繪寫眞〉

全鮮職業教育研究大會
全鮮職業教育展覽會兒玉政務總監臨場(上)
門前の觀衆(下)
鮮內各道の出品物陳列狀況の一第の二第の三

全羅南道の出品物陳列狀況の一第の二第の三

晩近教育の趨勢▶武部欽一 …… 1
生產學校とその批判▶松月秀雄 …… 6
全鮮職業教育研究大會朝鮮總督府諮問答申書　朝鮮總督府諮問案 …… 21
全鮮職業教育研究大會々員意見發表
初等教育部　職業科實施一年後に於ける反省と本年度に於ける方針▶行德八郎 …… 31
第一年次に於ける職業科の施設經營▶市川榮三 …… 34
工業中心の職業科と手工科との差異▶時長宗治 …… 37
我校女子職業科の實際▶大友喜幸 …… 39
本校の職業科指導の實際▶尾崎加四衛我校の職業科▶守田覺三 …… 44
私を透した職業科實習指導施設の一端▶池田芳榮 …… 52
我校に於ける職業科實施の概要▶光行岡藏 …… 54
初等學校に於ける職業科水產▶佐佐木一郎 …… 58
高等普通教育部作業尊重の教育▶小林致哲 …… 61
高等普通教育に於ける職業的陶冶につきて▶堤政助 …… 68
卒業生指導部指導生貯金に就て▶生田已之吉 …… 71
我校の卒業生指導▶中村竹次 …… 76
本校卒業生指導の實際▶井澤正 …… 79
農村に於ける卒業生指導方案▶田中箴 …… 83
卒業生指導の現狀より見たる校下農村の現在及將來▶川窪德藏 …… 86
我が校の卒業生指導の實際▶塚本忠信 …… 91
實業補習教育部我か校の職業教育▶佐藤寅藏 …… 95

我校に於ける農業教育の改善▶大塚諦藏 …… 101
補習教育の眞髓と我校を基調とせる生みの惱みに對する私見▶坂本彦治郎 …… 104
本校に於ける卒業生の指導及實習教育の實際▶實藤直平 …… 108
職業教育より觀たる木工科の價値▶川島桂 …… 114
我が校教育の實際▶關屋實善 …… 119
本校に於ける職業科指導の實際について▶神代正人 …… 124
我が校を基調とせる實習教育の地方化▶松元藏之助 …… 128
實業補習教育に對する一考察と施設の實際▶江本喜一 …… 133
實業教育部本校に於ける實習の改善▶平野吉三郎 …… 138
我校の校外實習▶增原薫三 …… 142
農家經濟の調査▶今村忠夫 …… 142
實習組分法▶錦織重實 …… 146
地下水利用の實習畓▶井上改平 …… 148
實習を中心としての社會教化施設に就て▶小久保豊吉 …… 152
全鮮職業教育研究大會記事 …… 156
全鮮職業教育展覽會紀要 …… 162
文教歌壇 …… 169
文教俳壇 …… 171
恩賜記念科學館月報 …… 174
全鮮職業教育研究大會規則 …… 178

文教の朝鮮 第71號 1931. 7

〈口繪寫眞〉
宇垣朝鮮總督閣下

今井田政務總監閣下

五月二十日京城に於て行はれたる鈴木第二特命檢閱使の視閱式(上)

同　中等學校生徒の分列式(下)

京城師範學校生徒の農村教育の研究(京畿道軍浦普通學校に於ける堆肥積替(上)

同　京畿道汶山普通學校に於ける田植(下)

內的生命觀▶吉田賢龍 …… 1

中等學校に於ける試驗と考查(一)▶中野已之助 …… 25

小學校普通學校に於ける公民的陶冶の提唱(六)▶後藤長治 …… 34

泰西思想紹介＝ジョン·デュウィの教育說(三)＝▶京城帝國大學教育學研究室 …… 42

初夏の生物教材螢·鮒·かたつむりに就て▶橋本雅輝 …… 55

卒業生指導施設狀況▶咸鏡北道報 …… 65

小學校體操科教授細目(一)▶京城府公立小學校聯合研究會體育部調查 …… 73

子供の科學＝人造人間のはなし＝▶岩佐彥二 …… 105

文教歌壇 …… 109

文教俳壇 …… 111

燈臺守の如く▶崔秉協 …… 114

回顧一箇年▶竹之內秀夫 …… 114

本年度に於ける 夏期講習會一束 …… 126

彙報 恩賜記念科學館月報 …… 138

文教の朝鮮 第72號 1931. 8

〈口繪寫眞〉

高士渡橋圖▶傳姜希顔

牛島學務局長閣下

咸興高等女學校養蠶實習

諭告▶宇垣一成 …… 1

朝鮮總督府及所屬官署職員に對する訓示▶宇垣一成 …… 2

朝鮮總督府及所屬官署職員に對する訓示▶今井田清德 …… 4

勤勞主義の教育と教育者の人格▶松月秀雄 …… 6

小學校普通學校に於ける公民的陶冶の提唱(七)▶後藤長治 …… 25

中等學校に於ける試驗と考査(二)▶中野巳之吉 …… 32

公民教育と職業教育▶久米基 …… 43

ジョン·デュウィの教育説(四)▶京城帝國大學教育學研究室 …… 53

朝鮮の夏を飾るアカシアとポプラに就て▶上田常一 …… 59

地理教授の改造＝發展的地理教授＝▶田尻柳市 …… 63

法律の動き(一)▶中島忠利 …… 73

體操界の新思潮 ブックシシステムに就て▶村岡哲夫 …… 83

子供の科學＝バクテリヤ蛟とぼうふら＝▶岩佐彦二 …… 88

文教俳壇 …… 91

小學校體操科教授細目(二)▶京城府公立小學校聯合研究會體育部調査 …… 95

彙報 敍任辭令 …… 127

文敎の朝鮮 第73號 1931. 9

〈口繪寫眞〉

果蟲圖

宇垣總督 京城農業學校視察

宇垣總督 議政府農蠶實習學校卒業生指導部落視察

宇垣總督 卒業生指導狀況を視察せらる …………………………… 1

民風作興上教育的方法としての鄕土調査▶福士末之助 ………… 6

現今教育の弊を敍し其の改善點に論及す▶鎌塚扶 ……………… 17

ジョン·デュウィの教育說(五)▶京城帝國大學教育學研究室 … 31

「鞦韆」の方言分布▶小倉進平 ………………………………………… 43

國語教材の解釋＝小學校讀本卷七普校讀本卷七「阿倍川の義夫」＝▶田中初夫 ………………………………………………………… 51

國民精神陶冶の提唱▶柳澤藤策 ……………………………………… 59

本質上より眺めたる地理科作業の價値▶道地啓二郞 …………… 67

子供の科學＝器械の速さと動物の速さ數字はどうして出來た?＝▶岩佐彥二 ……………………………………………………………… 73

文教歌壇 ……………………………………………………………………… 77

文教俳壇 ……………………………………………………………………… 79

燈臺守の如く(二)(七月號より續く)▶崔秉協 ……………………… 83

卒業生指導▶鮮于文壽峰 ……………………………………………… 83

小學校體操科教授細目(三)▶京城公立小學校聯合研究會體育部調査 ………………………………………………………………………… 95

彙報 恩賜記念科學館月報 ……………………………………………… 117

文教の朝鮮 第74號 1931. 10
勞作教育概論特輯號

〈口繪寫眞〉

新任學務局長 林茂樹閣下

本會主催 溫陽夏期大學(自七月二十五日 至同 二十九日)

本會主催 複式教授法講習會第一期(自七月二十四日 至八月二日)

本會主催 複式教授法講習會第二期(自八月十八日 至同 二十七日)

ニルスブツク體操大會 (牛島會長とニルスブツク氏との交驩以下實演)

ニルスブツク體操大會(續き)

勞作教育概論▶野田義夫 …… 1

東洋に斯文あり▶福士末之助 …… 93

印度に於ける全亞細亞教育會議と教育勅語▶松月秀雄 …… 109

子供の科學＝謎の海底 火を燈す海の生物＝▶岩佐彥二 …… 117

文教歌壇 …… 123

文教俳壇 …… 125

小學校體操科教授細目(四)▶京城府公立小學校聯合研究會體育部調查 …… 129

恩賜記念科學館月報 …… 145

朝鮮總督府圖書館月報 …… 146

文教の朝鮮 第75號 1931. 11
思想問題特輯號

〈口繪寫眞〉

献上穀納受式　新嘗祭献上穀納受式は十月十日總督臨場の下に本府第一會議室に於て擧行

第七回 朝鮮神宮競技大會 自十月四日至同十八日 於京城運動場

全鮮學年射擊大會 十月十八日 於龍山陸軍射擊場

訓令 朝鮮總督府訓令 第四十五號▶宇垣一成 …… 1

今井田政務摠監 謹話 …… 3

思想問題▶深作安文 …… 4

百濟史講話(三)▶今西龍 …… 53

ジョン·デュウィの教育説(六)▶京城帝國大學教育學研究室 … 61

新理科書の教材の解説 家畜▶上田常一 …… 65

法律の動き(二)▶中島忠利 …… 76

「お祭デー」の秋夕▶金聲律 …… 89

現代に即せる書方教育▶照崎鐵太郎 …… 101

子供の科學＝寒暖計と一雄君＝▶岩佐彦二 …… 106

文教歌壇 …… 112

文教俳壇 …… 114

小學校體操科教授細目(五)▶京城府公立小學校聯合研究會體育部調査 …… 119

彙報 恩賜記念科學館月報 …… 135

文教の朝鮮 第76號 1931. 12
教育總會號

〈口繪寫眞〉

第九回朝鮮教育會總會(宇垣總督告辭)

朱子と論語▶藤塚鄰 ···· 1
世界的恐慌と本邦財界の情勢▶植野勳 ···· 21
第九回代議員會 ···· 55
第九回朝鮮教育會總會 ···· 67
第九回朝鮮教育會總會 附 朝鮮教育會規則 ···· 146
文教歌壇 ···· 151
文教俳壇 ···· 153
彙報 恩賜記念科學館月報 ···· 157
信原囑託の訃 ···· 180

文教の朝鮮 第77號 1932. 1

〈口繪寫眞〉

日出▶鄭謙齋
第一圖 奉天郊外正月の門松
第二圖 奉天郊外正月の燈竿
第三圖 北平郊外正月の燈竿
第四圖 濟州道巫祭の神竿
チムパンジーのお茶の會

年頭の辭▶林茂樹 …… 1
自律他律の辯▶白井成允 …… 5
時代の要求と圖書館の施設▶田中敬 …… 15
百濟史講話(四)▶今西龍 …… 25
松竹を立てる民俗▶秋葉隆 …… 39
猿の話▶森爲三 …… 43
鄕土教育に就て▶藤澤秀三郎 …… 58
體操教授を如何にして生すべきか▶田鹿昂 …… 63
詩の鑑賞について▶增田一人 …… 75
半島理學の祖李退溪の思想一班▶李東基 …… 87
朝鮮の豆芽▶上田常一 …… 92
素人に出來る梅や水仙の促成開化法▶清宮宗 …… 92
學校農業の一月及二月▶八尋生男 …… 98
子供の科學＝お餅と元氣＝▶岩佐彦二 …… 101
時局に關する朝鮮人救護美談▶石原貞次 …… 104
ジョン·デュウィの教育說(七)▶京城帝國大學教育學研究室 · 110
昭和六年專門學校入學者檢定試驗問題及成績概評 …… 113
文教歌壇 …… 138
文教俳壇 …… 140
彙報 恩賜記念科學館月報 …… 143

文教の朝鮮 第78號 1932. 2

〈口繪寫眞〉

寶石圖
朝鮮教育會獎學部庭球場(在東京)(上)

同 奬學部女子學生懇話會(在東京)(下)
蘇武之苦節▶中村不折

現代國民思想の一考察▶河野省三 …… 1
百濟史講話(五)▶今西龍 …… 29
理科教育の目的と方法に就て＝中等學校化學科授業視察の感想＝▶津田榮 …… 39
學校農業の三月▶八尋生男 …… 47
治療教育について▶三田谷啓 …… 51
修身科各種教材取扱上の主眼點▶鎌塚扶 …… 54
教材としての寶石▶橋本雅輝 …… 70
リズムを基調とせるニルスブック氏體操の指導(一)▶上杉敏夫 · 82
燈臺守の如く(三)▶崔秉協 …… 90
讀みの意義考察▶安部友愛 …… 90
子供の科學＝動物の武器とスカンク＝▶岩佐彦二 …… 99
文教歌壇 …… 105
文教俳壇 …… 107
小學校體操科教授細目(完)▶京城府公立小學校聯合研究會 體育部調査 …… 111
彙報 中學校高等普通學校 規程改正 …… 137

文教の朝鮮 第79號 1932. 3

〈口繪寫眞〉

副會長 張憲植(一月二十七日就任)
京城第二高等女學校家事實習會(二月二十三日)

科學館(子供の日と機械館)

空氣の衛生▶綿引朝光 …………………………………………………………… 1
百濟史講話(六)▶今西龍 ………………………………………………………… 39
朝鮮の人口狀態▶善生永助 ……………………………………………………… 53
國朝詩刪と蘭雪軒集▶多田正知 ………………………………………………… 65
ケルシエンシュタイナー逝く▶松月秀雄 ……………………………………… 75
漢拏山高地帶に於て蕃殖する鳥類及びヤイロテフの習性に就て
▶元洪九 …………………………………………………………………………… 79
亞細亞の心理▶高橋漢太郎 ……………………………………………………… 85
朝鮮語文典の統一につきて▶尹昌溥 …………………………………………… 92
鄕土に立脚したる學校經營の一端▶崔琦松 …………………………………… 101
學校農業の四月▶八尋生男 ……………………………………………………… 110
子供の科學＝科學と探偵＝▶岩佐彦二 ………………………………………… 116
文教俳壇 …………………………………………………………………………… 121
昭和日本國民歌 …………………………………………………………………… 124
彙報 朝鮮總督事務分掌規程改正 ……………………………………………… 129

文教の朝鮮 第80號 1932. 4

〈口繪寫眞〉

猫を抱ける少女▶*シヤルレ シヤプラン*
卒業生の神宮參拜
第二回慶北女子生の雛祭(於本年三月三日大邱公會堂)

博物館とはどんなものか▶重村義一 …………………………………………… 1

百濟史講話(七)▶今西龍 ………………………………………………… 15
滿蒙政策に對する認識を新にせよ(一月二十九日京城高商辨論大會に於ける演說速記)▶加藤廉平 ……………………………… 35
人生の幸福は歸一卽大愛にあり▶河野宗一 ……………………… 53
思想の善導に就て▶尹相鶴 ………………………………………… 61
現今教育思潮の一瞥▶金泳薰 ……………………………………… 69
リズムを基調とせるニルスブック氏體操の指導(二)▶上杉敏夫 · 85
團體旅行と鐵道輸送▶小早川博之 ………………………………… 93
我校の於ける公民科教授細目▶大山諹一 ……………………… 102
學校農業の五月▶八尋生男 ………………………………………… 115
鵝湖の會の追憶▶金聲律 ………………………………………… 120
子供の科學＝戰車の話＝▶岩佐彥二 …………………………… 127
普通學校職業科設備の一端としての溫床の作り方▶林云鶴 ‥ 131
文教歌壇 ……………………………………………………………… 141
文教俳壇 ……………………………………………………………… 144
彙報 恩賜記念科學館月報 ………………………………………… 147

文教の朝鮮 第81號 1932. 5

〈口繪寫眞〉

(ゲーテ)

(ケリシエンシユタイナー)

この大人格を正視せよ＝ゲーテ百年忌記念講演＝▶田中梅吉 · 1
百濟史講話(八)▶今西龍 …………………………………………… 23
記憶と衛生▶綿引朝光 ……………………………………………… 39

朝鮮の氣候と人生(上)▶善生永助 …… 49
支那目錄學發達攷＝その發生より經史子集四部の定着まで＝▶小竹武夫 …… 61
シュプランが一教授の「ケルシェンシュタイナーを憶ふ」を讀む▶兒玉三男 …… 86
此頃の學校農業▶八尋生男 …… 93
子供の科學＝川でも渡るタンク＝▶岩佐彦二 …… 100
清算さるべき農村教育▶西山敏雄 …… 104
メートル法觀念養成上の施設▶鄭壽龍 …… 112
燈臺守の如く(四)▶崔秉協 …… 112
ケルシェンシュタイナーと伯林の新聞▶京城帝國大學教育學研究室 …… 121
乳幼兒愛護週間施設 …… 125
朝鮮教育會推奬 最新版教室用掛圖 朝鮮地方全圖 …… 127
朝鮮地方全圖出版趣旨ト內容ノ概說 …… 128
文教歌壇 …… 129
文教俳壇 …… 131
彙報 恩賜記念科學館月報 …… 134

文教の朝鮮 第82號 1932. 6

〈口繪寫眞〉

秋爽▶池上秀畝(右)
木の間の秋▶加藤松林(左)
きよちゃん達▶山下一彦(上)
安孃の座象▶崔淵海(下)

第三部 工藝品陳列
學務課長及道視學官會議(上)
本會代議員會(下)

プラトンの理想國(一)▶安倍能成 …… 1
學習體驗の分析的研究▶勝部謙造 …… 17
朝鮮の氣候と人生(下)▶善生永助 …… 29
宇宙と生命▶藤澤秀三郎 …… 43
學校體育の重要性▶竹內一 …… 51
現象學的價値倫理學▶權稷周 …… 63
フィッシャー教授の「ケルシェンシュタイナーを憶ふ」を讀む▶兒玉三男 …… 79
此の頃の學校農業▶八尋生男 …… 89
リズムを基調とせるニルスブック氏體操の指導(三)▶上杉敏夫 · 97
綴方指導論上の實際問題一顧▶藤崎勝義 …… 103
子供の科學＝プロペラなしの飛行機(グライダーの話)＝▶岩佐彦二 …… 117
ジョン·デュウィの教育說(八)▶京城帝國大學教育學研究室 · 123
文教歌壇 …… 129
文教俳壇 …… 131
道學務課長及視學官會議 …… 135
朝鮮教育會第十回代議員會 …… 139
彙報 恩賜記念科學館月報 …… 155

文教の朝鮮 第83號 1932. 7

〈口繪寫眞〉

農民デーに於ける宇垣總督以下の挿秧(水原農事試驗場)

京城師範學校生徒農村實地硏究(草履作り)

京畿道 津南普通學校(六月 十四日)(上)

同 西井里普通學校(六月 二十日)(下)

プラトンの理想國(二)▶安倍能成 …… 1

朝鮮の寺刹と植物▶森爲三 …… 17

蟬と萬葉集▶名越那珂次郎 …… 31

泰西思想紹介 陶冶▶京城帝國大學教育學硏究室 …… 40

此の頃の學校農業▶八尋生男 …… 46

公民教育に關する若干の考察▶服部健夫 …… 54

講習會 主催忠淸南道教育會 牙山郡教育會 …… 64

簡單な直列計算圖表に就て▶芝崎總夫 …… 66

普通學校の理科書にあるワカサギとはどんな魚か▶上田常一 · 79

子供の科學 = 雀と蟲と益鳥の話 = ▶岩佐彦二 …… 85

文教歌壇 …… 88

文教俳壇 …… 90

捕鯨船の悲劇▶サー・エス・ダブリュ・ベーカー/崔載瑞 …… 94

教育映畵シナリオ「海水を耕すもの」▶高亨鎭 …… 106

彙報 恩賜記念科學館月報 …… 120

各道教育會長 殿

講習會開催ノ件 …… 1

文教の朝鮮 第84號 1932. 8

〈口繪寫眞〉
海と少女▶富田溫一郎
京城中學校プール開き(上)
京城第一高等普通學校園藝品(下)
京城女子普通學校園藝栽培實習(上)
京城女子普通學校家事實習(下)

プラトンの理想國(三)▶安倍能成 ……… 1
朝鮮半島生成の機構に就て▶立岩巖 ……… 15
歷史上より見たる帝國使命▶大原利武 ……… 24
社會教育に就て▶藤澤秀三郎 ……… 31
中等學校に於ける鄕土地理としての朝鮮地方の取扱▶松本眞英 ……… 34
公民教育に關する若干の考察(其二)▶服部健夫 ……… 39
健康教育の重要性▶竹內一 ……… 49
泰西思想紹介 陶冶▶京城帝國大學教育學研究室 ……… 57
此頃の學校農業▶八尋生男 ……… 64
作業教授を地理科へ▶田尻柳市 ……… 69
子供の科學＝蝸牛の話＝▶岩佐彥二 ……… 76
國語讀本の語源的研究「十パトンデヰマス」について▶佐藤道義 ‥ 79
普通學校第六學年の話方科に就いて▶金在成 ……… 83
燈臺守の如く(五)▶崔秉協 ……… 89
捕鯨船の悲劇(二)▶サー・エス・ダブリュ・ベーカー/崔載瑞 ……… 97
初等學校理科研究會に於ける質疑題に對する應答▶橋本雅輝 · 108
文教歌壇 ……… 114

文教俳壇 …… 116
彙報 專門學校入學者検定試驗 …… 120

文教の朝鮮 第85號 1932. 9

〈口繪寫眞〉

複式教育講習會

プラトンの理想國(四)▶安倍能成 …… 1
生活による教育の概說▶鎌塚扶 …… 15
北部朝鮮方言中活用語の語尾に存する등及び메▶小倉進平 …… 27
ことばの發音について▶鹽飽訓治 …… 43
天平九年と萬葉歌人▶名越那珂次郎 …… 52
自力更生と卒業生指導▶林藏虎 …… 59
職業教育に關する若干の指導原理▶服部健夫 …… 65
此頃の學校農業▶八尋生男 …… 78
理科教育とその本質▶橋本雅輝 …… 82
理科教授參考資料濟州島に於ける椎茸栽培の實況▶上田常一 · 89
悅びの藝術としての童話＝初等學校に於ける童話の問題＝▶齋藤正夫 …… 95
捕鯨船の悲劇(三)▶サー・エス・ダブリュ・ベーカー/崔載瑞 ·· 105
教育思潮 素朴教育 …… 113
文教歌壇 …… 123
文教俳壇 …… 124
彙報 御下賜金御沙汰書 …… 127

文教の朝鮮 第86號 1932. 10

〈口繪寫眞〉

朝鮮神宮境内國旗掲揚塔

東アジアの歴史的大局より觀たる朝鮮半島▶鳥山喜一 …………… 1
教育方法の自己發見▶市村秀志 …… 19
教育の實際化に就て▶藤澤秀三郎 …… 50
恐慌渦中の朝鮮▶善生永助 …… 59
學校教育に對する私の態度▶安田保則 …… 69
佐保大臣長屋王と其歌▶名越那珂次郎 …… 73
此頃の學校農業▶八尋生男 …… 82
初等中等 秋の理科教材「菌類」資料▶橋本雅輝 …… 89
第十回國際オリムピツク大會視察記▶梅澤慶三郎 …… 98
陶冶(三)▶京城帝國大學教育學研究室 …… 106
國旗教育に就いて▶京城櫻井公立尋常小學校 …… 110
教育思潮紹介 最近にフアツシヨ的傾向と教育 …… 128
彙報 野球の統制並に施行に關する件 …… 144
文教歌壇 …… 164
文教俳壇 …… 165
法令 小學校及普通學校教員試驗規則 …… 168
新刊紹介 …… 175

文教の朝鮮 第87號 1932. 11

〈口繪寫眞〉

諸學校野外教練

書道展覽會

獨逸の文化教育學者と論語▶松月秀雄 …… 1
內鮮より見たる滿洲▶中山久四郎 …… 13
中世末葉に重點を置く日本宗教界の展望▶梅田育太郎 …… 30
風土記に現はれたる朝鮮の面影▶近藤時司 …… 50
朝鮮に於ける農村自力更生の一考察▶增田收作 …… 66
此頃の學校農業▶八尋生男 …… 81
昭和七年夏季休暇職業實習生派遣記錄▶平壤若松公立普通學校 …… 85
ニルス、ブツクの基本體操に對する批判▶竹內一 …… 98
第十回國際オリンピツク大會視察記▶梅澤慶三郎 …… 105
泊天草洋の詩に就いて▶倉本純一 …… 113
悅びの藝術としての童話(二)＝話方科の童話的吟味＝▶齋藤正夫 …… 128
燈臺守の如く(六)▶崔秉協 …… 138
教育思潮紹介 我が國體論 …… 150
彙報 勅語奉讀式擧行の件 …… 161
文教歌壇 …… 170
文教俳壇 …… 171
法令 …… 174
新著紹介 …… 175

文教の朝鮮 第88號 1932. 12

〈口繪寫眞〉

詔書奉讀式(於朝鮮神宮前大廣場)

神饌畓鎌入

聲明▶宇垣一成 ……………………………………………………………… 1
教育を活かすの道▶山崎延吉 ………………………………………… 2
國語教授斷感▶麻生磯次 ……………………………………………… 19
風土記に現はれたる朝鮮の面影(二)▶近藤時司 ………………… 29
フアツシズム批判▶三浦廣雄 ………………………………………… 45
此頃の學校農業▶八尋生男 …………………………………………… 52
昭和七年理科スクラツプス▶橋本雅輝 ……………………………… 60
ヒラタケの人工栽培▶北脇鷹一 ……………………………………… 70
第十回國際オリンピツク大會視察記▶梅澤慶三郎 ………………… 75
體驗による學習「兒童通信」に就いて▶田尻柳市 ………………… 87
燈臺守の如く(七)▶崔秉協 …………………………………………… 92
昭和七年專門學校入學者檢定試驗問題 …………………………… 105
教育思潮紹介 滿洲國の教育方針 …………………………………… 122
彙報 詔書捧讀式 ……………………………………………………… 130
文教歌壇 ………………………………………………………………… 141
文教俳壇 ………………………………………………………………… 142
法令 ……………………………………………………………………… 145
新刊紹介 ………………………………………………………………… 146

文教の朝鮮 第89號 1933. 1

〈口繪寫眞〉

朝の海

朝鮮の田舍

昭和八年の春を壽ぐ▶宇垣總督年頭の辭 …… 1

年頭の辭▶林茂樹 …… 3

五倫教義發展の史的考察▶藤塚鄰 …… 6

笑と文學▶麻生磯次 …… 17

和讀溯源▶中澤希男 …… 45

教育上より見たる雜誌▶松本眞英 …… 66

慶南卒業生指導視察印象記▶松月秀雄 …… 76

卒業生指導に關する二三の考察▶八尋生男 …… 84

卒業生指導▶山本吉久 …… 91

奈良の萬葉植物園▶名越那珂次郎 …… 95

朝鮮の俚言に現はれたる鷄▶吉田雄次郎 …… 100

新浦の明太魚▶上田常一 …… 105

我が校に於ける博物教授の實際▶酒井作藏 …… 116

第十回國際オリンピック大會視察記(四)▶梅澤慶三郎 …… 127

年頭の感▶大澤武雄 …… 140

教育思潮紹介 現今の神社問題に就いて …… 141

彙報 朝鮮神宮昭和八年月次兼題 …… 151

文教歌壇 …… 156

文教俳壇 …… 157

新刊紹介 …… 161

文教の朝鮮 第90號 1933. 2

〈口繪寫眞〉

聖旨令旨傳達式

川岸侍從(左)

宇垣總督(右)

漢江の氷上戰

五倫教義發展の史的考察(續)▶藤塚鄰 …… 1
朝鮮に於ける公民科要目に就て▶鎌塚扶 …… 10
母から聞いた話＝鄕土の民俗＝▶秋葉隆 …… 23
海東歌謠を讀む▶多田正知 …… 30
體育に對する觀念の變遷▶竹內一 …… 43
教育に於ける自己活動の原理▶三浦廣雄 …… 47
卒業生指導に關する二三の考察(續)▶八尋生男 …… 50
自力更生祭▶近田彰 …… 55
有熱兒童の檢查▶三田谷啓 …… 61
話方から綴方への實際▶李仁伊 …… 64
第十回國際オリンピック大會視察記(五)▶梅澤慶三郎 …… 79
更生の基調 禁酒教育▶佐村信平 …… 89
初等學校理科研究會に於ける質疑題に對する應答(二)▶橋本雅輝 …… 98
教育思潮紹介 先決問題の考究より …… 104
彙報 侍從御差遣 …… 112
法令 …… 118
新刊紹介 …… 119

文教の朝鮮 第91號 1933. 3

〈口繪寫眞〉

京城第二公立高等普通學校寒稽古(上)

同 校籠球場開設作業(下)

京城第二公立高等普通學校溫室の手入作業(上)

同 校スケート大會(下)

全羅南道大峙公立普通學校第六學年製帽實習狀況(上)

同 校製帽品評會(下)

五倫教義發展の史的考察(續)▶藤塚鄰 ………… 1

朝鮮の古代史に就て▶大原利武 ………… 12

母から聞いた話(二)＝鄕土の民俗＝▶秋葉隆 ………… 27

修身科及公民科の指導原理▶中村止戈男 ………… 48

雲江臺閑話▶藤木主一 ………… 60

新國語讀本をみて▶森田梧郎 ………… 67

悅びの藝術としての童話(三)＝話方科の童話的吟味＝▶齋藤正夫 ………… 77

學習實錄圓の面積は斯くして▶山口智 ………… 87

體操科指導を如何にして生かすべきか(續)▶田鹿昂 ………… 98

第十回國際オリンピック大會視察記(六)▶梅澤慶三郎 ………… 111

更生の基調 禁酒教育(二)▶佐村信平 ………… 123

昭和七年冬季休暇職業實習生派遣記▶平壤若松公立普通學校 · 131

教育思潮紹介 神道的信仰と基督教的信仰 ………… 141

彙報 朝鮮癩病豫防協會へ御下賜金 ………… 148

新刊紹介 ………… 157

文教の朝鮮 第92號 1933. 4

〈口繪寫眞〉

京城三越屋上に於ける愛國防空機關銃披露

京城奬忠壇附近に於ける陸軍記念日模擬戰(上)

總督府前通に於ける陸軍記念日分列式(下)

農村救濟上教育者の猛進努力すべき中心目標竝之が實行方案如何

選後所感▶審査委員 …… 1

二等當選▶千葉昌治 …… 3

三等當選▶草木茂 …… 34

三等當選▶池田敬介 …… 47

三等當選▶大串繁雄 …… 83

朝鮮に於ける農村振興運動について▶八尋生男 …… 100

修身科及公民科の指導原理(二)▶中村止才男 …… 111

我が校の公民訓練施設▶全羅南道羅州公立普通學校 …… 124

雲江臺閑話▶藤木主一 …… 147

新讀本卷一を手にして▶佐藤道義 …… 157

新らしき體育の使命と其の適應性▶竹內一 …… 161

第十回國際オリンピック大會視察記(七)▶梅澤慶三郎 …… 173

更生の基調 禁酒教育(三)▶佐村信平 …… 186

教育思潮紹介 日本精神と教育 …… 197

彙報 島崎囑託退任 …… 204

新刊紹介 …… 215

文教の朝鮮 第93號 1933. 5

〈口繪寫眞〉

檀園金弘道筆角抵圖

カンムリツクシガモ▶黑田長禮 原圖·小林重三 筆

詔書

國際聯盟脫退通告文 ……………………………………………………… 3

國際聯盟脫退ニ關シテ內閣告諭 ……………………………………… 5

國際聯盟離脫に關する大詔を拜して▶宇垣朝鮮總督 ……………… 7

教育者の明白なる日本認識と本質的發展▶三浦關造 ……………… 9

農村救濟上教育者の猛進努力すべき中心目標竝之が實行方案如何[選外]▶朴鉉珏 ……………………………………………………… 33

朝鮮の古代史に就て(二)▶大原利武 ……………………………… 63

朝鮮の鳥類▶森爲三 …………………………………………………… 76

桃太郎の戶籍調べ▶近藤時司 ………………………………………… 87

綜合教育について(一)▶中野已之吉 ……………………………… 95

「ガッカウ」について▶森田梧郎 ………………………………… 106

第十回國際オリンピツク大會視察記(完)▶梅澤慶三郎 ………… 108

更生の基調 禁酒教育(完)▶佐村信平 …………………………… 112

教育思潮紹介 兒童生徒に對する校外生活指導に就て ………… 121

昭和八年一月施行教員試驗答案所見竝試驗問題 ………………… 130

彙報 朝鮮教育會夏期講習會計畫 ………………………………… 157

新刊紹介 ……………………………………………………………… 161

文教の朝鮮 第94號 1933. 6
代議員會並總會號

〈口繪寫眞〉

新羅野▶松田正雄

初夏の光▶李仁星(上)

蒔繪八角菓子盛器▶姜昌奎(中)

早春の博物館▶杉谷精(下)

第十一回朝鮮教育會代議員會(上)

第十一回朝鮮教育會總會(下)

海岸母子像▶川田達懿(右)

秋山幽居▶李用雨(中)

色釉タイル櫻下美女圖▶大橋武夫(左)

日本の聖業と國民的國防▶金子定一 …… 1

生活指導に於ける鄕土的勞作的要件▶赤井米吉 …… 22

第十一回朝鮮教育會代議員會 …… 41

第十一回朝鮮教育會總會 …… 56

各道學務課長及道視學官會議 …… 116

朝鮮教育會天日育英資金 內地派遣農業實習生日誌 …… 122

彙報 朝鮮美術展覽會 …… 128

元本會囑託島崎氏の訃 …… 140

編輯後記 …… 141

文教の朝鮮 第95號 1933. 7

〈口繪寫眞〉

朝鮮神宮に於ける京城府內初等學校兒童職員の防空器材獻納式

京城を中心とせる防空演習に於ける夜間空襲に對する高射砲の防備

1.沙里院高等女學校(第三學年)▶水野浩子

2.大田第二公立普通學校(第六學年)▶金順伊·魚連伊(上)
慶山公立尋常小學校(第六學年)▶白石アヤ子·久米キヨ子(下)

3.海州公立尋常小學校(第六學年)▶山本英男

4.報恩公立普通學校(第五學年)▶李熙哉

5.水浦高等女學校(第三學年)▶冲永菖

職業科の社會化について▶八尋生男 ………………………… 1

米國の職業教育(一)▶上杉敏夫 ………………………… 6

農村救濟上教育者の猛進努力すべき中心目標竝に之が實行方案如何[選外]▶山下久男 ………………………… 15

朝鮮の古代史に就て(三)▶大原利武 ………………………… 50

防空▶京城附近防空演習統監部 ………………………… 64

本校公民科指導精神と其の取扱方▶古澤常次 ………………………… 77

新讀本の促音表記法について▶佐藤道義 ………………………… 86

大邱公立農林學校見本藥草栽培實況▶大邱公立農林學校 ……… 91

夢金浦について▶丹生谷章 ………………………… 117

朝鮮教育會天日育英資金 內地派遣農業實習生日誌▶許文華 ‥ 123

アリラン考▶田島泰秀 ………………………… 130

彙報 恩賜記念科學館月報 ………………………… 134

編輯後記 ………………………… 145

文教の朝鮮 第96號 1933. 8

〈口繪寫眞〉

涼しき慶會樓

全鮮職業教育展覽會況狀

江原道の部(上右)

平安南道の部(下右)

全羅北道の部(上左)

慶尙南道の部(下左)

仁川海濱動物實寫▶上田常一

米國の職業教育(二)▶上杉敏夫 …… 1

[選外]農村救濟上教育者として猛進努力すべき中心目標竝に之が實行方案如何▶鄭寅燮 …… 10

朝鮮の古代史に就て(第四回)▶大原利武 …… 35

初等理科書「岩石」の教授資料集成▶上田常一 …… 50

本校卒業生の活動狀況▶水原高等農林學校附置實業補習學校 …… 61

自力更生の眞諦(拔萃)▶山崎延吉 …… 82

自力更生大觀小言▶渡邊忍 …… 83

先帝祭と數方庭神事▶名越那珂次郎 …… 90

生活行の姿鏡としての讀本教材▶增田一人 …… 94

生の綴方指導▶齊賀操 …… 100

朝鮮の婦人生活改善一案▶金榮星 …… 104

陽明遺訓▶金聲律 …… 109

朝鮮教育會天日育英資金 內地派遣農業實習生日誌▶鄭守連 · 111

朝鮮教育會天日育英資金 內地派遣農業實習生通信▶許文華 · 112

產繭品質向上一家言▶宮木與作 …… 113

子供の科學＝マツチの話＝▶岩佐彦二 …… 116
彙報 扶餘史蹟講習會 …… 122
編輯後記 …… 128

文教の朝鮮 第97號 1933. 9

〈口繪寫眞〉
渡邊新副會長を迎ふ
京城農業學校に於ける農業講習會に臨場せられたる宇垣總督閣下一行と會員(上)
講習員のコンクリート實習作業(中)
講習員の堆肥切替へ作業(下)

林副會長を送る …… 1
農業講習會に於ける講演要旨(昭和八年八月於清涼里及禮山農業學校)▶宇垣一成 …… 2
朝鮮に於ける初等普通教育の將來に對する私見▶大野謙一 …… 7
朝鮮教育會主催 夏季大學＝開講の辭＝▶林茂樹 …… 45
最近教育思潮の根本問題▶長田新 …… 47
米國の職業教育(三)▶上杉敏夫 …… 89
[選外]農村救濟上教育者の猛進努力すべき中心目標竝に之が實行方案如何▶朴宗憲 …… 99
農業學校生徒の校外練習狀況(昭和八年八月十日)▶京城公立農業學校 …… 118
滿洲百面觀(一)▶堂本貞一 …… 138
滿蒙建設計畫重要數量表(昭和八年五月)▶陸軍省調査班 …… 144

緬羊飼養に就いて▶吉田雄次郎 …… 152
米國少年懸賞文 僕はなぜ日本に行きたいか(譯文) …… 161
吉再冶隱先生の面影と其の遺蹟▶朴尙萬 …… 164
一匙に苦しみし極負生活より更生して一家一鄕を救ふ＝金載鳳＝▶徐永達 …… 170
天日育英資金 內地派遣農業實習生日誌▶鄭守連 …… 176
農繁期託兒所日誌▶素砂公立普通學校 …… 179
初等學校理科硏究會に於ける質疑應答▶橋本雅輝 …… 185
臺灣の蕃人に就いて▶宮本義時 …… 191
彙報 朝鮮寶物古蹟名勝天然記念物保存令の發布に就て▶渡邊學務局長 …… 196
編輯後記 …… 208

文教の朝鮮 第98號 1933. 10

〈口繪寫眞〉

藥草二十種(大邱公立農林學校)
1)菊科 紅花(べにばな)
2)織形科 當歸(たらき)
3)玄參科 燈籠花(ぢきたりす)
4)大戟科 莨麻(たごま)
5)茄科 莨菪(はしりどころ)
6)荳科 望江南(はぶさら)
7)茄科 枸杞(くこ)
8)唇形科 西洋薄荷(せいやうはつか)
9)鼠李科 酸棘(さねぶとなつめ)

10)菊科　土木香(おほぐるま)

11)菊科　加密爾列(かみつれ)

12)蒺蔾科　蒺蒺(はまびし)

13)繖形科　小茴香(うゐきやう)

14)商陸科　商陸(やまごぼう)

15)石竹科　サボン草

16)唇形科　黄芩(こがねばな)

17)錦葵科　冬葵(ふゆあふひ)

18)薔薇果　小楊梅(だいこんさら)

19)芸香科　芸香(へんるうだ)

20)唇形科　益母草(めはじき)

最近教育思潮の根本問題(承前)▶長田新 …… 1

東西文明と日本精神▶藤澤秀三郎 …… 67

滿洲事變勃發滿二年▶陸軍省 …… 73

滿洲百面觀(二)▶堂本貞一 …… 81

地方の振興部落改善の原動力は一般農家の啓蒙開眼にあり▶山口勘太郎 …… 93

「附」勤勞よく里民を指導す(咸鏡南道五老里公立普通學校研究室)▶金淵軾 …… 99

天日育英資金　內地派遣農業實習生日誌▶鄭守連 …… 102

日本精神に就いて▶ジヨセーフ・ウオーレン・メーソン …… 107

女教員の生活記錄▶伊賀上野小學校女教員 …… 116

綜合教育について(二)▶中野已之吉 …… 119

漢字音の問題＝附　普通學校國讀に現れた讀替漢字の系統＝▶齋藤正夫 …… 127

栽培藥草要覽▶大邱公立農林學校 …… 142

職業科實施經營案▶京畿道·素砂公立普通學校 …………………… 155
職業科教育一覽▶平北·義州公立普通學校 ……………………………… 168
職業科實習指導狀況▶江原道·原州公立普通學校 ……………… 180
朝鮮アルプス縱走記(一)▶加藤廉平 ………………………………………… 192
改正恩給法の基礎俸給▶小關二郎 ………………………………………… 207
彙報 人口問題に關する論文懸賞募集要項 ……………………………… 213
編輯後記 ………………………………………………………………………………… 216

文敎の朝鮮 第99號 1933. 11

〈口繪寫眞〉

吉林關帝廟前にて(上)
山海關萬里長城南關城門にて(中)
左端に見ゆるが棘の木(下)
鄭守連禮狀

全鮮農業學校長會同席上に於ける宇垣總督の口演要旨(昭和八年十月二十日 於總督官邸) …………………………………………………………… 1
朝鮮統治の諸問題＝全國師範學校長會議に於ける講演(九月二十七日)＝▶渡邊豐日子 ………………………………………………………………… 15
中等教育教育法▶木下竹次 ……………………………………………………… 28
修身及操行の考査査定に關する研究▶鎌塚扶 …………………………… 53
教材解說 初等理科書「燃料」▶上田常一 ……………………………… 65
滿洲百面觀(三)▶堂本貞一 ……………………………………………………… 75
職業科實施經營案▶宮田實 ……………………………………………………… 85
職業科實施經營案▶全羅北道·裡里公立普通學校 ………………… 106

天日育英資金 內地派遣農業實習生日誌竝通信▶鄭守連 ……… 118
朝鮮アルプス縱走記(二)▶加藤廉平 ……… 122
子供の科學 魚形水雷の話▶岩佐彦二 ……… 133
彙報 恩賜記念科學館月報 ……… 136
編輯後記 ……… 139

文敎の朝鮮 第100號 1933. 12

〈口繪寫眞〉

十一月一日總督府玄關前に於ける國民精神作興詔書奉讀式
宇垣總督の詔書奉讀(上)
同上 今井田政務總監の總督聲明書朗讀(下)
第二回朝鮮書道展覽會
一般の部(上)
中等學校の部(中)
初等學校の部(下)

聲明▶宇垣一成
全國師範學校長會同席上に於ける宇垣總督の講演要旨(昭和八年九月二十九日 於京城師範學校) ……… 3
詔書渙發の記念日に當り全鮮の大衆各位に告ぐ▶今井田政務總監 ……… 21
健康の增進に就て▶渡邊豐日子 ……… 28
中等敎育敎育法(二)▶木下竹次 ……… 35
現行朝鮮敎育令公布の當時を偲ぶ▶高橋濱吉 ……… 57
朝鮮敎育小話▶大山一夫 ……… 70

百號記念號を迎へて思出から希望へ▶上原千馬太 ………………… 74
教育功勞者淺野太三郞氏と我校の講堂▶岩佐重一 ………………… 76
冬の卒業生指導行事▶八尋生男 ……………………………………… 87
天日育英資金 内地派遣農業實習生報告▶鄭守連 ………………… 95
職業指導講話資料▶慶南·釜山第二公立尋常小學校 …………… 112
朝鮮アルプス縱走記(完)▶加藤廉平 ……………………………… 137
彙報 帝國敎育會の敎育功勞者表彰 ……………………………… 147
文敎の朝鮮昭和八年中記事一覽表 ……………………………… 181
編輯後記 ……………………………………………………………… 188
會員名簿

文敎の朝鮮 第101號 1934. 1

〈口繪寫眞〉
朝明の朝鮮神宮
大野學務課長試筆

昭和九年の新春を迎へて▶宇垣朝鮮總督 …………………………… 1
非常時に於ける朝鮮の初等教育▶渡邊豐日子 ……………………… 4
昭和九年を迎へて教育制度改善の實現を待望す▶和田英正 …… 8
年頭の所感▶小坂權太郞 …………………………………………… 12
中等教育教育法(三)▶木下竹次 …………………………………… 14
新獨逸の教育(一)▶田花爲雄 ……………………………………… 39
現下の財政問題▶村山道雄 ………………………………………… 47
あらたなる問題＝小學國語讀本字體整理について＝▶森田梧郞
……………………………………………………………………………… 56

天日育英資金 內地派遣農業實習生日誌竝に感想▶金知極 …… 65
新興滿洲國に於ける教育の動向▶野村綱秀 …… 73
滿洲警備道路巡察記▶湯山仁平 …… 83
朝鮮の禁獵區設置に就て▶吉田雄次郎 …… 92
職業指導講話資料▶慶南·釜山第二公立尋常小學校 …… 96
思潮紹介
　日本教育の神髓▶野田義夫 …… 107
　朝鮮の家庭生活を如何にすべきか▶孫貞圭 …… 113
彙報 本會より各道支會へ …… 123
會員消息 …… 128
編輯後記 …… 131

文教の朝鮮 第102號 1934. 2

〈口繪寫眞〉

冬の快味
雪の金剛(上)
三防スキー場(下)
咸南 新豐里 スキー場(上)
三防にて(中)
イスホツケー(下)

各道農村振興指導主任者打合會に於ける宇垣總督口演要旨 繼宮明仁親王殿下御誕生奉祝 …… 1
各道農村振興指導主任者打合會に於ける口演要旨▶渡邊忍 …… 14
新獨逸の教育(二)▶田花爲雄 …… 30

現下の財政問題(完)▶村山道雄 …… 38
地理(上)(昭和八年十月三十日 於南大門小學校)▶田中啓爾 …… 51
朝鮮に於ける農家更生運動の檢討▶八尋生男 …… 67
光州公立高等普通學校に於ける理科教育の感想▶津田榮 …… 77
退溪學說の一斑としての自省錄▶金聲律 …… 84
教材解說 初等理科書「金物」▶上田常一 …… 92
「ムカシ アルトコロ ニ ヨイ オヂイサンガ アリマシタ」について▶有働一誠 …… 101
職業指導講話資料(完)▶慶南・釜山第二公立尋常小學校 …… 105
職業科教育經營案▶大邱公立高等小學校 …… 119
農村學童の落穗拾ひにつきて▶增田收作 …… 140
臺灣學事視察報告錄▶山田武雄 …… 142
內地學事視察所感▶文鳳效 …… 154
緬羊飼養法▶吉田雄次郎 …… 163
彙報 朝鮮總督府圖書館月報 …… 180
會員消息 …… 182
編輯後記 …… 184

文敎の朝鮮 第103號 1934. 3

〈口繪寫眞〉

皇太子殿下御誕生奉祝歌(上)
紀元節當日朝鮮神宮前に於ける京城宮民建國祭擧行の盛況(下)
臺灣學事視察團一行

新獨逸の教育(完)▶田花爲雄 …… 1

朝鮮に於ける農學校教育に對する一考察▶原田大六 …………… 12
初等地理書に關する講演(中)▶田中啓爾 ……………………………… 24
箕子朝鮮·馬韓·黃龍國其他▶金子定一 ……………………………… 46
職業指導狀況(昭和八年七月二十五日調)▶保寧公立普通學校 · 54
職業科實施經營案▶中和公立普通學校 …………………………… 67
兒童に讀ましむる職業讀本私稿(西大門公立小學校長の時、編)▶
大澤武雄 ……………………………………………………………… 83
京城師範學校音樂教育研究會編 初等唱歌編纂の趣旨▶吉澤實 99
內地視察所感▶許鎭 ……………………………………………… 102
臺灣學事視察報告追錄▶石橋一郎 ………………………………… 110
朝鮮教育會天日育英資金 內地派遣農業實習生日誌▶金知極/朴憲
旭/權永坤 ……………………………………………… 124/125/128
山間の學校だより=都會地の子達よ心靜かに讀み給へ-九、一、
一九=▶金庚麟 …………………………………………………… 131
普通學校入學當初兒童の生活用語▶金孝植 ……………………… 136
朝鮮內、中等學校ニ於ケル 校友會運動部經費ニ關スル調查表▶
竹內一 ……………………………………………………………… 141
第十二回教育效績者選奬▶渡邊學務局長 ………………………… 148
彙報 小學校及普通學校教員試驗規則(大正五年十月總令第八十
八號) ………………………………………………………………… 157
會員消息 …………………………………………………………… 169
編輯後記 …………………………………………………………… 170

文教の朝鮮 第104號 1934. 4

〈口繪寫眞〉

滿洲帝國皇帝尊影

滿洲國新帝, 登極の詔書(邦文譯)

意義深き今年の地久節奉祝狀況(上)

陸軍記念日軍隊分列の壯觀(下)

陸軍記念日學生隊分列の壯觀(上)

建武の中興六百年記念祭の學生隊(下)

新滿洲帝國の盛典を奉祝す▶宇垣一成 ……………………………… 1

初等地理書に關する講演(下)▶田中啓爾 ……………………………… 3

「外國語としての我が國語教授法」試考(一)▶富山民藏 ……… 27

朝鮮家庭改善要義▶大邱公立女子高等普通學校 …………………… 39

中等程度 數學教科書通觀▶福岡貞平 ………………………………… 56

教材解說 初等理科書「庭の花」▶上田常一 ………………………… 69

職業科實施經營案(昭和八年度)▶咸鏡北道行營公立普通學校 · 78

兒童に讀ましむる職業讀本私稿(二)▶大澤武雄 …………………… 93

主馬寮の春▶豐田重一 ……………………………………………………… 101

滿洲帝國の建設を一轉機として朝鮮に於ける國語の普及を切望す▶本田榮三郞 ……………………………………………………… 110

歷史的字音假名遣の根本法則▶尹亨南 ……………………………… 113

全鮮近視眼學生生徒數調査▶竹內一 ………………………………… 117

臺灣學事視察報告追錄(完)▶石橋一郞 ……………………………… 125

日本精神の本質＝山口縣教育昭和九年三月號より轉載＝▶德富蘇峰 ……………………………………………………………………… 135

新卒業生に與ふる書＝宮崎縣教育昭和八年三月號より轉載＝▶

田邊長助 …… 139
朝鮮教育會天日育英資金
內地派遣農業實習生の活動狀況＝夫婦共働して一家新興を圖りつゝある一青年地方振興の柱石としての李任孝＝▶趙珠河 … 141
內地に於ける農業實習中の感想と將來の計畫▶羅鳳允 …… 147
實習日誌▶朴憲旭/權永坤/金知極 …… 149/150/151
咸北の「長淵湖」に就て▶小林新二郎 …… 152
雪禍の鬱陵島だより▶欝陵島廳 …… 160
大阪在住鮮人青年の善行美談 …… 162
素人展望▶砂田生 …… 162
彙報 第十三回朝鮮美術展覽會開催要項 …… 164
會員消息 …… 171
編輯後記 …… 173

文教の朝鮮 第105號 1934. 5

〈口繪寫眞〉

皇太子殿下御近影
全國小學校教員精神作興大會に於ける 聖上陛下の御親閱(其一)
全國小學校教員精神作興大會に於ける 聖上陛下の御親閱(其二)
全國小學校教員精神作興大會に於ける 聖上陛下の御親閱(其三)
全國小學校教員精神作興大會朝鮮參加團體(於東京城東小學校)
朝鮮神宮廣場に於ける京城府教員精神作興大會(四月二十日)

勅語 …… 1
文部大臣奉答文 …… 2

文部大臣訓辭 …… 4
內閣總理大臣祝辭 …… 5
朝鮮總督府訓令 …… 6
宇垣總督謹話 …… 7
全國小學校教員精神作興大會に於ける 御親閱 勅語 …… 8
精神作興大會 …… 10
御親閱竝大會次第 …… 11
全國小學校教員精神作興大會式場 …… 19
教育の歌 …… 20
大會朝鮮參加者名簿 …… 21
三萬五千の小學先生は 何を以て聖恩に報い奉らんとする乎▶蘇峰生 …… 26
聖代臣民の幸福(東京市主催 皇太子殿下御誕生奉祝記念講演)▶穗積重遠 …… 28
京城府公立小學校·普通學校教員會 精神作興大會 …… 45
大元帥陛下御佩刀 …… 46
道知事會議に於ける總督訓示要旨 …… 50
道知事會議に於ける政務總監訓示要旨 …… 58
道知事に對する總督指示▶學務局主管 …… 67
簡易初等教育機關設置要項 …… 69
簡易初等教育機關設置要項實施上の參考資料 …… 74
簡易學校の教師に望む …… 78
朝鮮家庭改善要義(下)▶大邱公立女子高等普通學校 …… 93
「外國語としての我が國語教授法」試考(二)▶富山民藏 …… 113
再び黃龍國に就て▶金子定一 …… 122
讀本教材としてのイソツプ物語(上)▶森田梧郎 …… 123
初等地理書附圖に就て▶鈴木駿太郎 …… 129

思潮紹介
母性學の普及▶三田谷啓 …… 133
全國民よ天の聲に大反省せよ＝報德昭和九年四月號より轉載＝ …… 135
漫畵 おもひでぐさ(一)▶田島泰秀 …… 138
彙報 朝鮮總督府圖書館月報 …… 139
盤石城の悲風▶金素雲 …… 141
會員消息 …… 142
編輯餘滴 …… 152

文教の朝鮮 第106號 1934. 6

〈口繪寫眞〉
露塵▶松田正雄
關聖廟▶中西ツグエ
童女像▶藤原千壽子
靜物▶孫日鉉
秋の或る日▶李仁星
憩ふ二人▶山田新一
第三回 李王家御慶事記念會 女教員內地學事視察團記念寫眞

日本の將來と將來の教育(京城南大門小學校に於て昭和九年五月一日)▶田中寬一 …… 1
教材解說 初等理科書「夏の池」▶上田常一 …… 36
簡易學校の統合的經營の卑見▶金德兆 …… 50
都市兒童の特質と其の教養＝修身教育方面＝▶三浦廣雄 …… 56

女教員內地視察團の記▶北川清之助 …… 64
國境通信 二篇＝其一 中江鎭·帽兒山＝▶河口政之助 …… 84
國境通信 其二▶四元畩助 …… 91
朝鮮教育會天日育英資金 農業實習派遣生日誌▶權永坤/金知極/朴憲旭 …… 96/99/101
恩給受給者に對する注意 …… 114
普通恩給年額千圓以上を受くる者の恩給外の所得申告に就て▶朝鮮總督府 人事課 …… 115
彙報 小學校及普通學校教員試驗合格者竝に科目成績佳良者 …… 119
編輯後記 …… 145

文教の朝鮮 第107號 1934. 7

〈口繪寫眞〉

各道學務課長竝に道視學官會同に於ける政務總監訓示(上)
在京城專門學校以上學生演習統監部(下)
黃海道安岳郡西河公立普通學校附設上村簡易學校開校式(昭和九年六月一日)

聖喩記 …… 1
各道學務課長及道視學官會同狀況 …… 16
日本精神に就て＝昭和九年五月十二日 於南大門小學校＝▶安岡正篤 …… 22
聖旨を奉戴して感激を語る▶鎌塚扶 …… 56
人の教育と犬の教育＝ペスタロッチを憶ふ＝▶池田林儀 …… 72

一つの簡易學校につきその開校前後の模様を紹介す▶鎌塚扶‥ 87
簡易學校を紹介す▶鄭壽龍 ……………………………………………… 93
新設簡易學校の實際＝京畿金浦郡陽東公普、新亭簡易學校經營
の大要＝▶上萬英夫 ……………………………………………… 104
選後所感▶審査員 …………………………………………………… 109
都市教育に於ける勤勞教育施設方案▶光行岡藏 …………………
農家更生計畫の實行に關し初等普通教育に於て協力すべき具體
的方案▶吉田熙 ……………………………………………………… 141
半島の再生陣を覗く(京城日報紙上より轉載)＝京畿·安眠島公立
普通學校の實際教育＝ …………………………………………… 169
朝鮮教育會天日育英資金 農業實習派遣生日誌▶朴憲旭 ……… 174
內地修學旅行の追憶＝感想文集＝▶向井盛 …………………… 184
彙報「青年歌」募集＝朝鮮總督府 學務局で＝ ………………… 187
會員消息 ……………………………………………………………… 198
編輯後記 ……………………………………………………………… 212

文教の朝鮮 第108號 1934. 8
代議員會並總會號

〈口繪寫眞〉

教育殉職者慰靈祭(羅南公立小學校庭ニ於テ)
第十二回朝鮮教育會代議員會(上)
第十二回朝鮮教育會總會(下)

日·滿·蘇國境の近情▶中村音吉 …………………………………… 1
朝鮮と天然記念物に就て▶森爲三 ………………………………… 21

師範教育の重要性と附屬小普通學校の任務▶高田哲太郎 …… 38
國家と學校魂▶池田林儀 …… 57
第十二回朝鮮教育會代議員會 …… 63
代議員會議事概況 …… 78
第十二回朝鮮教育會總會 …… 106
會務報告 …… 112
第十二回朝鮮教育會總會議事 …… 133
朝鮮教育會總會に對する北鮮日々新聞評壇 …… 193
讀本教材としてのイソツプ物語(下)▶森田梧郎 …… 196
彙報 小學校及普通學校教員試驗 …… 203
會員消息 …… 241
編輯後記 …… 246

文教の朝鮮 第109號 1934. 9

〈口繪寫眞〉

本會主催 平壤に於ける夏季大學狀況
夏期大學狀況(上)
箕子陵(中)
乙密臺(下)
京畿道初等學校長職業科講習會狀況
京城商業學校に於ける宇垣總督記念植樹(上)
京城農業學校に於ける講習員のコンクリート實習作業(中)
京城商業學校に於ける講習會狀況(下)

京畿道に於ける初等學校長職業科(商業・工業・農業)講習會に於

ける訓示要項＝商業講習會に臨まれて＝▶宇垣總督 ………… 1
滿洲國産業建設學徒研究團に對する挨拶▶宇垣朝鮮總督 ……… 11
初期朝鮮教育令案(明治四十四年八月二十三日公布の分)に對して
披瀝された故穗積八束博士所見▶渡邊豐日子 …………………… 14
米國ロス市の體育(一)▶上杉敏夫 …………………………………… 18
都市に於ける勤勞教育施設方案▶森憲治 ………………………… 32
農家更生計畫の實行に關し初等普通教育に於て協力すべき具體
的方案▶金泰楫 ……………………………………………………… 57
延坪島の實地視察▶上田常一 ……………………………………… 93
普通學校國語讀本に現れたる俗字、略字に對する一研究▶植田
夏彦 …………………………………………………………………… 99
簡易學校指導者としての感想を述ぶ▶久光茂 …………………… 106
簡易學校開校一箇月記錄▶高亨鎭 ………………………………… 111
朝鮮教育會天日育英資金 農業實習派遣生日誌▶權永坤 ……… 127
天日育英資金內地派遣農業實習生歸還後の狀況▶鄭守連 …… 137
萬葉集に歌はれたる 瀨戸內海▶向井盛 ………………………… 141
軍事講習感想記(於步兵第七十七聯隊)▶康明鍾 ……………… 144
家庭教育の實際▶岩本萬翠 ………………………………………… 146
女教員の向上について▶內尾志津子 ……………………………… 151
彙報 恩賜記念科學館月報 ………………………………………… 153
會員消息 ……………………………………………………………… 159
編輯後記 ……………………………………………………………… 163

文教の朝鮮 第110號 1934. 10

〈口繪寫眞〉

金笠先生肖像

1.京城運動場に於ける朝鮮神宮陸上競技入場式

2.陸上競技京城豫選

3.內地選手歡迎女子水泳大會に於ける一行のスタート

4.スワローダイ

全國中學校長會同に於ける講演▶宇垣一成 …… 1

朝鮮教育の側面觀(昭和七年九月十日 於全國中等學校長協議大會)▶渡邊豐日子 …… 34

米國ロス市の體育(二)▶上杉敏夫 …… 70

理科教材解說 初等理科書「秋の野山」▶上田常一 …… 88

農村學校經營の實際▶文鳳效 …… 100

私の簡易學校生活▶申榮吉 …… 118

放浪詩人 金笠先生▶崔榮翰 …… 124

小學讀本卷九教材 老社長物語＝主人公木田惣七翁人生道中記＝▶長沼依山 …… 128

兀浦について▶森田梧郎 …… 140

彙報 恩賜記念科學館月報 …… 148

會員消息 …… 150

編輯後記 …… 152

文教の朝鮮 第111號 1934. 11

〈口繪寫眞〉

宮崎神宮(上)

鵜戶神宮(下)

霧島山(上)

高千穗峽(中)

青島の蒲葵樹(下)

體育デーに於ける京城女學生一萬のマスゲーム(上)

女子オリムピツク大會に於ける堂々たる入場式の光景(中)

同上四百米決勝のゴールイン(下)

日米國際對抗陸上競技大會

宇垣總督アンダーゾン選手に握手す(上)

同 會場內に飜る日米國旗(中)

日米選手入場式狀況(下)

神武天皇御東遷 二千六百年記念の歌▶岡田誠一

教育の本質と勞作(八月一日第一日)▶小西重直 …………………… 2

日本農士學校檢校　菅原兵治氏を廻る座談會＝昭和九年九月三十日 於京城農業學校＝ …………………… 36

內鮮語敬語法の根源と其の運用について▶三ヶ尻浩 …………… 96

都市教育に於ける勤勞教育施設方案▶田尻柳市 …………………… 106

忠北忠州郡乼味 公立普通學校 附設洗星簡易學校を觀て▶岩下雅三 …………………… 151

江原道みやげ 徐在九君と改良水車▶大野謙一 …………………… 165

簡易學校開校後一ケ月記錄▶平山孝一 …………………… 168

「讀本の漢字」を研究される方へ▶石橋一郎 …………………… 175

朝鮮教育會天日育英資金 農業實習派遣生日誌竝通信▶權永坤 …… 178
天日育資金內地派遣農業實習生の滿期と新派遣生 …… 190
新刊紹介 …… 193
彙報 帝國教育會 第十五回全國小學校教員會議要項 …… 195
會員消息 …… 202
編輯後記 …… 205

文教の朝鮮 第112號 1934. 12

〈口繪寫眞〉

本會主催 第三回書道展覽會狀況
書道展覽會に於ける政務總監(上)
參考品 = 古書陳列 = (下)
本會主催 第三回書道展覽會狀況
初等學校の部(上)
中等學校の部(中)
一般書家の部(下)
慶尙北道教育會主催 職業科成績品展覽會狀況
全北·金堤·進鳳·簡易學校兒童の畦畔學習(上)
同上登學校途上の學童(中)
同上自ら作りたるチゲを擔ぎて整列(下)

諭告「儀禮準則發布に際し」 …… 1
儀禮準則の發布に當りて▶渡邊學務局長 …… 2
國體篇(向上誌八月號掲載)▶岩崎行親 …… 4
教育の本質と勞作(二)▶小西重直 …… 5

社稷思想に就て▶菅原兵治 …… 41
米國ロス市の體育(完)▶上杉敏夫 …… 58
農家更生計劃の實行に關し初等普通教育に於て協力すべき具體的方案▶藤村誠治郎 …… 77
全北の簡易學校五つ▶松橋喜代治 …… 109
訓育中心の簡易學校經營▶金鍾湜 …… 124
盲啞教育について(上)▶和久正志 …… 129
さといもの花とは一體どんなものか▶上田常一 …… 151
家事裁縫科指導者の態度▶崔聖德 …… 156
初等教育を通じて野生鳥類愛護方を望む▶元洪九 …… 161
新刊紹介 …… 167
朝鮮教育會天日育英資金 農業實習派遣生日誌▶權永坤 …… 168
儀禮準則 …… 181
彙報 懸賞募集中の「青年歌」發表さる …… 188
會員紹介 …… 198
編輯後記 …… 200

文教の朝鮮 第113號 1935. 1

〈口繪寫眞〉
池邊鶴
試筆 大野學務課長

總督年頭の辭▶宇垣朝鮮總督 …… 1
朝鮮教育に對する展望▶渡邊豐日子 …… 4
教育の本質と勞作(三)▶小西重直 …… 15

日本の道の淵源▶白井成允 ………………………………………………… 49
白蟻に就いて▶朴澤三二 ……………………………………………………… 73
盲啞教育について(下)▶和久正志 ………………………………………… 92
地理歴史教育の動向▶鈴木萬一 ………………………………………… 114
第四十三回 全國訓導(國語)協議會に出席して▶鹽飽訓治 …… 117
緬羊飼育狀況▶咸北·茂山公立普通學校 ……………………………… 126
簡易學校便り▶金承均 ………………………………………………………… 133
農村振興運動の再認識▶康明鍾 ………………………………………… 135
天日育英資金 農業實習內地派遣生通信 ……………………………… 138
昭和九年專門學校入學者檢定試驗問題竝概評 …………………… 145
新刊紹介 …………………………………………………………………………… 166
彙報 朝鮮總督府圖書館月報 ……………………………………………… 167
會員消息 …………………………………………………………………………… 169
昭和九年度「文教の朝鮮」總目次 ……………………………………… 171
編輯後記 …………………………………………………………………………… 179

文教の朝鮮 第114號 1935. 2

〈口繪寫眞〉

冬

冬の金剛

日本の道の淵源(中)▶白井成允 ……………………………………………… 1
祝建國祭歌＝報德 昭和九年四月號より轉載＝▶岡部讓 ……… 23
日本の過去現在及び將來▶穗積重遠 ………………………………… 24
孔子及び其教義に對する東方諸民族の態度(支那民族性論)▶

稲葉君山 ………………………………………………………………………… 70
國史學習の根本義(上)▶井原友夫 …………………………………………… 85
國史挿繪の史的研究▶廣瀨常一 ……………………………………………… 90
最近民間に於ける「한글」綴字法問題を考究す▶宋柱星 …… 103
臺灣に於ける國語普及施設に就て▶千頭小次郎 ……………………… 110
卯島見學記▶石宙明 …………………………………………………………… 131
冬期農業實習教材觀▶八尋生男 …………………………………………… 136
生徒の映畵觀覽に就て▶松本眞英 ………………………………………… 144
朝鮮教育會天日育英資金 農業實習派遣生日誌▶柳道衡 ……… 149
學校に於ける非常時訓練 …………………………………………………… 149
京畿教育便り ………………………………………………………………… 157
天日育英資金內地派遣農業實習の感想及將來の覺悟計畫▶權永坤 ……………………………………………………………………… 159
昭和十年度 東京帝大農學部農業教員養成所 入學試驗問題 ‥ 161
彙報 朝鮮總督府圖書館月報 ……………………………………………… 165
會員消息 ………………………………………………………………………… 169
編輯後記 ………………………………………………………………………… 170

文教の朝鮮 第115號 1935. 3

〈口繪寫眞〉

三月人形雛壇(三越にて)
木目込雛(左)
古代人形(おぼこ人形)(右)
昭和九年十一月總督府主催 女教員內地學事視察團
明治神宮に詣でゝ(上)

奈良東大寺南大門前(中)
日光神橋のたもとにて(下)

「臨時歷史教科用圖書調査委員會設置」の趣旨に就いて▶學務局長……1
日本の過去現在及將來(中)▶穗積重遠……7
日本の道の淵源(下)▶白井成允……58
日露戰爭を回顧して現下の非常時に及ぶ▶山本務……83
日本の信仰文化と朝鮮▶崔南善……94
既往の追憶と將來への待望▶渡邊信治……102
過去教導の回顧等▶鳥飼生駒……107
想像より創造へ＝小學國語讀本　卷四の說話教材　概觀餘論、送假名の問題＝▶三ケ尻浩……113
簡易學校視察記▶鎌塚扶……127
寒地農業と溫床の必要及方法▶久保庭藤三樹……137
普通學校 第一學年入學當初の取扱▶陸敏哲……145
教育效績者の選奬に就て▶渡邊學務局長……151
朝鮮教育會天日育英資金 農業實習派遣生日誌▶申常均……162
日本農士學校參觀記▶增田一人……166
出たり待望の算術教科書(「佐賀教育」二月號所載)……166
慶南教育會だより……170
內地の史蹟を通じて見たる國民性に就いて▶金基烈……171
慶北教育會だより……171
「日本教育精神と李退溪」對する諸方面の反響……175
彙報 朝鮮總督府 臨時歷史教科用圖書調査委員會委員……178
會員消息……188
編輯後記……191

文教の朝鮮 第116號 1935. 4

〈口繪寫眞〉

三國時代の釋迦像(上)

慶州石窟庵本尊釋迦像(下)

春季釋典祭(京城經學院)

參列の宇垣總督と植田軍司令官(上)

諸員整列(中)

古樂を奏す(下)

三月十日陸軍記念日狀況(三十周年記念市街模擬戰 第二十師團)

空襲(上)

煙幕(中)

突擊!肉彈!(下)

朝鮮教育會獎學部新築落成(東京·新宿)

本館正面(上)

式場にて落成につき式辭を演ず今井田會長(中)

式後宴會場にて來賓總代の挨拶をさるゝ關屋貴族院議員(下)

日本の過去現在及び將來(下)▶穗積重遠 …… 1

日本精神▶淸原貞雄 …… 48

農道の根本義▶高田邦彥 …… 74

「二宮尊德」の遺品に就いて▶鎌塚扶 …… 89

中學校における理科▶藤木主一 …… 98

鄕土教育の使命と其の實際(我校に於て現在實施しつゝある鄕土研究竝鄕土教育の實際)▶柳澤藤策 …… 105

簡易學校經營に對する體驗記▶朴宗憲 …… 120

漁村更生への中心人物養成▶江口早苗 …… 126

指導生講習會實施狀況▶李淳鎔 …… 131
朝鮮語に現れたる古代文化の史的考察▶崔榮翰 …… 137
朝鮮教育會獎學部新築落成式 …… 144
農村振興劇(上)▶沼田茂滿 …… 148
蝀龍窟に就て▶高塚豐次 …… 148
訓育歷 …… 163
陸前橫山村鰄の群棲池▶朴澤三二 …… 164
黃海道教育だより▶國史教育研究會 …… 164
朝鮮教育會天日育英資金 農業實習派遣生日誌▶申常均 …… 168
商業實習狀況と人蔘メール·オーダー開始▶西脇權治 …… 178
彙報 第十四回朝鮮美術展覽會要項 …… 182
會員消息 …… 185
編輯後記 …… 187

文教の朝鮮 第117號 1935. 5

〈口繪寫眞〉

明治三十七年五月二十七日午後二時八分ニ於ケル旗艦三笠艦橋ノ東鄉司令長官ト其ノ幕僚
日本海の歌▶土井晩
海戰場ニ於ケル我が海軍ノ威風堂々、明治三十八年五月二十七日午後二時四十分頃

日本精神(二)▶清原貞雄 …… 1
京城帝國大學卒業式に於ける山田城大總長の訓辭(昭和十年三月二十五日) …… 34

滿洲國の教育について▶堂本貞一 …………………………………………… 42
文盲退治と簡易學校▶池田林儀 ………………………………………… 61
慶長十一年國書考(一)▶犬飼俊三 ……………………………………… 75
最近英語時文に現けれたる新語の意義▶神克行 ……………………… 85
農業教材の指導價值▶佐藤謙三 ………………………………………… 90
理科教育と史傳▶藤木主一 ……………………………………………… 95
鑑賞徒然草＝特に兼好の觀たる法師に就いて＝▶向井盛 …… 99
身體異常者取扱の研究▶松原ふみ …………………………………… 104
訓育曆 …………………………………………………………………… 111
中等學校改善協議會要錄(於總督府第二會議室) ………………… 112
各道に於て教育者精神の振作更張の爲施設したる事項及現に實
行中の事項竝に將來の計畫 ………………………………………… 139
全國小學校教員大會狀況▶藤好虎秀/野中齋之助 ………………… 148
農村振興劇(下)▶沼田茂滿 ………………………………………… 169
江原教育だより ………………………………………………………… 169
慶北教育だより算術教育の研究 …………………………………… 176
一燈園生活と教育▶松本眞英 ……………………………………… 180
朝鮮教育會天日育英資金 農業實習派遣生日誌▶朴賢鐸/玄重植/
申常均/洪淳三/柳道衡 ……………………………… 188/189/190/191/192
彙報 朝鮮總督府圖書館月報 ……………………………………… 196
會員消息 ……………………………………………………………… 199
編輯後記 ……………………………………………………………… 203

文教の朝鮮 第118號 1935. 6

〈口繪寫眞〉

少女▶鄭燦英

宇垣總督閣下御家族連れにて鮮展縱覽せれる①

鮮展に於ける今井田政務總監同夫人竝に渡邊學務局長及審査員推薦者一同②

海邊の鷲③▶朴呂玉

畵高麗花瓶④▶杉光武右衛門

香爐臺⑤▶橋田助太郎

新綠①▶鄭用姬

春光②▶加藤儉吉

金剛大觀③▶宇野佐太郎

淺春④▶石橋吉郎

琴韻⑤▶金基昶

外出①▶秦世斌

旅立②▶宇野佐太郎

晩秋③▶中西ツグエ

洋犬セツタ④▶李英一

座像①▶鄭玄雄

畵本を見る少女②▶金龍祚

早春③▶錦織信

若き母④▶後藤正

古木のある風景⑤▶伊藤久

肉彈三勇士①▶戶張幸男

首②▶文錫五

蠟纈染妓生舞衝立③▶淺川藤次

雲龍牡丹彫刻文様衝立④▶土屋耕造

日本精神(三)▶清原貞雄 …… 1
近世刑法思潮の動向▶不破武夫 …… 31
經濟座談會＝高橋龜吉氏を中心として＝ …… 60
簡易學校▶池田林儀 …… 76
文盲退治と簡易學校(二)▶池田林儀 …… 78
慶長十一年國書考(二)▶犬飼俊三 …… 98
農民記念日に際し我が皇室の勸農御精神を偲び奉る▶草木茂 …… 106
學校に於ける綿羊飼育に關する調査▶朝鮮總督府 學務局 …… 113
職業科教授要目▶江原道 …… 123
職業科實施經營案▶平安北道嘉物南公立普通學校 …… 134
京城中學校創立二十五周年記念式と柴崎・關本兩前校長來城 …… 139
女子學術講習會の開講に就て▶橘喬二郎 …… 140
編輯室餘滴 …… 140
京城だより▶京城府內初等學校女教員會 …… 140
新刊紹介 …… 145
朝鮮教育會天日育英資金 農業實習派遣生日誌▶申常均/柳道衡/洪淳三/朴賢鐸/玄重植 …… 151/154/155/156/157
第十四回朝鮮美術展覽會 …… 159
彙報 京城大學夏季講習會 …… 167
會員消息 …… 173
編輯後記 …… 180

文教の朝鮮 第119號 1935. 7

〈口繪寫眞〉

宇垣總督閣下の全北聖臺簡易學校にて雨中記念植樹(上)

京城光化門公立青年訓練所開所式場に於ける渡邊學務局長祝辭(中)

同上職員生徒一同(下)

國語教育資料 展覽會出陳物

蕪村の俳句(一)

加茂眞淵(二)

單冊三 本居宣長(三)

平田篤胤(四)

嵐雪の俳句(五)

加賀の千代女の俳句(六)

西鶴本(門外不出の珍本)(七)

一茶の俳句(八)

古本 清少納言と枕草子(九)

孔夫子聖像(十)

吉田松蔭獄中の絶筆(十一)

能繪(十二)

植うる早苗 京城第一高等女學校(上)

京城女子高等普通學校(下)

日本精神(四)▶清原貞雄 …… 1

獨逸婦人の社會教養＝昭和十年五月二十五日 於京城女教員會總會講演要旨＝▶池田林儀 …… 34

氣候と人生▶水島治夫 …… 54

思潮紹介 教育者の精神▶小西重直 …… 72
慶長十一年國書考(三)▶犬飼俊三 …… 84
農家更生計畫教授資料▶八尋生男 …… 91
新興地理學習の原理と實際▶吉原正行 …… 101
全北の簡易學校巡禮の旅日記　簡易學校と教會堂と部落▶川村光也 …… 112
宇垣總督閣下の御視察を辱うし感想と經營を語る▶久光茂 …… 120
黃海教育だより 新溪郡教育會主催 算術課研究會開催狀況 …… 120
平北教育だより 平北 博川郡教育會研究會 …… 129
武藏の語源は朝鮮語か▶楢木末實 …… 130
朝鮮教育會天日育英資金農業實習派遣生日誌▶朴賢鐸/申常均/玄重植/洪淳三 …… 134/135/136/139
軍神廣瀨中佐を想ふ＝或る日の食堂＝▶三浦斧吉 …… 141
昭和十年度 健康優良兒童朝鮮代表主催 大阪朝日新聞社 …… 146
彙報 朝鮮神宮奉讃唱歌 …… 147
新刊紹介 …… 164
會員消息 …… 168
編輯後記 …… 171

文教の朝鮮 第120號 1935. 8

〈口繪寫眞〉

山 蓋馬高臺(白頭山原大正峰より東南を望む)(上)
同上紫外線寫眞(下)
川(上)
海(下)

朝鮮神宮奉讃唱歌 ························ 1
王道教育の大綱▶田中智學 ························ 2
日本精神(五)▶清原貞雄 ························ 19
スポーツと國家▶池田林儀 ························ 46
中等學校に於ける理科特に化學科の本旨に就て＝附 本年度の視察感想＝▶津田榮 ························ 55
「松坂の一夜」展開譚▶高本千鷹 ························ 63
農本朝鮮の爲めに＝商工政策への轉換論を吟味す＝▶江上正士 · 72
新量子論と佛教▶戸谷正造 ························ 91
纛島に於いて軌道車の運轉を妨げた粟夜盜蟲▶上田常一 ······ 101
湖南諸地方の學校衛生實狀を觀る▶竹内一 ························ 107
全國都市小學校 圖案教育研究協議會狀況▶清水節義 ··········· 113
圖案構成の伸展とその學年的考察▶中谷健次 ························ 114
横濱市に於ける圖案教材の配當案▶黑川銃三 ························ 131
圖案教育に就いて▶宮下孝雄 ························ 135
心田開發の爲めに特に大聲以て歌唱の振興を提唱す▶五十嵐悌三郎 ························ 136
宇垣朝鮮總督閣下に面接の光榮に浴して▶池順烈/鄭愚鎭/丁玉鎭 ························ 136/138/139
京城國文會の設立と國語教授資料▶高本稿 ························ 142
少年赤十字團に就て▶吉田繼衛 ························ 143
學父兄たちへ▶高本千鷹 ························ 148
新刊紹介 ························ 149
訓育暦(三)▶土生生 ························ 150
朝鮮教育會天日育英資金 農業實習派遣生日誌▶柳道衡/申常均/洪淳三/玄重植/朴賢鐸 ························ 151/153/155/157/158
彙報 朝鮮總督府圖書館月報 ························ 160

會員消息 ………………………………………………………………………… 173
編輯後記 ………………………………………………………………………… 175

文教の朝鮮 第121號 1935. 9

〈口繪寫眞〉

李王家獻上品(進明女子高等普通學校創立三十周年記念)
李王殿下へ獻上 屛風 鳳凰刺繡▶李英一(上)
李王妃殿下へ獻上 雲龍刺繡(クツシヨン)▶荒武房芳(中)
李王大妃殿下へ獻上 方席 雲龍刺繡(昌德宮)▶荒武房芳(下)
京城農業學校に於ける農業講習會狀況
農業講習會に臨席の宇垣總督(上)
同講習員一同 堆肥積上作業狀況(中)
同講習員の作業狀況を視察の宇垣總督(下)
本會主催 夏季大會 平泉敎授講演(上)
本會主催 地質礦物講習會々員一同(下)
各道視學講習會 神宮神前開會式(八月二十日)

至誠會主催 學徒研究團ニ對スル宇垣總督ノ演示 …………………… 1
第十回農業講習會に於ける宇垣總督閣下の訓示要領 …………… 10
日本精神(六)▶淸原貞雄 ……………………………………………… 14
嗚呼忠臣楠氏之墓の碑陰の文を讀んで＝中等學校にどんな參考書辭書そ備へるべきか＝▶高本千鷹 ……………………… 43
朝鮮敎育會主催 第三回皇軍慰問竝滿支敎育視察團旅行記(第一信) ……………………………………………………………… 46
朝鮮に於ける國史敎育問題管見▶三好嚴一郎 ……………………… 60

緬羊奬勵の趣旨竝に計畫の概要に就て▶古庄逸夫 ………………… 67
休暇中に兒童採集物の處理に就て▶上田常一 ……………………… 76
兒童の生活を中心とする指導案(第一學年)▶金孝植 ……………… 80
書く作業より觀たる新算術書の取扱▶太田一江 …………………… 89
漁村教育(上)▶天野壽助 …………………………………………… 108
訓育曆(四)▶土生米作 ……………………………………………… 130
朝鮮教育會天日育英資金 農業實習派遣生日誌▶申常均/柳道衡/朴賢鐸/洪淳三/玄重植 …………………………… 131/133/135/135/136
本會だより …………………………………………………………… 138
彙報 朝鮮神宮獻詠歌募集趣意書 ………………………………… 140
會員消息 ……………………………………………………………… 143
編輯後記 ……………………………………………………………… 146

文教の朝鮮 第122號 1935. 10

〈口繪寫眞〉

秋凉し
朝鮮教育會主催 第三回皇軍慰問竝に滿洲國宮內府正門の蘭花御紋章奉天北陵壁上の一行(上)
旅順水師營兩將會見所前にて昔を遣憶す(中)
滿洲馬車十五輛蜒蜿長蛇の如くチヽハル郊外滿洲國兩級中學校を訪ねる一行(下)
滿支教育視察團 新京國務院に於ける國務總理と共に記念撮影(上)
北京・萬壽山知春亭より佛香閣を望む(中)
洮南・門脇部隊兵舍前にて門脇少佐と共に撮す(下)

隆熙皇帝御筆木版(右)
延平齡依母圖▶朴整家(左)

始政二十五周年を迎へて▶宇垣總督
始政二十五周年記念式典に際して▶今井田政務總監
視學講習會に於ける政務總監訓示(八月二十四日 於總督府圖書館) …… 2
朝鮮教育會主催 夏季大會開會の辭▶渡邊豐日子 …… 6
閉會の辭▶渡邊豐日子 …… 9
答辭▶高木善人 …… 14
日本精神講話(全)▶平泉澄 …… 16
日本精神(七)▶淸原貞雄 …… 106
淸鮮文化交流研究の動機及其過程＝朴齊家と私＝▶藤塚鄰 · 137
地質竝鑛物講習會の記▶上田常一 …… 145
南鮮方面の農村を巡りて▶井上淸 …… 152
朝鮮教育會主催 第三回皇軍慰問竝滿支教育視察團旅行記(第二信) …… 163
橫尾惣三郎氏の農民講道館を訪ふ▶笠井淳 …… 213
訓育歷▶土生米作 …… 218
朝鮮教育會天日育英資金 農業實習派遣生日誌▶申常均/柳道衡/洪淳三/玄重植/朴賢濁 …… 221/222/223/224/225
彙報 朝鮮總督府圖書館月報 …… 226
會員消息 …… 228
編輯後記 …… 232

文敎の朝鮮 第123號 1935. 11

〈口繪寫眞〉

徳大寺侍從 宇垣總督に聖旨御傳達

第一代 寺內正毅伯(右、上)

第二代 長谷川好道子(右、下)

第六代 (現)宇垣一成大將(中)

第三、五代 齋藤實子(左、上)

第四代 山梨半造大將

閑院參謀總長宮殿下朝鮮神宮御參拜(上)

龍山練兵場にて御視閱(中)

同在鄕軍人團御視閱(下)

梨本元帥宮殿下金谷御陵に御參拜(上)

閑院總長宮殿下·梨本元帥宮殿下·竹田宮殿下·閑院若宮殿下師團對抗演習御觀戰(中)

宇垣總督其他將星の同上觀戰(下)

總督府施政二十五周年記念式狀況 式場全景(上)

今井田政務總監の祝辭(中)

同餘興場に於ける宇垣總督齋藤前總督其他貴賓(下)

同前全景(上)

右側寫眞の續 一般參列者(中)

同前 京城府內兒童徒の生奉祝旗行列(下)

朝鮮神宮御鎭座十周年記念祭典に參列の總督以下各官民(上)

神饌畓の鎌入(中)

二宮尊德翁銅像除幕式(下)

徳大寺侍從の聖旨 御傳達 ……… 1

總督諭告▶宇垣一成 …… 2
各道學務課長及道視學官會同ニ對スル政務總監訓示 …… 3
二宮尊德翁銅像除幕式 宇垣總督の祝辭 …… 8
日本精神(八)(完)▶淸原貞雄 …… 9
余の觀たる日本精神(八月三日夏季大學課外講演)▶後藤瑞巖 … 33
小學校算術書 聯立方程式の橫顔▶平賀良藏 …… 49
全羅南道巨文島の植物と動物▶上田常一 …… 65
理化學指導指針▶大田公立高等女學校理科擔任 …… 79
理科硏究▶藤木主一 …… 82
社會主義に對する私見▶酒匂精 …… 92
漁村敎育(完)▶天野壽之助 …… 105
朝鮮敎育會主催 第三回皇軍慰問竝に滿支敎育視察團旅行記(第三信) …… 126
朝鮮敎育會天日育英資金 農業實習派遣生日誌▶朴賢鐸/申常均/玄重植/柳道衡 …… 161/162/164/166
農業實習派遣生交代 …… 168
彙報 朝鮮神宮奉讃歌 …… 169
新刊紹介 …… 180
會員消息 …… 185
編輯後記 …… 186

文敎の朝鮮 第124號 1935. 12
代議員會竝總會號

〈口繪寫眞〉

皇太子殿下御尊影

精神作興詔書御下賜記念日 朝鮮總督府 玄關前庭に於ける今井田政務總監の詔書捧讀(上、右)
京城府主催 朝鮮神宮前廣場にて官民合同詔書捧讀式狀況(中、左)
宇佐美・關屋・柴田・李・林閣下歡迎茶話會記念(下)
今井田會長の訓辭(上)
答申案議事狀況(中)
代議員會(下)
京城帝國大學校庭にて教育殉職者慰靈祭(上)
同上 渡邊副會長祭文奏上(中)
同上 遺族席(下)
朝鮮教育新聞社主催 職業教育展覽會狀況 渡邊學務局長巡視

國民精神作興に關する詔書御下賜記念日に於ける宇垣總督訓示 ……… 1
圖書館の二大使命＝思想觀測所として又良書選擇所として-於全國圖書館大會＝▶宇垣總督 ……… 3
全鮮農業學校長及實習主任會議に於ける演示▶渡邊豊日子 …… 10
現時の國際情勢と最近の滿洲事情(十月二十七日・於朝鮮教育會總會 午後二時)▶山田三良 ……… 15
神社參拜に就て▶上內彥策 ……… 40
宇佐美・關屋・柴田閣下の御來城を機とし前局長閣下等を迎へて教育回顧座談會(昭和十年十月三日 於京城銀行集會所) …… 47
同座談會感想文▶小野友三 ……… 84
第十三回朝鮮教育會代議員會 ……… 107
第十三回朝鮮教育會代議員會議事(於大學小講堂) ……… 124
第十三回朝鮮教育會總會 ……… 160
第十二回朝鮮教育會總會議事 各道提出議案 ……… 170

朝鮮教育殉職者慰靈祭 ……………………………………………………… 226
朝鮮總督府主催 臺灣學事視察團通信 …………………………………… 230
訓育暦▶土生米作 ……………………………………………………………… 242
朝鮮教育會天日育英資金 農業實習派遣生日誌▶申常均/朴賢鐸
………………………………………………………………………… 244/245
彙報 中學校學制改革ニ關スル件 ……………………………………… 247
平北教育だより 江界郡教育會主催 ………………………………… 250
會員消息 ……………………………………………………………………… 253
編輯後記 ……………………………………………………………………… 255

文教の朝鮮 第125號 1936. 1

〈口繪寫眞〉

海上雲遠
義宮殿下御誕生奉祝狀況
朝鮮神宮前廣場に於ける京城宮民合同奉祝(上)
京城府內兒童生徒の奉祝旗行列(中、下)
宇垣總督閣下揮毫
大野學務課長新年試筆

昭和第十一年頭之辭▶宇垣朝鮮總督 ……………………………………… 1
年頭の辭▶渡邊豐日子 ……………………………………………………… 5
朝鮮婦人の覺醒を促す(昭和十年十二月十七日 於府民館)▶宇垣一成 ……………………………………………………………………… 8
總督閣下の御謦咳に接して全鮮の女先生方に寄す▶太田一江 · 40
教育勅語御趣旨實踐道 一如の道▶川村理助 ……………………… 43

産業に於ける人的資源の開發とその擁護の必要に就て▶暉峻義等 …… 69
話方と教育＝話方の重要性と自己の體驗＝▶三ケ尻浩 …… 95
中等教育國語指導法の研究(一)▶坂村眞民 …… 104
歐米人の日本及び日本人觀▶神克行 …… 109
初等理科書にある四種の蟹に就いて▶上田常一 …… 118
普通學校修身書に輯錄せられたる許明について▶村上種一 … 126
朝鮮總督府主催 臺灣學事視察團通信(第二信) …… 131
內地視察偶感▶趙光濟 …… 135
京城府教育會だより …… 137
朝鮮教育會天日育英資金農業實習派遣生日誌▶申常均/金昌煥/金達奉 …… 138/140/142
實習中の感想竝に將來の計畫覺悟▶玄重植/朴賢澤 …… 143
朝鮮教育會第十三回代議員會報告(補遺) …… 149
昭和十年專門學校入學者檢定試驗問題 …… 188
彙報 公立普通學校卒業生指導施設に關する調查 …… 195
諸學校一覽表(昭和十年五月末現在 朝鮮總督府 學務局學務課) …… 209
會員消息 …… 216
昭和十年度「文教の朝鮮」總目次 …… 218
編輯後記 …… 225

文教の朝鮮 第126號 1936. 2

〈口繪寫眞〉

神武天皇御肖像▶中村不折畵伯謹畵

第二次朝鮮人初等教育普及擴充計畫樹立ニ就テ▶今井田政務總監 …… 1
神道とその特質＝昭和十年八月三·四日 於京城公立中學校＝▶村岡典嗣 …… 6
神祇奉齋の實際案▶上內彦策 …… 81
入學試験を廻る諸問題▶田花爲雄 …… 84
中等教育偶感▶林德次 …… 96
特殊單級教育法▶朝野菊太郎 …… 103
二宮尊德と報德社に就ての研究▶淺野卓次 …… 114
朝鮮で獲れる鯨に就いて▶上田常一 …… 130
初等理科研究▶水田宏 …… 138
訓育暦▶土生生 …… 148
朝鮮教育會天日育英資金 農業實習派遣生日誌▶金昌煥/金達奉/金鍾熙 …… 150/151/152
簡易學校日記▶溫金燮 …… 153
京城教育だより▶京城府教育會會務竝に事業 …… 153
第三回皇軍慰問滿支教育視察團員調査研究錄＝滿洲と農業移民問題＝▶原田次郎 …… 157
滿洲に於ける鮮農の今昔と將來▶李俊模 …… 187
滿洲の農村に就て▶天野武夫 …… 194
彙報 朝鮮總督府圖書館月報 …… 200
會員消息 …… 202
編輯後記 …… 204

文敎の朝鮮 第127號 1936. 3

〈口繪寫眞〉

紀元節·總督府拜賀式(上)

同 奉祝乾盃(下)

京城初等學校兒童の旗行列(朝鮮神宮前集合)(上)

總督府にお祝ひ申して三階にて學務局長以下答禮(中)

蜿々長蛇の奉祝列(太平通を京城府廳へ)(下)

躍進日本の將來と教育者の責務＝農業學校々長會議に於ける講演の要旨＝▶鎌田澤一郎 ………… 1

農村學校の部落指導について▶八尋生男 ………… 26

身北簡易學校參觀記▶岩下雄三 ………… 30

修身科質疑ニ對スル回答事項▶鎌塚扶 ………… 45

內地視察感想記▶朝野菊太郎 ………… 56

農村小學校の農業經營▶遠藤壽雄 ………… 67

初等理科研究(二)▶水田宏 ………… 75

農村普通學校に於ける複式教育(上)▶鈴木正昭 ………… 89

南で拾つた二つの教育情景▶江上正士 ………… 122

天日育英資金內地派遣農業實習生 歸還報告▶申常均 ………… 129

朝鮮教育會天日育英資金 農業實習派遣生日誌▶金達奉/金昌煥/金鍾熙 ………… 145/145/146

鄕土愛に燃ゆる奇特者 姜相律氏▶門園廣 ………… 148

訓育曆▶土生生 ………… 150

彙報 京城師範學校音樂教育研究會編「初等唱歌」改訂編纂について▶京城師範學校音樂教育研究會 ………… 151

會員消息 ………… 156

編輯後記 ………………………………………………………………… 159

文教の朝鮮 第128號 1936. 4

〈口繪寫眞〉

陸軍記念日(京城)(上)
步兵隊ノ分列行進(中)
學生隊ノ分列行進(下)
おぼえやすい國史大概めくら年表のあらまし

宗教と教育(第一日)▶關寬之 ……………………………………………… 1
朝鮮教育問題管見▶大野謙一 …………………………………………… 95
國史めくら年表について▶高本千鷹 ………………………………… 109
三種の神器と日本精神▶八重樫達郎 ………………………………… 112
儒教の特色たる禮に就いて▶李聖鎬 ………………………………… 133
普通學校國語讀本の假名遣▶森田梧郎 ……………………………… 137
京畿道初等學校理科研究會に於ける質疑應答▶橋本雅輝 …… 146
初等理科研究(三)▶水田宏 ………………………………………… 153
農村普通學校に於ける複式教育(中)▶鈴木正昭 ………………… 161
內地視察感想▶李春彬 ……………………………………………… 184
我が校に於ける卒業生指導▶土居菊丸 …………………………… 186
簡易學校經營案▶邊均鎬 …………………………………………… 197
朝鮮教育會天日育英資金 農業實習派遣生日誌▶金昌煥/金達奉/金鍾熙 ……………………………………………………… 218/219/220
彙報 朝鮮自然科學協會々則 ……………………………………… 221
會員消息 ……………………………………………………………… 228

編輯後記 ………………………………………………………………… 229

文教の朝鮮 第129號 1936. 5

〈口繪寫眞〉

甲冑(菖蒲の節句に因めて)

三笠宮殿下御入城(龍山驛にて)(上)

京城に於ける第三回全國小學校教員精神作興大會御親閱記念式狀況(下)

人口問題と我が日本＝コールヘル博士の「人口減少論」に序して＝▶宇垣一成 ……………………………………………………… 1
宗教と教育(中)▶關寛之 ……………………………………………… 9
朝鮮教育問題管見(二)▶大野謙一 ………………………………… 67
普通學校書方手本編纂の趣意(上)▶森田梧郎 ……………………… 128
讀本の讀み方私案▶高本千鷹 ………………………………………… 134
改正されたる普通學校用書方手本を見て▶小野博 ……………… 140
教材としての朝顔とその作り方▶田中政吉 ………………………… 143
初等理科研究(四)▶水田宏 ………………………………………… 152
農村普通學校に於ける複式教育(下)▶鈴木正昭 ………………… 164
黃海道をめぐりて＝教育の關係の二三點景を＝▶江上正士・189
朝鮮教育會天日育英資金 農業實習派遣生日誌▶金昌煥/金達奉/金鍾熙 …………………………………………………… 196/197/199
農業實習感想▶金潤祚 ……………………………………………… 200
彙報 朝鮮總督府圖書館月報 ………………………………………… 204
會員消息 ………………………………………………………………… 206

編輯後記 ··· 209

文教の朝鮮 第130號 1936. 6

〈口繪寫眞〉

柳蔭▶金景源

迎·新 富永副會長

送·前 渡邊副會長

第十五回朝鮮美術展覽會

宇垣總督閣下巡視(上)

審査委員感想座談會(下)

夏▶戸張幸男(上、右)

母ト子▶寺畑助之亟(中)

高句麗野▶岩佐久代(上、左)

蝠壽硯▶元希貞(下、右)

半島麗春▶鎌田縫子(下、左)

第一部 東洋畵 母女▶曺龍承(上)

こども▶安保道子(中)

牡丹▶中西ツグヱ(下)

朝の京城市街▶鵜川博(上)

門外風景▶堅山垣(中)

朝▶ペーカ、アリス(下)

第二部 西洋畵 嫁ぐ▶松崎喜美(上)

廢蹟▶李鳳商(中)

牡丹臺枯春▶猪川克己(下)

老漁夫▶沈亨求(上)

白雲浮ぶ眞晝▶蔡南仁(中)
坐像▶申應植(下)
讀書▶山下一彦

渡邊前副會長を送る
富永新副會長を迎ふ
大學及專門學校教育改善協議會に於ける總督訓示 …………………… 1
宗教と教育(下)▶關寛之 ………………………………………………… 6
朝鮮教育問題管見(三)▶大野謙一 ……………………………………… 55
日食雜話▶國富信一 ……………………………………………………… 136
普通學校書方手本編纂の趣意(下)▶森田梧郎 ……………………… 147
六月十日時の記念日▶藤木主一 ………………………………………… 164
初等理科研究(五)▶水田宏 ……………………………………………… 172
朝鮮教育會天日育英資金 農業實習派遣生日誌▶金昌煥/金達奉/
金鍾熙 ………………………………………………………… 187/188/190
第十五回朝鮮美術展覽會 ……………………………………………… 191
彙報 小學校及普通學校教員試驗合格者及成績佳良者 ………… 200
會員消息 …………………………………………………………………… 217
編輯後記 …………………………………………………………………… 220

文教の朝鮮 第131號 1936. 7

〈口繪寫眞〉

海の風景▶黑田聖吉
京城師範學校創立十五周年記念展覽會＝鄉土教育之部
全州師範學校開校 校章(上)

全景(中)
記念すべき開校式(下、右)
早くも實習畓挿秧(下、左)
京畿道初等學校女教員職業科講習會
於京城女高普校染色實習(上)
於京城農校田植實習(中)
甘藷植付(下)

朝鮮教育問題管見(四)▶大野謙一 …… 1
警察の話(上)▶新貝肇 …… 95
心田開發に關聯して▶趙海衡 …… 112
普通學校國語教育の難點に就いて＝濁音の問題＝▶平野政良 · 126
初等理科研究(六)▶水田宏 …… 145
朝鮮教育會天日育英資金 農業實習派遣生日誌▶金昌煥/金達奉/金鍾熙 …… 157/158/159
京畿道初等學校女教員職業科講習會 …… 161
彙報 京都帝國大學講習會 …… 168
會員消息 …… 184
編輯後記 …… 186

文教の朝鮮 第132號 1936. 8
代議員會議事號

〈口繪寫眞〉

朝鮮神宮に於ける國旗制定記念日(七月十一日)奉告祭
第十四回朝鮮教育會代議員會(於京城府民館)

朝鮮教育問題管見(五)▶大野謙一 ………………………………………… 1
第十四回朝鮮教育會代議員會(昭和十一年五月二十二日 於京城府民館) ………………………………………… 89
作法教育について▶金分南 ………………………………………… 169
初等理科研究＝八月の星座の觀望＝▶水田宏 ………………………… 177
朝鮮教育會天日育英資金 農業實習派遣生日誌▶金昌煥/金達奉/金鍾熙 ………………………………………… 181/182/183
彙報 朝鮮總督府圖書館月報 ………………………………………… 184
會員消息 ………………………………………… 187
編輯後記 ………………………………………… 193

文教の朝鮮 第133號 1936. 9

〈口繪寫眞〉

波紋を殘すもの▶柿元一
新任 朝鮮總督 南次郎閣下
前 朝鮮總督 宇垣一成閣下
新任 朝鮮總督府 政務總監 朝鮮教育會長 大野綠一郎閣下
前 朝鮮總督府 政務總監 朝鮮教育會長 今井田清德閣下
學校林に陽城神社を建設せむと職員兒童の參宮道路「五五〇メール」の開鑿作業(京畿陽城公立普通學校)(上)
實習畓田植作業(全南・長東簡易學校)(下)

諭告▶南次郎
朝鮮總督府及所屬官署職員に對する訓示
川村先生 心の進化▶川村多實二 ………………………………………… 1

全州史庫とその藏書に就いて(上)▶中村榮孝 …………………………… 33
警察の話(下)▶新貝肇 ………………………………………………………… 58
農村普通學校に於ける學級經營案▶李泰源 ………………………… 72
圖案教育の原理▶西岡亭夫 ………………………………………………… 90
休暇中の兒童採集物の處理に就て補遺▶上田常一 ………………… 115
初等理科研究(七)▶水田宏 ………………………………………………… 120
學校體操教授要目改正と指導精神▶梅澤慶三郎 ……………………… 147
商業學校に於ける實踐科指導法の研究▶本莊坦 ……………………… 152
鄕土漁村に立てる水産教育▶柳澤藤策 ………………………………… 172
朝鮮教育會天日育英資金 農業實習派遣生日誌▶金昌煥/金達奉/金鍾熙 ……………………………………………………………… 181/181/183
小學校及普通學校教員試驗▶富永文一 ………………………………… 184
明治神宮獻詠會趣意書 ……………………………………………………… 190
昭和十一年兼題 山紅葉 …………………………………………………… 192
彙報 小學校及普通學校教員試驗規則(大正五年十月總令第八十八號) ……………………………………………………………………… 193
編輯後記 ……………………………………………………………………… 208

文教の朝鮮 第134號 1936. 10

〈口繪寫眞〉

昭和十一年七月朝鮮教育會主催 夏季大學(上)
昭和十一年八月朝鮮教育會主催 體育講習會(中、上 中、下)
同上 閉會式(下)
同前 劍道(上)
柔道(中、上)

遊戯(中、下)
體操(下)

ペスタロッツチの根本思想(上)▶福島政雄 ………………………………… 1
學校體操教授要目改正の要點と教材配當上竝教授上の注意事項
に就て▶佐々木等 ……………………………………………………………… 50
全州史庫とその藏書に就いて(下)▶中村榮孝 ………………………… 101
教育の本質上より見たる作業教育▶堤政助 …………………………… 130
兒童の誤用する國語▶辛膺敎 ……………………………………………… 155
初等理科研究(八)▶水田宏 ………………………………………………… 159
朝鮮教育會天日育英資金 農業實習派遣生日誌▶金達奉/金昌煥
……………………………………………………………………………………… 174
獻詠歌を募ることば …………………………………………………………… 177
彙報 朝鮮教育會主催 第四回皇軍慰問竝滿支教育視察團日程
……………………………………………………………………………………… 178
會員消息 ………………………………………………………………………… 180
編輯後記 ………………………………………………………………………… 185

文敎の朝鮮 第135號 1936. 11

〈口繪寫眞〉
帝國議會議事堂完成す
昭和十一年十月一日朝鮮神宮奉贊體育大會狀況
臨場せられたる南總督·大野政務總監富永學務局長の各閣下(上)
女學生·小學生の合同體操の壯觀(中、下)

諭告▶南次郎 …… 1
ペスタロッツチの根本思想(中)▶福島政雄 …… 3
教育刷新の根本問題(上)▶楢崎淺太郎 …… 51
吾が校に於ける讀書の善導奬勵とその實績▶金泉公立高等女學校 …… 83
科學京城▶藤木主一 …… 89
京畿道初等學校理科研究會に於ける質疑應答▶橋本雅輝 …… 99
本校の職業科教育概觀▶沖石與一 …… 106
初等理科研究(九)▶水田宏 …… 129
朝鮮教育會天日育英資金農業實習派遣生日誌▶金達奉/金鍾熙/金昌煥 …… 145/146/148
創作童話 おまつりの下駄▶太田一江 …… 150
彙報　昭和拾貳年度入學志願者案内▶東京帝國大學農學部附屬農業教員養成所 …… 154
會員消息 …… 159
編輯後記 …… 164

文教の朝鮮 第136號 1936. 12
教育勅語御下付二十五周年記念號

〈口繪寫眞〉

明治天皇御影
明治節
總督府拜賀式(上)
當日の南總督閣下(中)
朝鮮神宮に於ける京城官民合同祝賀式(下)

十月二十四日總督府に於ける教育勅語御下付二十五年記念奉讀式狀況
十月二十四日京城に於ける教育勅語御下付二十五年記念祝賀狀況
京城府教育會總員の朝鮮神宮參拜(上)
同奉讀式(中)
同奉祝學藝會(下)
第十四回朝鮮教育會總會
朝鮮神宮參拜(上)
會場(中)
慰靈祭(下)

諭告▶南次郎 …… 1
大野政務總監謹話 …… 2
教育に關する勅語御下付二十五年周年を迎へて謹みて所感の一端を申述ぶ▶富永文一 …… 3
教育勅語によりて大御心を仰ぎ奉る(第十四回朝鮮教育會總會の際講演十月十六日)▶白井成允 …… 10
教育勅語と明治大帝(京城府教育會主催 教育勅語御下付二十五周年記念式の際講演十月二十四日)▶速水滉 …… 31
教育に關する勅語御下付に就ての思出▶小田省吾 …… 35
教育勅語渙發當時を憶ふ▶工藤武城 …… 37
教育勅語論衍義(完) …… 63
教育ニ關スル勅語ノ奉釋上特ニ注意スヘキ諸點 …… 119
第十四回朝鮮教育會總會概況 …… 125
編輯後記 …… 154

文教の朝鮮 第137號 1937. 1

〈口繪寫眞〉

田家の雪

新年試筆▶南朝鮮總督

新年試筆▶富永學務局長

精神作興週間第一日 富永學務局長以下學務局員一同 朝鮮神宮へ參拜(上)

南總督閣下職業教育展覽會の臨場(下)

年頭所感▶南次郎 ……… 1

年頭所感▶大野綠一郎 ……… 5

年頭の辭▶富永文一 ……… 8

各道學務課長及視學官會議ニ於ケル政務總監訓示竝指示事項等(昭和十一年十二月一日) ……… 11

ペスタロツチの根本思想(下)▶福島政雄 ……… 17

教育刷新の根本問題(中)▶楢崎淺太郎 ……… 43

日本教學の本質に就て▶坂東藤太郎 ……… 94

或國語問答▶橫山吉守 ……… 107

初等理科研究▶水田宏 ……… 119

寧邊郡教育會主催 職業教育研究會狀況 ……… 137

農業實習派遣生日誌▶李仁大/柳種德/趙南薰/高聲天/金達奉 ……… 137/139/141/142/143

簡易學校訓導座談會狀況 ……… 142

朝鮮教育會主催 第四回皇軍慰問竝滿支教育視察團記錄 ……… 145

滿洲國の建國精神と其の教育の實際▶奧村敏昭 ……… 161

間島省に於ける鮮人教育▶稻月茂 ……… 177

彙報 朝鮮總督府圖書館月報 …… 183
會員消息 …… 188
昭和十一年度「文教の朝鮮」總目次 …… 192
編輯後記 …… 197

文教の朝鮮 第138號 1937. 2

〈口繪寫眞〉

神都・橿原神宮
元旦 朝鮮神宮に參拜せられたる南總督閣下竝大野政務總監閣下(上)
南總督閣下以下新年初遠乘(下)

教育刷新の根本問題(下)▶楢崎淺太郎 …… 1
生徒用語の文法的考察▶大森高雄 …… 5
朝鮮に於ける部落中心人物につきての一考察▶增田收 …… 68
初等理科研究▶水田宏 …… 89
朝鮮教育會主催 第四回皇軍慰問竝滿支教育視察團記錄 …… 103
滿洲國の農業に就て▶徐京烈 …… 115
滿洲帝國協和會について▶有安態助 …… 124
恩賜記念科學館だより＝爆藥の製造工程を示す陳列を終りて＝
▶小嶋生 …… 128
彙報 恩賜記念科學館月報 …… 138
會員消息 …… 143
編輯後記 …… 144

文教の朝鮮 第139號 1937. 3

〈口繪寫眞〉

農業補習學校及農民訓練所教育講習會記念撮影 朝鮮總督府 玄關ニテ

漢書進講控御奉仕の大任を果し奉りて▶藤塚鄰 …… 1

農業補習學校及農民訓練所教育講習會

總督訓示(昭和十二年一月二十二日) …… 6

學務局長挨拶 …… 11

矢島農林局長挨拶要旨 …… 14

農業補習學校及農民訓練所教育講習會 …… 19

普通學校に於ける國語教授法▶山口喜一郎 …… 28

日獨防共協定の意義▶外務省情報部 …… 57

生徒用語の文法的考察(下)▶大森高雄 …… 66

初めて教壇に立つ若き人へ▶太田一江 …… 78

恩賜記念科學館だより お話 國旗の話▶岩佐生 …… 83

教育效績者選奬 …… 87

教育效績者の選奬に就て▶富永學務局長 …… 89

朝鮮教育會主催 第四回皇軍慰問竝滿支教育視察團記錄 …… 98

滿洲國視察の所感一片▶深澤傳一郎 …… 121

彙報 世界教育會議に就て …… 129

會員消息 …… 136

編輯後記 …… 137

文教の朝鮮 第140號 1937. 4

〈口繪寫眞〉

明治元年三月十四日五箇條御誓の御儀

五箇條御誓文奉戴七十年に方りて▶南朝鮮總督 ……………………… 1

御誓文を拝して▶關屋龍吉 ………………………………………………… 10

弔 總督府視學官故山田直記君▶富永文一 ……………………………… 31

故 山田直記君を弔ふ辭▶大野綠一郎 …………………………………… 34

綜合的生活指導教材としての更生計畫▶岩村俊雄 ……………………… 35

坐高測定の意義に就て▶大西永次郎 ……………………………………… 41

普通學校に於ける國語教授法(二)▶山口喜一郎 ………………………… 46

普通學校國語教授法私見▶富山民藏 ……………………………………… 78

國史教育の着眼と實踐▶村松祐淳 ………………………………………… 89

本校の性格教育▶大邱公立女子高等普通學校 ………………………… 102

緬羊飼育及羊毛加工▶山本菊太郎 ……………………………………… 119

理科教授に於ける切り拔き繪の應用に就いて▶長田武正 …… 124

朝鮮教育會主催 第十四回皇軍慰問竝滿支教育視察團記錄 …… 131

朝鮮教育會天日育英資金 農業實習派遣生日誌拔萃▶高聲天/柳種德/李仁大/趙南薰 …………………………………… 153/154/155/156

彙報 朝鮮教育映畵聯盟設立の趣意 ……………………………… 158

會員消息 ………………………………………………………………… 166

編輯後記 ………………………………………………………………… 168

文教の朝鮮 第141號 1937. 5

〈口繪寫眞〉

京城に於ける第四回全國小學校教員精神作興大會御親閲記念式狀況(朝鮮神宮前)

記念植樹(四月三日、南總督閣下其他朝野各位)

道知事會議に於ける總督訓示(昭和十二年四月二十日) …………… 1
道知事會議に於ける政務總監訓示 …………………………………… 7
總督指示▶學務局主管 ………………………………………………… 13
教育指導講習會に於ける富永學務局長挨拶 ………………………… 16
最近に於ける我が國の財政經濟▶鈴木武雄 ………………………… 19
普通學校に於ける國語教授法(三)▶山口喜一郎 …………………… 46
懸賞募集「教育者の歌」▶朝鮮教育會 ……………………………… 65
我校の鄉土地理教育の實際▶牧野毅 ………………………………… 74
國史教育に就ての私見▶鄉司武肆 …………………………………… 78
新使命に立脚せる學校園經營の實際(上)▶田中政吉 ……………… 82
教育指導講習會狀況 …………………………………………………… 95
小學校普通學校 教員試驗(昭和十一年十一月施行) ……………… 99
彙報 朝鮮總督府圖書館月報 ………………………………………… 116
編輯後記

文教の朝鮮 第142號 1937. 6

〈口繪寫眞〉

第十六回朝鮮美術展覽會

宣尼問禮(右)

金殷鎬(左)

總督·政務總監·學務局長各閣下臨場(上)

古談▶金基昶(中、右)

旅路▶堅山坦(中、左)

靜物▶中西ツグヱ(下、右)

孔雀▶鄭燦英(下、左)

雄姿金▶景源(上、右)

江畔飯▶山桂太郎(上、左)

若人戶▶張幸男(下、右)

朝鮮風俗 春日花賣▶宇野佐太郎(下、左)

春の屋上▶田中紀弘(上)

長安門▶津田重哲(中、右)

春▶朴壽根(中、左)

ライラツク▶星野二彦(下、右)

新綠▶鄭敬德(下、左)

早曉▶猪川克己(上、右)

海邊▶沈亨求(上、左)

母子像▶山下一彦(中、右)

雲蝠硯▶金現彬(下、右)

漢陽高麗燒 青磁花瓶▶宗高猛(下、左)

畵室▶金仁承

卷頭言 ………………………………………………………… 1

普通學校に於ける國語教授法(四)▶山口喜一郎 ……………………… 2

地藏十輪經元慶點拾遺＝佛典漢籍に加へられたる訓點の研究＝
▶池田併治 ……………………………………………………… 25

第十六回朝鮮美術展覽會(昭和十二年五月)鮮展雜感▶荒木悌二郎(十畝) ………… 47
鮮展第二部(西洋畵)鑑査感想▶田邊至 ………… 61
工藝を作る人と見る人へ＝附 鮮展鑑査感想一端＝▶津田信夫 71
第十六回朝鮮美術展覽會 ………… 77
改正新理科書(卷一)と其の取扱の態度に就いて▶南泰卿 ………… 85
朝鮮教育會天日育英資金農業實習生報告▶金達奉 ………… 90
彙報 朝鮮總督府圖書館月報 ………… 100
編輯後記 ………… 104

文教の朝鮮 第143號 1937. 7

〈口繪寫眞〉

水蓮
健康優良兒朝鮮代表
樋口康子(上)
金永煥(中、右)
近藤八三(中、左)
松尾俶子(下)

卷頭言 ………… 1
教育者と學問▶安倍能成 ………… 2
普通學校に於ける國語教授法(五)▶山口喜一郎 ………… 8
乃木大將の居宅について▶横山彌三 ………… 41
改正學校體操教授要目 改正學校體操教授要目發令に際しての學務局長談話 ………… 45

朝鮮教育映畵聯盟の結成▶朝鮮教育會 …… 74
紀元二千六百年に就て▶內閣紀元二千六百年祝典事務局 …… 81
彙報 小學校及普通學校教員試驗 …… 84
會員消息 …… 103
編輯後記 …… 104

文教の朝鮮 第144號 1937. 8
國體の本義特輯號

〈口繪寫眞〉

濟州島・天地淵の瀑(七十二尺)
舊副會長・富永文一殿
新副會長・鹽原時三郎殿
富永副會長を送る …… 1
鹽原新副會長を迎ふ …… 2
特輯號(八月號)「國體の本義」に就いて …… 3
「國體の本義」の編纂趣旨竝に內容に就て▶文部省 …… 4
編輯後記 …… 111

文教の朝鮮 第145號 1937. 9

表紙題字▶南次郎

〈口繪寫眞〉

朝鮮神宮に於ける國威宣揚(七月十三日)(上)

皇軍武運長久祈願祭(七月十三日)(下)
第十五回朝鮮教育會代議員會(七月十六日 於京城中學校)(上)
京城府民館にて講演中のヘレン・ケラー女史(下)

卷頭の言 …… 1
臨時道知事會議訓示▶南次郎 …… 2
時局に對する半島婦人の覺悟▶南次郎 …… 5
現下の時局に就て(九月二十日)▶鹽原時三郎 …… 8
學校に於ける時局對策に就て(昭和十二年八月二十一日)▶鹽原學務局長 …… 13
派兵に關する政府聲明 …… 17
北支派兵に至る經緯▶陸軍省新聞班 …… 17
北支那を觀る▶外務省情報部 …… 22
北支事變と朝鮮▶玄永燮 …… 27
增上慢の支那を戒む▶ナサニエル・ペツフア …… 32
日本の大亞細亞主義▶アルヴイト・パルク …… 34
普通學校に於ける國語教授法(六)▶山口喜一郎 …… 35
第十五回朝鮮教育會代議員會(昭和十二年度) …… 54
ヘレン・ケラー女史來朝 …… 131
朝鮮教育映畵聯盟通信▶朝鮮教育會 …… 132
彙報 官廳事項 學校ニ於ケル國語教育ノ刷新徹底ニ關スル件 · 135
會員消息 …… 139
編輯後記 …… 141

文教の朝鮮 第146號 1937. 10

〈口繪寫眞〉

元山に於ける朝鮮教育會主催 夏季大學の狀況

元山神社參拜(上)

講師竝に講習會員(中)

會場の狀況(下)

東京に於ける第七回世界教育會

列席せる朝鮮代表二十名打揃ひ 明治神宮參拜(上)

帝國教育會長永田秀次郎(中、左)

世界教育會長米國モロー博士(中、右)

總會(下)

勅語(九月四日臨時帝國議會開院式に賜ふ)

卷頭の言 ········ 3

內閣總理大臣告諭▶近衛文麿 ········ 4

內閣總理大臣訓令▶近衛文麿 ········ 5

朝鮮總督諭告▶南次郎 ········ 7

近衛總理大臣演說要旨(昭和十二年九月十一日午後七時十分 於東京日比谷公會堂) ········ 8

農山漁民報國宣誓式に於ける總督訓示要旨▶南次郎 ········ 12

朝鮮教育會主催 夏期大學概況 ········ 18

朝鮮教育會主催 夏季大學講習員教學刷新大會 ········ 43

現代の哲學と教育學(上)▶稻富榮次郎 ········ 51

ヘレン·ケラー女史 光と聲を失へる人々へ(教育家竝教化團體指導者に語る)▶ヘレン·ケラー女史(米國哲學博士)/トムソン女史(通譯)/岩橋武夫氏(紹介竝國語通譯) ········ 77

普通學校國語讀本の修正について▶森田梧郎 …………………… 90
新使命に立脚せる學校園經營の實際(二)▶田中政吉 …………… 101
第七回世界教育會議狀況報告(於東京 昭和十二年八月二日-七日)
はしがき-概記▶末永又一 ………………………………………… 120
教員養成部の狀況▶高橋濱吉 …………………………………… 134
ハーマン·ジヨルダン委員會部の狀況 …………………………… 142
時事解說▶白木康進 ……………………………………………… 145
講話資料 支那事變經過概要 ……………………………………… 148
法令並通牒 私立學校規則の改正に就て▶學務局長 …………… 158
彙報 朝鮮總督府圖書館月報 ……………………………………… 163
編輯後記 …………………………………………………………… 164

文敎の朝鮮 第147號 1937. 11

〈口繪寫眞〉
朝鮮教育會主催 皇軍慰問竝滿支教育視察團出發前朝鮮神宮參拜
(十月十六日)
同前 朝鮮神宮へ(上)
京城に於ける國民精神總動員皇軍戰勝祝賀旗行列(中、右)
總督府東側に集合、四萬八千の若人(中、左 下、左)
正門より光化門通りへ進發(下、右)

卷頭の言 ……………………………………………………………… 1
國民精神總動員强調週間 訓示▶南次郎 ………………………… 2
「皇國臣民ノ誓詞」趣意 …………………………………………… 4
現代の哲學と教育學(中)▶稻富榮次郎 ………………………… 7

新理科書の取扱ひ方に就いて▶正木茂久 …… 36
新訂圖畫帖の活用▶久野大二 …… 40
新使命に立脚せる學校園經營の實際(三)▶田中政吉 …… 51
第七回世界會議狀況報告(二) …… 67
大學及專門學校部會▶田花爲雄 …… 79
時事解說▶白木康進 …… 84
朝鮮教育會主催 皇軍慰問竝滿支教育視察團の出發 …… 88
伏見宮博義王殿下御負傷 …… 105
講話資料 支那事變經過概要 …… 106
訓令 臨時教育審議委員會の設置に就て▶鹽原學務局長 …… 115
彙報 朝鮮總督府圖書館月報(昭和十二年九月中) …… 117
會員消息 …… 119
編輯後記 …… 120

文教の朝鮮 第148號 1937. 12

〈口繪寫眞〉

國民精神作興 詔書奉讀式(十一月十日 於朝鮮總督府)
第五回皇軍慰問竝滿支教育視察團
北京兵站病院にて(上)
苑平縣城にて(中)
通州守備隊にて(下)

北支內蒙の陸軍將兵に優渥な勅語を下賜 …… 1
上海方面陸海軍將兵に畏し勅語を賜はる …… 2
優渥なる勅語に奉答 …… 4

皇國臣民ノ誓詞 ………………………………………………………… 5
總督聲明(十一月十日)▶南次郎 ………………………………………… 6
總督訓示(十一月十日)▶南次郎 ………………………………………… 7
國民精神作興運動と半島民衆の時局認識(十一月十三日午後七時三十分放送)▶南次郎 ………………………………………… 10
國民精神作興週間の本旨＝(十一月十日午後六時二十五分より三十分間)JODK放送＝▶大野綠一郎 ……………………………… 15
各道學務課長及視學官會議ニ於ケル政務總監訓示(昭和十二年十一月) ………………………………………………………………… 22
臨時教育審議委員會(昭和十二年十一月八日) ……………………… 26
內鮮人教育機關を統一すること▶鹽原學務局長 …………………… 28
東亞に於ける日本帝國の使命(昭和十二年十一月七日ラヂオ放送)▶鹽原時三郎 …………………………………………………… 29
現代の哲學と教育學(下)▶稻富榮次郎 ……………………………… 33
朝鮮語教授に於ける內地關係固有名詞の國語讀みに就て▶安龍伯 ………………………………………………………………… 70
朝鮮教育會主催 皇軍慰問竝滿支教育視察團 通信及感想 ……… 77
皇軍慰問に使して▶野中齋之助 …………………………………… 122
皇軍慰問に使して▶溝井金作 ……………………………………… 125
慰問の旅を終へて▶實藤直平 ……………………………………… 129
沒法子(メイフアーズ)▶山守志郎 ………………………………… 132
北支皇軍慰問行に際しての感想▶黑川漸 ………………………… 134
次に來るもの▶北村佐太一 ………………………………………… 135
雜感▶相田重男 ……………………………………………………… 137
雜感▶中島武重 ……………………………………………………… 139
北支の戰蹟を巡りて▶木下政司 …………………………………… 144
皇軍慰問旅行感想▶山本盛之 ……………………………………… 150

北支に旅して▶飯山浩雄 …… 150
擧れ國民▶安岡源太郎 …… 153
時事解說▶白木康進 …… 154
天日育英資金內地派遣農業實習生歸還報告書▶金種熙 …… 161
講話資料 支那事變經過概要 …… 165
彙報 入學志願者案內▶東京農業教育専門學校 …… 176
會員消息 …… 179
編輯後記 …… 180

文教の朝鮮 第149號 1938. 1

〈口繪寫眞〉

社頭朝
新年試筆▶南朝鮮總督
新年試筆▶大野政務總監
世紀に輝く南京入城式·中山門より御入城の朝香宮殿下(左より御二番目)先頭は松井最高指揮官

皇國臣民ノ誓詞
覺悟を新にせよ▶南次郎 …… 2
年頭の誓願▶大野綠一郎 …… 5
年頭の所感▶鹽原時三郎 …… 8
職業指導に就て(昭和十二年八月二十五日 於京城中學校講堂)▶淡路圓治郎 …… 12
皇恩に浴してゝある朝鮮の青年(朝鮮の高等普通教育)▶和田英正 …… 30

新使命に立脚せる學校園經營の實際(四)▶田中政吉 ……………… 36
綴方指導記錄▶高野好衛 …………………………………………… 54
第七回世界教育會議 教育會部の狀況▶高木善人 ……………… 58
朝鮮教育會天日育英資金 農業實習派遣生日誌▶柳種德/趙南薰/李仁大/高聲天 ……………………………………… 69/73/75/78
時事解說▶白木康進 ………………………………………………… 81
講話資料 支那事變經過概要 …………………………………… 89
法令 勅令第七百十三號 ………………………………………… 99
集へ日章旗の下に▶平壤若松公立普通學校 ……………………… 100
彙報 朝鮮總督府圖書館月報(昭和十二年十一月中) ………… 107
編輯後記

文教の朝鮮 第150號 1938. 2

〈口繪寫眞〉

大本營における會議に御親臨の大元帥陛下
昭和十三年一月元旦の盛儀
列國使臣の南總督閣下へ賀詞 於總督府第一會議室(上)
朝鮮神宮に參拜せる南總督閣下を始め官民一同(下)

朝鮮教育の三綱領
皇國臣民ノ誓詞
御用始式に於ける總督訓示(昭和十三年一月四日 本府玄關前廣場に於て) ……………………………………………………… 2
現時局の段階(昭和十三年一月一日倭城臺官邸に於てラヂオ放送要旨)▶南次郎 ……………………………………………… 6

臨時道知事會議 總督訓示要旨(昭和十三年一月二十二日) …… 10
兒童心理と青年心理研究の新方法(昭和十二年六月二十六日 於京中講堂)▶シユプランガー …… 13
紹介の辭▶富永文一 …… 13
本居宣長の「直毘靈」と日本精神(一)▶有馬慶治 …… 37
破邪顯正に關する一考察(上)▶崔己元 …… 43
國本を不拔に培ふ母性愛▶轟木兼雄 …… 55
時局に對應する教育施設▶油井猛治 …… 62
文苑 皇軍を思ふ …… 66
愛國行進曲 …… 68
新使命に立脚せる學校園經營の實際(五)▶田中政吉 …… 70
第七回世界教育會議 映畵教育部會の狀況 …… 82
時事解說▶白木康進 …… 96
講話資料 支那事變經過概要(週報より輯錄) …… 101
通牒 御影奉安ニ關スル件 …… 110
彙報 朝鮮總督府圖書館月報(昭和十二年十二月中) …… 111
編輯後記 …… 114

文教の朝鮮 第151號 1938. 3

〈口繪寫眞〉
憲法發布五十年記念式典
朝鮮神宮前に於ける紀元節奉祝盛儀

勅語 …… 1
朝鮮教育の三綱領 …… 2

貴族院上奏文(憲法發布五十年祝賀式典ニ際シ) …… 4
衆議院上奏文(同前) …… 5
內閣告諭號外▶近衛文麿 …… 6
內閣訓令號外▶近衛文麿 …… 7
總督訓示(昭和十三年二月十一日紀元節朝鮮神宮前ニ於テ官民ニ對スルモノ) …… 8
人格の理想とその實現▶白井成允 …… 11
國民の訓練と組織化に關する卑見▶大野謙一 …… 36
皇國臣民體操の精神と實施上の注意▶朝鮮總督府 學務局社會教育科·朝鮮體育協會 …… 55
新使命に立脚せる學校經營の實際(六)▶田申政吉 …… 72
教育效績者選奬 教育效績者竝社會教化功勞者の選奬同時に社會教化施設に對しても奬勵金交付 …… 87
第七回世界教育會議 …… 101
天日育英資金農業實習生歸還報告▶高聲天/趙南薰 …… 119/124
時事解說▶白木康進 …… 126
講話資料 支那事變經過概要(週報より輯錄) …… 134
彙報 朝鮮總督府圖書館月報(昭和十三年一月中) …… 137
會員消息 …… 139
編輯後記 …… 141

文教の朝鮮 第152號 1938. 4
改正朝鮮教育令·陸軍特別志願兵令 兩制發施行記念號

〈口繪寫眞〉

南朝鮮總督揮毫

南朝鮮總督(上)
鹽原學務局長(左)
大野政務總監(右)
岩下編輯課長(上、左)
高尾學務課長(上、右)
岡事務官(中、左)
岩村視學官(中)
安岡視學官(中、右)
谷口理事官(下、左)
張視學官(下、右)
臨時教育審議委員會委員
大竹内務局長(上、右)
水田財務局長(上、中)
穗積殖産局長(上、左)
三橋警務局長(中、左)
湯村農林局長(中、右)
小川判事(下、左)
速水城大總長(下、中)
山擇審議室主席事務官(下、右)
臨時教育審議委員會委員
朴泳孝 候爵(上、左)
久納少將(上、中)
渡邊京城師範校長(上、右)
有賀殖銀頭取(中、左)
矢鍋朝鮮金融組合聯合會長(下、左)
朴永喆中樞院參議(下、中)
韓相龍中樞院參議(下、右)

京城帝國大學(上)
私立延禧專門學校(中、左)
京城中學校(中、右)
京城景福中學校(下)
京城第二高等女學校(上)
慶北高等女學校(中、右)
京城元町尋常高等小學校(中、左)
京城梅洞尋常小學校(下)
各道內務部長會議(上)
全鮮中等學校長會議記念撮影(下)
兩制度施行奉告祭 於朝鮮神宮(1)
同 祝賀會(2)
京城府內祝賀旗行列(3)
同 新義州(4)
同 奉天(5)
官公立小學校官公私立普通學校、兒童數累年比較(左)
各種學校調(右)
小學校及普通學校數累年比較(左)
公立小學校公立普通學校經費調(右)
各地祝賀光景
仁川(1)
大邱(2)
清州(3)
光州(4)
咸興(5)

皇國臣民ノ誓詞 …… 1

「皇國臣民ノ誓詞」趣意 …… 2
朝鮮教育の三大綱領 …… 3
卷頭言 …… 3
諭告▶南次郎 …… 4
各道內務部長會議に於ける總督訓示要旨(昭和十三年三月十六日) …… 6
全鮮公立中等學校長會議に於ける總督訓示要旨(昭和十三年三月十九日) …… 9
朝鮮教育令の改正に就て(三月四日)▶鹽原時三郎 …… 11
志願兵制度實施に就て▶大竹十郎 …… 14
各道內務部長會議に於ける學務局長演示要旨(昭和十三年三月十六日) …… 16
改正朝鮮教育令(昭和十三年三月四日 勅令第百三號) …… 23
小學校規程(昭和十三年三月十五日 朝鮮總督府令 第二十四號) …… 25
中學校規程(昭和十三年三月十五日 朝鮮總督府令 第二十五號) …… 48
高等女學校規程(昭和十三年三月十五日 朝鮮總督府令 第二十六號) …… 59
師範學校規程(昭和十三年三月十五日 朝鮮總督府令 第二十七號) …… 76
學校規程改正趣旨(昭和十三年四月二十一日附 各道知事、官立師範學校長宛學務局長通牒別冊) …… 99
改正教育令の實施まで▶高尾甚造 …… 139
臨時教育審議委員會規程(昭和十二年十月二十二日 朝鮮總督府訓令 第七十四號) …… 146
陸軍特別志願兵令(昭和十三年二月二十二日 勅令第九十五號)

………………………………………………………………………………… 149
陸軍特別志願兵令施行規則(昭和十三年三月三十日　陸軍省令第十一號) ………………………………………………………………… 150
朝鮮總督府 陸軍兵志願者訓練所官制(昭和十三年三月二十九日勅令第百五十六號) ………………………………………………… 152
朝鮮總督府 陸軍兵志願者訓練所規程(昭和十三年四月二日 朝鮮總督府令 第七十號) ……………………………………………… 153
朝鮮總督府 陸軍兵志願者訓練所生徒採用規則(昭和三十年四月二日 朝鮮總督府令 第七十一號) ……………………………… 155
朝鮮總督府 陸軍兵志願者訓練所生徒採用手續(昭和三十年四月二日 朝鮮總督府訓令 第十八號) ……………………………… 156
朝鮮總督府 陸軍特別志願兵訓練所生徒募集▶朝鮮總督府 … 158
朝鮮總督府 陸軍兵志願者訓練所入所の栞(昭和十三年四月三日)▶朝鮮總督府 學務局 ………………………………………… 160
新朝鮮教育令 陸軍特別志願兵令 兩制度實施祝賀行進の歌(昭和十三年三月十八日 朝鮮總督府 學務局) ………………………… 167
改正教育令陸軍特別志願兵令 兩制度實施祝賀狀況(四月三日)………………………………………………………………………… 169
編輯後記 ……………………………………………………………… 178

文教の朝鮮 第153號 1938. 5

〈口繪寫眞〉
李王殿下御來鮮
伊太利國民使節團來鮮
京城府主催 歡迎會の主客 中央なる國旗を持てる團長 パウルツチ

侯爵(上)
京城府主催 歡迎學校兒童生徒聯合體操會 佐伯府尹の挨拶(左)
パウルツチ團長の答禮と小學兒童の皇國臣民體操(右)
女學校聯合體操の盛觀(下)

皇國臣民ノ誓詞 ………… 1
朝鮮教育の三大綱領 ………… 1
道知事會議に於ける總督訓示要旨 ………… 2
道知事會議に於ける政務總監訓示要旨 ………… 12
人格の理想とその實現(下)▶白井成允 ………… 25
國民體位向上參考資料▶梅澤慶三郎 ………… 44
新興報德運動の教育的考察▶淺野卓次 ………… 52
新使命に立脚せる學校園經營の實際(七)▶田中政吉 ………… 62
時局は何故永引くか▶朝鮮總督府 文書課 ………… 74
時事解說▶白木康進 ………… 81
講話資料 支那事變經過概要(週報より輯錄) ………… 87
彙報 農村振興映畵脚本懸賞募集要項 ………… 96
朝鮮總督府圖書館月報 ………… 96
編輯後記 ………… 99

文教の朝鮮 第154號 1938. 6

〈口繪寫眞〉

金剛山
徐州陷落祝賀狀況
總督府構內ニ於テ南總督ニ對シ佐伯京城府尹及學校生徒兒童ノ

旗行列前萬歳三唱(1)
朝鮮神宮前庭ニテ京城官民祝賀會(2)
京城ニ於ケル祝賀旗行列ノ盛觀(3)
總督府前ニ於ケル祝賀提燈行列(4)
咸興ニ於ケル祝捷報告祭(5)
仁川中學校庭ニ於ケル祝賀旗行列出發前(6)
大田ノ祝賀旗行列(7)
羅南ノ祝賀旗行列(8)

皇國臣民ノ誓詞 …… 1
朝鮮教育の三大綱領 …… 1
漢書進講御奉仕の大任を果し奉りて▶藤塚鄰 …… 2
國史地理上卷挿畵解說(一)▶金昌鈞 …… 18
體操科教授要旨と學校體操教授要目の改正▶梅澤慶三郎 …… 28
皇國臣民體操實施について＝體育の深化と劍道＝▶松延信義 · 34
本居宣長の「直毘靈」と日本精神(二)▶有馬慶治 …… 39
南朝忠臣玉井西阿公を偶ぶ▶前田藤作 …… 45
女教員の立場より見たる兒童訓育の一端▶秀島榮 …… 47
國語一本の指導を中心とせる尋一取扱の十日▶梁福熙 …… 50
新使命に立脚せる學校園經營の實際(八)▶田中政吉 …… 60
第七回世界教育會議報告(理科教育部 · 教育法規部) …… 76
紙芝居に依る大衆教育に就いて(一)▶吉田才 …… 90
講話資料 支那事變經過概要(週報より輯錄) …… 96
噫 故科學館長重村義一氏 …… 103
故重村館長を憶ふ▶岩佐生 …… 106
小學校教員試驗規則(大正五年十月總令第八十八號) …… 109
小學校教員(第一種 · 第二種)試驗受驗準備參考書(昭和十三年五

月) ·· 111
彙報 新制定教授要目研究會開催 ·· 115
朝鮮總督府圖書館月報 ·· 116
編輯後記 ·· 121

文教の朝鮮 第155號 1938. 7
朝鮮教育會代議員會報

〈口繪寫眞〉

東久邇宮妃殿下を迎へ奉る
忘憂里風景▶金永基
好日▶遠田運雄
第十七回朝鮮美術展覽會(東洋畵)
市の日①▶千葉房男
暮鍾②▶金基昶
中庭③▶田淵秀明
洋裁圖④▶田中文子
香爐⑤▶金殷鎬
廣壯里風景⑥▶堅山坦
第十七回朝鮮美術展覽會(西洋畵)
屋上點景①▶田中紀弘
ギターを持つた男②▶朴文弘
門③▶金命求
こま④▶根津莊一
回春苑⑤▶松崎喜美
靜物⑥▶小鳥一郎

第十七回朝鮮美術展覽會 東洋畫 第三部

東洋畫 扶餘所所①▶加藤儉吉

東洋畫 銃後の人達②▶金森群一

朝鮮刺繡枕屛風③▶淺川牧榮

六曲屛風④▶尹鳳淑

ギターひく男⑤▶佐白輝一

皇國臣民ノ誓詞 …… 1

朝鮮教育の三大綱領 …… 1

總督訓示＝忠北 槐山に於ける教育者大會にて＝ …… 2

鹽原學務局長訓示(昭和十三年五月十二日平壤に於て平安南道學校職員に對して試みたるもの) …… 6

國家總動員法と教育(帝國教育五月號ヨリ轉載)▶廣濱嘉雄 …… 16

國史地理上卷挿畫解說(二)▶金昌鈞 …… 31

模範村·杉山▶增田收作 …… 39

紙芝居に依る大衆教育に就いて(二)(完)▶古田才 …… 47

第十六回朝鮮教育會代議員會(昭和十三年度) …… 62

第十六回朝鮮教育會代議員會概況＝開會·副會長再選·會務報告·決算認定·豫算議定·會館建設議定·各道提出議案＝ …… 80

學生生徒の愛國勞働奉仕作業實施▶鹽原學務局長 …… 89

小學校教員試驗 …… 95

第十七回朝鮮美術展覽會 …… 98

彙報 皇國臣民誓詞奉納塔建設ノ件 …… 104

朝鮮總督府圖書館月報 …… 115

編輯後記 …… 116

文教の朝鮮 第156號 1938. 8

〈口繪寫眞〉

夏の山＝金剛山外金剛

支那事變一周年行事

朝鮮神宮に於ける官民合同皇軍武運長久祈願祭典(上)

參列サル、南總督·小磯軍司令官·大野政務總監其他(中、左)

京城運動場に於ける慰靈祭 南總督の玉串奉奠(中、右)

京城運動場に於ける國民精神總動員朝鮮聯盟發會式(下)

明治天皇御製 ………………………………………………………… 1

勅語 ………………………………………………………………… 2

內閣告諭▶近衛文麿 ……………………………………………… 4

朝鮮總督諭告▶南次郞 …………………………………………… 5

國民精神總動員朝鮮聯盟發會式に於ける朝鮮總督告辭▶南次郞· 6

皇國臣民ノ誓詞 …………………………………………………… 8

朝鮮教育の三大綱領 ……………………………………………… 8

融合による國家の飛躍と力を生む教育(昭和十三年七月九日 於京城中學講堂)▶福富一郞 …………………………………………… 9

新教育令と國語教育▶森田梧郞 ………………………………… 24

修身科に於ける德性の涵養と實踐指導▶大谷稔明 …………… 32

教育令の改正と手工教育▶喜多村肇 …………………………… 38

砂盛り教育▶森憲治 ……………………………………………… 38

初めて教壇に立つて▶加來清子 ………………………………… 42

新使命に立脚せる學校園經營の實際(九)▶田中政吉 ………… 50

御眞影を拜戴して▶全羅南道初等中等學校兒童生徒 ………… 61

勤勞報國隊の歌 …………………………………………………… 68

第七回世界教育會議報告(農業教育部會·商業教育部會) ………… 69
講話資料 支那事變經過概要(週報より輯錄) ……………………………… 84
朝鮮教育會主催 理科教育講習會に際し理科教育振興大會 …… 94
公立中等學校初等學校女教員標準服の裁ち方 ………………………… 95
第十八回全國小學校女教員大會 ………………………………………… 101
彙報 朝鮮總督府圖書館月報(昭和十三年六月中) …………………… 103
編輯後記 ………………………………………………………………………… 104

文教の朝鮮 第157號 1938. 9

〈口繪寫眞〉

學生生徒の勤労報國隊實況
大邱醫學專門學校林間道路工事(上、右)
京城梨花女子專門學校慰問袋及國旗作リ(左、上)
京城女子師範學校新校地々均し工事(左、下)
京城師範學校朝鮮神宮前廣場の砂利敷替作業(中、右)
黃海道砂利院農業學校道路工事(下、右)
學生生徒の勤労報國隊實況
京畿道中等學校結成式(上、右)
京城商業學校道路工事(中、左)
大邱中學校林道工事(中、右)
慶北·金泉中學校砂防工事(下、左)
黃海·明新中學校校庭擴張工事(下、右)

卷頭言
融合による國家の飛躍と力を生む教育(後半)(昭和十三年七月九

日 於京城中學講堂)▶福富一郎 …… 2
列國資源の概況と帝國の資源(昭和十三年七月二十三日 本會主催理科講習會に於ける講演)▶井原潤次郎 …… 17
東久邇宮稔彦王妃聰子內親王殿下の台臨を仰ぎ奉りて▶十河官太郎 …… 34
授業台覽の光榮に浴して▶松本琢磨 …… 36
授業台覽の光榮に感激して▶裵甲順 …… 38
兒童作品御嘉納の光榮に浴して▶吳貞華 …… 39
御差遣の宮樣に獻茶奉仕して▶上田若子 …… 41
お茶をお進め申上げて▶金貞淑 …… 43
和歌に表れた皇道精神▶山崎義男 …… 45
低學年に於ける私の唱歌科指導の新方向▶安文英 …… 57
朝鮮教育會天日育英資金 農業實習派遣生日誌▶石天德/李升圭/朱利鳳/許貴同 …… 67/67/69/72
第七回世界教育會議報告 就學前及幼稚園部▶市川榮三 …… 73
日本に於ける幼兒教育の過去及現在▶新庄よしこ …… 74
日本に於ける幼兒の性格陶冶に就て▶石原きく …… 75
日本に於ける母の教育▶高崎能樹 …… 76
學校衛生部▶秋葉祐之 …… 77
兒童保健の世界協同について▶シイー·イー·ターナー …… 79
日本に於ける學校衛生の現狀▶岩原拓/大西永次郎 …… 82
學生生徒勤勞報國隊實施狀況 …… 96
彙報 朝鮮總督府圖書館月報(昭和十三年七月中) …… 103
編輯後記 …… 104

文教の朝鮮 第158號 1938. 10

〈口繪寫眞〉

京畿道男子中等學校聯合野外演習

統監府と勇壯なる突擊(上·中·下)

朝鮮聯合靑年團發團式の盛觀

勅語 …… 1

皇后宮御歌 …… 2

總督訓令▶南次郎

總督謹話

皇國臣民ノ誓詞/朝鮮教育の三大綱領 …… 3

告辭(朝鮮聯合靑年團發團式に於て)▶南次郎 …… 4

式辭(朝鮮聯合靑年團發團式に於て)▶大野綠一郎 …… 6

教育解釋學概說(昭和十三年八月十二日 於京城中學講堂)▶勝部謙造 …… 8

皇道教育の原理(一)(九月二十一日 京城櫻井小學校にて)▶高田邦彦 …… 25

國策資源概說(昭和十三年七月二十二日 於金融組合聯合會講堂)▶桐野義隆 …… 51

皇子御養育掛長藤井種太郎博士を吳竹にお訪れした▶鎌塚扶 · 60

言語教育の重要▶風間勝顯 …… 67

傷痍軍人感謝優遇標語＝厚生省傷兵保護院募集選＝ …… 75

昭和十三年度朝鮮乃木神社獻詠歌▶市秋弘/鳥野幸次 …… 76

國語科綴方學習指導案(朝鮮教育會主催 國語講習會に於ける研究教授に用ひられた)▶韓正愚 …… 77

國民精神總動員朝鮮聯盟 …… 84

彙報 朝鮮總督府圖書館月報(昭和十三年八月中) …………………… 99
編輯後記

文教の朝鮮 第159號 1938. 11

〈口繪寫眞〉

菊かほる
忍苦鍛錬講習會 金剛山長安寺に於て(九月十五日)

皇國臣民ノ誓詞 …………………………………………………………… 2
朝鮮教育の三大綱領 ……………………………………………………… 2
教育解釋學概說(昭和十三年八月十三日　於京城中學講堂)▶勝部謙造 …………………………………………………………………… 3
皇道教育の原理(二)(完)(九月二十一日　京城櫻井小學校にて)▶高田邦彦 ………………………………………………………………… 35
昭和十四年 新春の勅題 朝陽映島 …………………………………… 52
島に結ばれたのは最初▶三條御歌所長 ……………………………… 52
書方教育をおもふ▶森田梧郎 ………………………………………… 53
やまとだましひなる歌▶佐野道 ……………………………………… 64
時局と國語教育▶植村勳 ……………………………………………… 69
小學校に於ける學籍簿の改正に就て(拔粹)▶岩松五良 ………… 74
文君▶野田竹一 ………………………………………………………… 83
敎へ子仁▶上坂三郎 …………………………………………………… 83
農産加工 季節の漬物▶田中政吉 …………………………………… 84
私の溫室經營▶河本卯一 ……………………………………………… 84
朝鮮教育會主催 皇軍慰問竝滿支教育視察團 …………………… 95

彙報 朝鮮總督府圖書館月報(昭和十三年九月中) …………………… 99
編輯後記 ……………………………………………………………………………… 100

文敎の朝鮮 第160號 1938. 12

〈口繪寫眞〉

廣東陷落祝賀提灯行列と旗行列
南總督、大野政務總監提灯行列の萬歲に答ふ①
京城の提灯行列②
平壤③
開城④
群山⑤
澎湃氣勢高き漢口陷落祝賀(其の一)
大野政務總監の答禮①
京城の夜の灯の海②
總督府前の提灯行列③
京城小學校、女學校の旗行列④⑤
漢口陷落祝賀狀況(其二)
北靑①
沙里院②
海州の英靈感謝③
咸興④
漢口陷落祝賀狀況(其三)
新義州①
群山②
淸州③

春川④

皇國臣民ノ誓詞 …… 1
朝鮮教育の三大綱領 …… 1
國民精神作興に關する詔書奉讀式に於ける總督訓示 …… 2
漢口陷落に際して▶南次郎 …… 4
帝國政府聲明(昭和十三年十一月三日) …… 6
帝國の望む處は支那の興隆にあり(昭和十三十一月三日)▶近衛總理大臣放送要旨 …… 7
教育解釋學概說(昭和十三年八月十三日 於京城中學校講堂)▶勝部謙造 …… 11
武漢占領の重要性▶中村榮孝 …… 44
新刊紹介 …… 61
「書方教育をおもふ」を讀みて▶山下裕 …… 62
輝く勇士の面影
故咸興女子高等普通學校教諭砲兵中尉吉田精一君 …… 66
故京城師範學校教諭陸軍輜重兵上等兵室潤二君の遺薰 …… 68
視學委員學事視察感想▶津田榮 …… 70
非常時國民生活改善基準▶國民精神總動員朝鮮聯盟 …… 72
年末年始銃後報國强調週間實施要綱 …… 74
朝鮮教育會主催 第六回皇軍慰問竝滿支教育視察團報告 …… 77
皇國臣民誓詞碑に納藏すべき 誓詞淨書注意事項 …… 99
彙報 朝鮮總督府圖書館月報(昭和十三年十月中) …… 103
編輯後記

文教の朝鮮 第161號 1939. 1

〈口繪寫眞〉

朝陽映島

南朝鮮總督閣下新年揮毫

皇國臣民ノ誓詞 …… 1

朝鮮教育の三大綱領 …… 1

血を以て歴史を綴る▶南次郎 …… 2

大使命に邁進せん▶大野綠一郎 …… 5

昭和十四年年頭の感▶鹽原時三郎 …… 7

東西道德の異同▶西晋一郎 …… 10

短歌鑑賞第一課▶增田一人 …… 26

「書方教育をおもふ」を讀む▶西舘善平 …… 30

う・さ・ぎ▶春城寺麗 …… 35

小學校體育は何故振はぬか(其の一)▶御厨一人 …… 37

武士道精神と眞正劍道▶岡村泰三 …… 50

輝く勇士の面影

　故京城公立商業學校教諭砲兵少佐伊藤要平君の遺勳 …… 60

　故平壤山手公立小學校訓導步兵中尉矢部巖君 …… 64

體驗一年有餘簡易學校經營の一端▶金文萬 …… 65

陋習打破▶許貴同 …… 65

朝鮮教育會主催 第六回皇軍慰問並滿支教育視察團報告(其二) · 75

恩給金庫に就て▶三島小六 …… 94

彙報 朝鮮總督府圖書館月報(昭和十三年十一月中) …… 97

「文教の朝鮮」總目次 …… 98

編輯後記 …… 104

文教の朝鮮 第162號 1939. 2

〈口繪寫眞〉

觀景の冬

皇國臣民ノ誓詞 …… 1
朝鮮教育の三大綱領 …… 1
ナチス國民教育の檢討(七月二十八日)▶新見吉治 …… 2
深＝觀の姉妹篇＝▶高田邦彦 …… 19
獨乙に於ける厚生運動「K·D·F」に就て(悅を通しての力)▶藤田榮 …… 45
中等學校に於ける外國史の指導に就いて(特に東洋史を中心としての考察)▶植村勳 …… 69
あるべき國史教育とその實踐▶田中平作 …… 77
參宮記▶朴英雨 …… 87
朝鮮に於ける嚴橿(イツカシ)の植栽·保育に就て▶岡强 …… 91
新刊紹介 …… 98
輝く勇士の面影
故大田公立中學校教諭陸軍步兵中尉田村登君の遺薰▶大田公立中學校 …… 99
故平壤第二公立中學校教諭陸軍步兵大尉馬場正應君の偉勳 …… 101
朝鮮教育會主催 第六回皇軍慰問竝滿支教育視察團報告(其三) …… 104
彙報 日本精神發揚週間實施ニ關スル件 …… 125
朝鮮總督府圖書館月報(昭和十三年十二月中) …… 127
編輯後記 …… 128

文教の朝鮮 第163號 1939. 3
懸賞論文 國體明徵 內鮮一體
忍苦鍛錬ノ三大教育綱領ヲ具現セル學校經營案 特輯號

〈口繪寫眞〉

日本精神發揚週間紀元節當日京城府內中等學校生徒隊の朝鮮神宮參拜と市內行進の壯觀

日本精神發揚週間行事

京城南山頂上にて黎明體操會の宮城遙拜(午前七時)(上)

朝鮮神宮前體操會(午前七時四十分)(上、左)

總督府構內東廣場に於ける京城中等學校聯合野仕合(下)

皇國臣民ノ誓詞 …… 1

朝鮮教育の三大綱領 …… 1

半島教育者ノ覺悟 …… 2

聯盟員に告ぐ(昭和十四年二月十一日 ラヂオ放送)▶川島義之 …… 3

懸賞論文 國體明徵內鮮一體忍苦鍛錬の三大教育綱領を具現せる學校經營案 選後所感▶審查員 …… 7

國體明徵內鮮一體忍苦鍛錬三大教育綱領を具現せる學校經營案

懸賞論文一等入選▶中根晃 …… 9

懸賞論文二等入選▶市島九郎 …… 54

懸賞論文二等入選▶大串繁雄 …… 93

懸賞論文二等入選▶岸米作 …… 132

教育效績者選奬(昭和十四年二月十一日)▶南次郎 …… 176

國民總動員朝鮮聯盟 …… 178

朝鮮教育會幹部異動 …… 180

彙報 朝鮮總督府圖書館月報(昭和十四年一月中) …… 181

編輯後記 ………………………………………………………………………… 184

文教の朝鮮 第164號 1939. 4

〈口繪寫眞〉

皇國臣民誓詞碑概觀圖

陸軍記念日(三月十日)(上)

南總督京城青年團を閱兵す(中)

同日午前九時三十分京城鍾路街頭に於ける一般民衆の皇軍に對する感謝默禱(下)

陸軍記念日(三月十日) 京城に於ける軍隊及學生軍の市街演習の壯觀

兒童機關銃發射(上、左)

國民精神總動員忠清南道學校聯盟勤勞報國隊の兵器獻納式狀況全景(上、右)

兒童總代の辭(下、左)

道知事の閱兵(下、右)

皇國臣民ノ誓詞 ……………………………………………………………… 3
朝鮮教育の三大綱領 ………………………………………………………… 3
朝鮮教育令改正實施一周年を迎へて▶鹽原時三郎 …………………… 4
支那事變と肇國の精神▶鹿子木員信 ……………………………………… 7
支那民族性と新東亞の建設▶鳥山喜一 ………………………………… 32
萬民輔翼について▶國民精神文化研究所 ……………………………… 45
北支那及蒙古の動物▶森爲三 …………………………………………… 55
「小學國語讀本」卷十一の和歌教材の研究▶森田梧郎 ……………… 60

「初等國語讀本」卷一の概觀▶和田重則 ……………………………… 72
國旗掲揚柱下に大往生を遂げたる忠誠愛國の士李元夏翁の偉蹟
に接して▶和久正志 …………………………………………………………… 88
國民精神總動員忠淸南道學校聯盟勤勞報國隊愛國奉仕作業實施
要項 ……………………………………………………………………………… 98
彙報 朝鮮總督府圖書館月報(昭和十四年二月中) ………………… 101
編輯後記 ……………………………………………………………………… 103

文教の朝鮮 第165號 1939. 5

〈口繪寫眞〉

「皇國臣民誓詞之柱」地鎭祭 鹽原副會長玉串奉奠(上)
同 地鎭祭全景(中)
同 童女初苅之儀(下)

皇國臣民ノ誓詞 ……………………………………………………………… 1
朝鮮教育の三大綱領 ………………………………………………………… 1
道知事會議に於ける訓示要旨(昭和十四年四月八日)▶南次郎 … 2
道知事會議に於ける訓示要旨(昭和十四年四月八日)▶大野綠一郎
……………………………………………………………………………… 15
ナチス國民教育の檢討(下)(七月二十八日)▶新見吉治 ………… 19
皇道精神の發揚と日本の使命▶渡邊信治 ………………………… 49
天祖の神勅と國體の本義▶高橋濱吉 ……………………………… 55
北支の植物▶竹中要 ………………………………………………………… 62
實に立つ教育の精神▶大谷稔明 ………………………………………… 79
紀元二千六百年奉祝記念樹と嚴橿大和民族と橿の信念▶

　菟田茂丸 …… 90
記念樹嚴櫃(摘要)▶三島誠也 …… 91
內鮮共用新「初等修身卷六」につき特に御諒解置き願ひ度き點
　▶鎌塚扶 …… 94
朝鮮教育會錄事(昭和十四年二、三、四月) …… 96
反當一千貫取甘藷栽培法▶道地啓二郎 …… 97
彙報 朝鮮總督府圖書館月報(昭和十四年三月中) …… 102
編輯後記 …… 103

文教の朝鮮 第166號 1939. 6

〈口繪寫眞〉
朝鮮總督府 教學研修所開所式
教學研修所の一日(上)
講義(左下)
朝拜·祝詞奏上(右、下)
教學研修所の一日
朝夕の修練(體操)(左、上)
朝の修練(駈足)(左、中)
夕方の修練(劍道)(左、下)
朝の修練(清掃作業)(右、上)
食事作業(右、中)
教鍊(右、下)

青少年學徒ニ下シ賜ハリタル勅語(昭和十四年五月二十二日)
皇國臣民ノ誓詞 …… 1

朝鮮教育の三大綱領 …… 1
朝鮮總督府訓令 第二十九號▶南次郎 …… 2
朝鮮總督謹話 …… 3
「日本學」の目的と方法▶中島信一 …… 4
皇國の學的▶松月秀雄 …… 10
日本學より見たる橫縱學と縱橫學(教育研究四九六號ヨリ載拔)▶
小野正康 …… 22
教育に於ける體育の眞義竝に鍛錬養護の實踐的訓練▶岩原拓 · 29
綴方に就いての斷想▶山口正 …… 39
尋一の綴方▶太田一江 …… 43
朝鮮總督府 教學研修所の開所 …… 52
戰線の會友だより 銃後の青少年よ先づ體力を養へ戰爭と體力問
題について▶小栗義美 …… 76
時局下に於ける養兎の認識▶板垣三郎 …… 84
水の誘惑に對する訓練養護について▶千田金治郎 …… 84
北支を旅して▶渡邊暹 …… 90
彙報 朝鮮總督府圖書館月報(昭和十四年四月中) …… 97
編輯後記 …… 98

文教の朝鮮 第167號 1939. 7
學生々徒御親閱拜受記錄 第17回朝鮮教育會代議員會 特輯

〈口繪寫眞〉

聖慮畏き御親閱の御有樣(五月二十二日 宮城二重橋前廣場)
陸軍現役將校學校配屬令施行十五年記念視閱式
京城龍山練兵場に於ける大野政務總監の視閱(五月二十二日)(上)

戰力增强競技大會 京城中等學校以上男(六月十七日)(下)
第十八回鮮展特選 古翫▶金基昶
第十八回鮮展作品(東洋畵及工藝)
金剛山①▶加藤儉吉
荒凉②▶李應魯
碁③▶金漢永
水車小屋の朝④▶金基昶
天后宮⑤▶根岸虎之助
峠の雨後⑥▶片山坦
凋葉⑦▶張遇聖
雲月硯⑧▶崔致範
第十八回鮮展作品(東洋畵及工藝)
木①▶高橋武
四人の子供②▶小牧正美
愛國李元夏翁③▶戶張幸男
勤勞報國④▶田中傳吉
早春⑤▶豐永重行
白い帆掛船⑥▶金龍祚
水注⑦▶岩宮庄兵衛
雉子香爐⑧▶宋高猛
第十八回選展特選西洋畵 三人▶沈亨求

皇國臣民ノ誓詞 …… 1
朝鮮教育の三大綱領 …… 1
各道學務課長及道視學官會議ニ於ケル政務總監訓示(昭和十四年五月二十九日) …… 2
指示事項 …… 7

陸軍現役將校學校配屬令十五年記念　御親閱拜受記錄▶御親閱拜受朝鮮部隊 …… 8
御親閱拜受狀況報告▶山根政治 …… 38
御親閱拜受感想
▶茂野直弘 …… 44
▶岩永雄平 …… 48
▶工藤重雄 …… 51
▶渡邊崎太郎 …… 53
▶白斗鉉 …… 54
▶李榮均 …… 57
▶李種禾 …… 62
▶村松洋三郎 …… 64
▶窪田恒光 …… 65
▶李義德 …… 67
▶渡邊信治 …… 69
▶小林致哲 …… 71
▶市村秀志 …… 73
▶金在璇 …… 76
▶小畑寛松 …… 77
▶松井外夫 …… 79
▶江頭六郎 …… 80
▶高木善人 …… 81
▶金鳳泰 …… 82
▶高力得雄 …… 83
▶橋本宏 …… 86
▶野村稔 …… 87
▶古賀始 …… 89

▶朴鋌遠 …… 90
▶肥田米作 …… 93
▶山田謙三 …… 94
▶大家二郎 …… 96
▶平野吉三郎 …… 97
▶竹田延 …… 99
▶尹天柱 …… 100
▶今村忠夫 …… 102
▶洪龍俊 …… 105
▶藤谷宗順 …… 106
▶高本新一 …… 108
▶筒井誠 …… 110
▶大町清之 …… 112
▶村上博之 …… 113
▶小久保豐吉 …… 115
▶方昇煥 …… 119
第十七回朝鮮教育會代議員會(昭和十四年度) …… 121
第十八回朝鮮美術展覽會 …… 167
國民精神總動員朝鮮聯盟支那事變二周年記念行事及聯盟創立一周年記念大會實施要綱(一般) …… 174
彙報 朝鮮總督府圖書館月報(昭和十四年五月中) …… 176
編輯後記 …… 178

文教の朝鮮 第168號 1939. 8

〈口繪寫眞〉

七月七日支那事變二週年記念行事
事變一週年に賜はりたる勅語捧讀式(總督府)(左、上)
京城府廳(右、上)
同日國民精神總動員京城聯盟大會の盛觀(中)
同上演習敵陣奪取(下、左)
同上對空演習(下、右)
學生勤勞報國作業
梨花女子專門學校(左、上)
京城女子醫學專門學校(左、中)
セブランス醫學專門學校(左、下)
京城法學專門學校(右、上)
延禧專門學校(右、中)
京城齒科醫學專門學校(右、下)

皇國臣民ノ誓詞 …… 1
朝鮮教育の三大綱領 …… 1
國民精神總動員運動について(昭和十四年六月七日京畿道內國民精神總動員邑面町理事長大會に於て講演)▶鹽原時三郎 …… 2
國家と法律(昭和十四年六月八日 於教學研修所)▶尾高朝雄 … 14
戰時下に於ける日本精神▶大關將一 …… 41
國語對策協議會に出席して▶森田梧郎 …… 66
國語讀本卷十一 第二十「蟲の聲」について▶河口杢堂 …… 81
文の表現過程としての綴方教育▶柏木末志 …… 87
小學校體育は何故振はぬか(其の二)▶御廚一八 …… 93

興亞勤勞隊に參加感想記(內原訓練所にて)＝劃期的國策の線にそつての回天事業＝▶久光茂 …… 109
朝鮮人に內地式姓を用ひしむることに就て▶奥山仙三 …… 113
感激小品
朝鮮の感激▶兩角達爾 …… 118
うれびやま(修學旅行中の詠草)▶中村辰雄 …… 119
山中說法▶楚人冠 …… 119
小學校教員を讚ふ歌(五月十三日、十五日、仙臺に於ける全國女教員大會に)▶土井晚翠作 …… 120
朝鮮特別志願兵戰地よりの通信▶李長錫/姜錫柱 …… 120
彙報 朝鮮總督府圖書館月報(昭和十四年六月中) …… 122
編輯後記 …… 123

文教の朝鮮 第169號 1939. 9

〈口繪寫眞〉
朝鮮教育會主催 夏季各種講習會
日本學講座(上)
音樂講習會(中)
彫塑講習會(下)
學生々徒の勤勞報國作業
京城高等商業學校(上)
京城醫學專門學校(中、右、上)
京城第二高等女學校(中、右、下)
京城藥學專門學校(中、左)
京城第一高等女學校(下)

皇國臣民ノ誓詞 …………………………………………………………………… 2
朝鮮教育の三大綱領 ……………………………………………………………… 2
教學と道德＝昭和十四年五月二十一日 於教學研修所＝▶藤塚鄰
…………………………………………………………………………………… 3
學校衛生講話▶水島治夫 ………………………………………………… 26
朝鮮·滿洲及支那に於ける地下資源に就て▶立岩巖 ………………… 43
京城附近植物參考資料▶森千春 ………………………………………… 69
新讀本をめぐる子供の世界＝主として教室現象の記錄＝▶和田
重則 ………………………………………………………………………… 79
初等學校に於ける假名遣▶横山吉守 …………………………………… 85
祝祭日儀式唱歌指導に關する一考察▶長谷川荒介 …………………… 93
彙報 朝鮮總督府圖書館月報(昭和十四年七月中) …………………… 117
編輯後記 ………………………………………………………………………… 118

文教の朝鮮 第170號 1939. 10

〈口繪寫眞〉

南鮮旱害御救恤下賜金傳達式(昭和十四年九月六日 於朝鮮總督府)
全國青年團大會 (於京城 九月二十四日)

皇國臣民ノ誓詞 …………………………………………………………………… 1
朝鮮教育の三大綱領 ……………………………………………………………… 1
內鮮一體に就て＝國民精神總動員朝鮮聯盟理事會席上に於て＝
▶鹽原時三郎 ……………………………………………………………… 2
青少年學徒ニ賜ハリタル勅語御趣旨の拜察▶荻原擴 ………………… 4
扶餘神宮と御祭神(上)＝百濟を中心とする古代の內鮮關係＝▶

中村榮孝 …… 13
赴戰高原の珍しい動植物▶森爲三 …… 33
學校衛生講話(中)▶水島治夫 …… 41
舊教育に對する反省より日本的教育の確立へ▶鎌塚扶 …… 51
道義日本の作興▶重松正良 …… 60
肚の教育▶牛島武夫 …… 67
防人の歌とその精神▶石丸惠守 …… 71
趣味の學校實習▶田中政吉 …… 81
我が校誓詞の柱▶京畿道漣川中央公立尋常小學校 …… 91
皇國青年歌 …… 95
獻詠歌を募ることば …… 96
小學校教員試驗規則中左の通改正す▶南次郎 …… 97
國民精神總動員實施案 …… 97
昭和十四年九月十八日 國民精神總動員朝鮮聯盟理事長 銃後後援强化週間實施ニ關スル件 …… 101
私の簡易學校生活▶許眞極 …… 103
彙報 朝鮮總督府圖書館月報(昭和十四年八月中) …… 110
編輯後記 …… 111

文教の朝鮮 第171號 1939. 11

〈口繪寫眞〉

李王殿下同妃殿下お久しぶりに御入城(於京城驛)
御親閱拜受記念學生生徒聯合演習(於京城)

皇國臣民ノ誓詞 …… 1

朝鮮教育の三大綱領 …… 1
中等學校入學者選抜方法の改正に付て▶鹽原時三郎 …… 2
中等學校入學者選拔法の刷新改善に就て▶中島信一 …… 4
扶餘神宮と御祭神(下)＝百濟を中心とする古代の內鮮關係＝▶中村榮孝 …… 10
八紘一宇▶大關將一 …… 26
新讀本の字體について▶森田梧郞 …… 40
國文法教授法一私見▶井下田繁雄 …… 51
當選歌詞 空の勇士を讚へる歌▶大槻一郎 …… 56
全國訓導(國語)協議會と初等國語讀本＝主として言語教育について＝▶熊田滿 …… 58
「初等國語讀本」卷二第五課「センソウゴツコ」の指導▶和田重則 …… 63
國語教育と童詩指導上の一考察▶元東植 …… 69
參宮竝に學事地理視察の旅を終へて▶中村惟正 …… 78
中等學校入學者選拔法 改正理由 …… 85
彙報 朝鮮總督府圖書館月報(昭和十四年九月中) …… 95
編輯後記 …… 96

文教の朝鮮 第172號 1939. 12

〈口繪寫眞〉

戰線に鍛へる(堀內部隊の勇士)(上)
銃後の守り堅し(アサヒグラフ三三ノ一九同臨時增刊三三所載)(下)

皇國臣民ノ誓詞/朝鮮教育の三大綱領 …… 1

司法上に於ける內鮮一體の具現＝內地人式「氏」の設定に就て＝
▶南總督 …… 2
婿養子、異姓養子及氏制度の制定に就て▶宮本元 …… 4
旱害對策に就いて▶岸勇一 …… 9
中等學校入學者選拔方法の改正と家庭の指導▶中島信一 …… 27
天覽競技を拜觀して▶梅澤慶三郎 …… 33
朝鮮教育刷新の精神と其の實現方途▶立川一夫 …… 37
修身科學習指導案▶轟木兼雄 …… 49
日本精神と新讀本の構成▶中野實 …… 54
全國中等學校博物教育會第三回總會に出席して▶上田常一 …… 61
博物教育設備調查書＝京城博物教員會＝ …… 69
大日本體操要領解說▶伊藤雄 …… 82
若人の叫び▶牛島武夫 …… 92
京城高等商業學校主催 第六回鮮滿商業學校珠算競技大會得點表
(昭和十四年十一月五日) …… 94
國民精神總動員朝鮮聯盟經濟戰强調運動要綱 …… 97
彙報 朝鮮總督府圖書館月報(昭和十四年十月中) …… 98
編輯後記 …… 99

文教の朝鮮 第173號 1940. 1

表紙の圖案▶辰年に因めて三木弘畫伯の繪ける扶餘の古瓦當模樣

〈口繪寫眞〉
完成したる「皇國臣民誓詞之柱」
南總督閣下新年揮毫

鹽原學務局長閣下新年揮毫

皇國臣民誓詞之柱竣工獻納奉告祭 朝鮮神宮大前之儀

皇國臣民誓詞之柱除幕式(一)

皇國臣民誓詞之柱除幕式(二)

皇國臣民誓詞之柱除幕式(三)

朝鮮教育殉職竝物故者慰靈祭

大野會長の玉串奉奠(上)

來賓席　右ヨリ南總督·甘蔗京畿道知事·高橋京城府尹·岡本報道部長(中)

道族代表鈴木未亡人の玉串奉奠(下)

全鮮教育者武道大會(一)

全鮮教育者武道大會(二)

卷頭言 …… 1

皇國臣民ノ誓詞 …… 2

朝鮮教育の三大綱領 …… 2

興亞維新に邁進せん▶南次郎 …… 3

嶮難突破の年▶大野綠一郞 …… 6

皇紀二千六百年を迎へて聯盟員に與ふ▶川島義之 …… 9

事變下に於ける朝鮮教育▶鹽原時三郞 …… 12

國家主義と國際主義＝昭和十四年九月二十一日 於教學研修所＝▶尾高朝雄 …… 18

改正中等學校入學者選拔座談會 …… 41

標準對照體能檢查票(參考案)に就て▶高松又輔 …… 51

昭和十四年十一月 皇國臣民誓詞之柱竣工諸行事 昭和十四年度朝鮮教育會總會諸行事 …… 61

昭和十四年度第十六回朝鮮教育會總會に於ける事業報告 …… 78

朝鮮教育會主催 第七回北・中支皇軍慰問竝教育視察記(一) ·· 143
朝鮮教育會映畵聯盟規約 ···· 158
彙報 懸賞論文募集 ···· 162
編輯後記 ···· 168

文教の朝鮮 第174號 1940. 2
紀元二千六百年記念號

表紙の圖案▶辰年に因めて三木弘畵伯の繪ける扶餘の古瓦當模樣

〈口繪寫眞〉

皇紀二千六百年(其の創めを偲ぶ橿原神宮)
大野朝鮮教育會會長揮毫

紀元二千六百年頌歌(儀式用)
紀元二千六百年(奉祝國民歌)
卷頭言 ···· 1
國民總訓練▶鹽原時三郎 ···· 2
皇國臣民ノ誓詞 ···· 4
朝鮮教育の三大綱領 ···· 4
皇紀二千六百年の紀元節を迎へて▶鹽原時三郎 ···· 5
紀元二千六百年を祝ぎ奉りて▶近衛文麿 ···· 7
國史の特色と教育の使命▶小西重直 ···· 12
日本文化の大陸進出▶速水滉 ···· 14
全鮮教育者諸兄に望む▶川島義之 ···· 18

紀元二千六百年記念論文 內鮮一體精神新羅武士道▶慶北·大邱·慶北公立高等女學校 …… 20
皇民錬成の教育行▶全南·光州瑞石公立尋常小學校 …… 25
紀元二千六百年を迎へて若き教育者に寄する▶野中齋之助 …… 33
中朝事實に觀る素行の皇統大講義▶升谷宗七 …… 41
神武肇業の聖謨を仰ぎ興亞維新の教育を慮ふ▶八重樫達郎 …… 46
二千六百年の教育▶金丸繁一 …… 53
紀元二千六百年と教育私見▶岩崎清 …… 60
幾山河越え去り行かば(綴方五題)▶本山清 …… 68
建國の御偉業をしのび奉りて朝鮮教育の使命におもむく▶古賀代木 …… 74
教道二千六百年▶平山敏 …… 78
忠愛之至誠▶三宅右祐 …… 85
皇國教育の理念▶吉田正男 …… 90
紀元二千六百年記念室の經營▶伊藤謙三郎 …… 96
報德教育の提唱と蝸牛の歩み▶齋藤有二 …… 102
神武天皇御船出の地美々津の聖蹟に就て▶河埜多久實 …… 116
伊勢神宮參拜記▶趙海衡 …… 120
紀元二千六百年の建國祭を迎へて▶永田秀次郎 …… 122
朝鮮教育會錄事 朝鮮教育會總會決議ニ基ク建議▶大野綠一郎 …… 125
隨筆▶中島信一/安岡源太郎/朴寬洙 …… 128/128/129
一月元旦惟神場道にひとときト▶井上智 …… 130
たべもの▶灘井巖 …… 131
うたの調べ▶森田梧郎 …… 131
一月一日の思ひ出▶金昌鈞 …… 132
素人の音樂觀▶竹山龍白 …… 133

皇大神宮參拜"聖地をめぐりて"▶梁福熙 …………………………… 133
近來の一關心事＝飄々酒脫の一指壓者＝▶鎌塚扶 ……………… 135
彙報 朝鮮總督府圖書館月報(昭和十四年十二月中) ……………… 137
編輯後記

文教の朝鮮 第175號 1940. 3

表紙の圖案▶辰年に因めて三木弘畫伯の繪ける扶餘の古瓦當模樣

〈口繪寫眞〉
朝鮮總督府 正面に於ける紀元二千六百年記念式
朝鮮神宮に於ける紀元二千六百年紀元節臨時大祭
御幣帛供進使參進(上左)
御幣帛參進(上右)
參列官民一同(中右)
參拜の民草(下左)
參列諸員(下右)

詔書
新年御題 迎年祈世
卷頭言 ……………………………………………………………………… 1
皇國臣民ノ誓詞 ………………………………………………………… 2
朝鮮教育の三大綱領 …………………………………………………… 2
諭告▶南次郎 …………………………………………………………… 3
內閣告諭▶米內光政 …………………………………………………… 4
朝鮮學生精神聯盟主催 紀元二千六百年紀元節奉祝式告辭▶

鹽原時三郎 …… 5
日本文化の包容力▶辻善之助 …… 8
故事熟語大辭典の誤謬を糾す▶藤塚鄰 …… 28
朝鮮學童の內地化の測定▶秋葉隆 …… 41
輔翼の本質▶井下田繁雄 …… 47
中等學校入學試驗に表はれたる聽き取の教育上の意義と重要性
▶牛島武夫 …… 51
初等國史最終時の實際的取扱記錄▶立川一夫 …… 55
紀元二千六百年讚歌(百人一首) …… 60
教育效績者選奬さる▶鹽原學務局長 …… 62
第一條第一項該當者▶荒內貞作/姬野登/寺地與一/花木光男/崔榮鶴/山田立藏/兒玉清彦/上野虎造/安周源/佐野武郎/鈴木盛/梅森郁/高本高一 …… 64
第一條第二項該當者▶中島隆衛/鄭鎭裕 …… 73
朝鮮教育會主催 第七回北·中支皇軍慰問竝教育視察記(二) …… 75
昭和十五年度使用新刊又は改正教科用圖書一覽表 …… 106
嚴橿苗木頒布式等ニ關スル件▶朝鮮教育會長 …… 107
彙報 朝鮮總督府圖書館月報(昭和十五年一月中) …… 111
編輯後記 …… 112

文敎の朝鮮 第176號 1940. 4
國民精神總動員特輯號

表紙の圖案▶辰年に因めて三木弘畵伯の繪ける扶餘の古瓦當模樣

〈口繪寫眞〉
京城愛國班員の朝鮮神宮廣場清掃作業(上、右)
平北·新義州國民精神總動員大會(上、左 下、左)
京城鍾路愛國班婦人の節米獻納(下、右)
全北·完州郡に於ける婦人愛國班員の代用作物共同手入(上)
全北·完州郡の部落愛國班員の馬糧及堆肥原料共同採集(中、下)
江原道襄陽婦人愛國班員の勤勞出役(中、上)
全北·全州神社地均工事に出役の愛國班婦人の活動(下)
帽子形狀圖(上、左)
帽章意匠圖(上、右)
國民精神總動員聯盟役員章 意匠圖(中)
儀禮慶祝章(下、左)
喪章(下、左)
襟章(下、右)
國民精神總動員朝鮮聯盟標準服樣式
國民精神總動員聯盟旗意匠圖
府·郡·島聯盟旗(左)
道聯盟旗(中)
朝鮮聯盟旗(右)
國民精神總動員聯盟旗意匠圖
愛國班聯盟旗(左)
町·洞·里·部落聯盟旗(中)
邑·面聯盟旗(右)

朝鮮聯盟歌
卷頭言 ………… 1
皇國臣民ノ誓詞 ………… 2

朝鮮教育の三大綱領 …… 2
國民精神總動員に就いて▶學務局 …… 3
國民精神總動員朝鮮聯盟の組織と其の活動▶國民精神總動員朝鮮聯盟事務局 …… 16
國民精神總動員朝鮮聯盟通牒(三月十四日)昭和十五年度國民精神總動員運動方針ニ關スル件 …… 42
國民精神總動員慶尙南道聯盟大會講演要旨▶鹽原時三郎 …… 44
興亞維新下に於ける精動の使命(慶南聯盟大會に於ける講演)▶增田道義 …… 54
佐藤信淵の思想に現れた八紘精神の奉禮＝主として「混同秘策」に於ける＝▶鎌塚扶 …… 65
小學校國語讀本卷十二、第二十三課「關孝和」の和算的解說▶山崎芳夫 …… 71
靜座教育に就きて▶植村勳 …… 71
通牒 昭和十四年十一月二十八日、皇國臣民誓詞之柱ノ前ニ於ケル學措ニ關スル件▶學務局長 …… 81
學務局創氏紹介 …… 82
彙報 朝鮮總督府圖書館月報(昭和十五年二月中) …… 83
編輯後記 …… 84

文敎の朝鮮 第177號 1940. 5

表紙の圖案▶辰年に因めて三木弘畫伯の繪ける扶餘の古瓦當模樣

〈口繪寫眞〉

三月十日 陸軍記念日 京城に於ける模擬戰

三月十日 學生隊の分列行進と女學生隊の市中行進(京城)

皇國臣民ノ誓詞 …… 1
朝鮮教育の三大綱領 …… 1
教學研修所に於ける總督閣下訓示要旨(昭和十五年三月八日) … 2
在滿半島人諸君に告ぐ(昭和十五年三月十七日放送)▶鹽原時三郎 …… 5
國體の源流▶大關將一 …… 7
師道の振興▶岸米作 …… 22
教育の方法原理としての忍苦鍛錬▶波場左右司 …… 37
「聽キ取」についての二三の感想▶森田梧郎 …… 41
皇國臣民誓詞之柱除幕式の感激 參列兒童生徒(一)▶黑田洋/山根正勝/邊文植/朴貴粉/井原茂子/朴貞淑/朴淳榮/小川信一/宋殷鎬/梁瓊淵 …… 52
昭和十二年四月改正 學校身體檢查法に就いて▶大坪兆 …… 60
朝鮮教育會天日育英資金內地派遣農業實習生座談會 …… 67
「人」と云ふ字▶琴川生 …… 76
試練の嵐▶廣瀨續 …… 77
文部省 國民學校教則案 …… 78
彙報 朝鮮總督府圖書館月報(昭和十五年三月中) …… 89
編輯後記 …… 90

文教の朝鮮 第178號 1940. 6

表紙の圖案▶辰年に因めて三木弘畫伯の繪ける扶餘の古瓦當模樣

〈口繪寫眞〉

京城に於ける勅語奉戴記念式　總督府構內東廣場に於ける所在中學校以上の男女學生生徒隊三萬五千

南總督の勅語奉讀(上)

南總督訓示(中)

學生隊の最前列(下)

京城に於ける勅語奉戴記念日 光化門通にて學生隊の分列行と南總督に對する敬禮 (上、中 中、左 中、右)

女學校生徒の朝鮮神宮參拜(下、左)

女學校生徒の市內行進(下、右)

卷頭言 …… 1

皇國臣民ノ誓詞 …… 2

朝鮮教育の三大綱領 …… 2

京城に於ける勅語奉戴記念式總督訓辭(昭和十五年五月二十二日) …… 3

各道學務課長及道視學官會議に於ける政務總監訓示(昭和十五年五月十六日) …… 5

皇祖神武天皇を追想し奉り聊か素懷を述ぶ▶車田篤 …… 10

皇國日本の進むべき道▶鄭淵奎 …… 17

阮堂先生の墓にお參りして▶平本雄 …… 38

總督賞綴方競作に入選を喜びて▶梨本丈吉 …… 39

聽き取につながる問題▶藤居信雄 …… 42

內鮮一體具現の地理教育(地理的識見の養成)▶三好憲之 …… 50

「初等手工」の發刊について▶信廣靜一 …… 52

小學校教員試驗(昭和十五年五月二十日)▶鹽原時三郎 …… 55

講習會紹介 國民學校に關する講習會 …… 60

皇國臣民誓詞之柱除幕式の感激　參列兒童生徒(二)▶古賀啓子/趙東信/宮本美代子/王丸禮子/堀江千鶴子/金吉煥/吉富和雄/鄭喜羅利/李英世/崔種穆/李寛祚/隣祐之助/姜德奇/鄭德教/島崎健三/吉田幸枝/金敬信/鄭善化/金永姐/石井敬悟/權在昌/金太善/崔德勳/趙洪构/村瀬哲夫/柴田園子/韓景淳/全用涉/倉房子/川畑滿洲男/田口三千江 ……… 61
彙報 朝鮮總督府圖書館月報(昭和十五年四月中) ……… 95
編輯後記 ……… 96

文敎の朝鮮 第179號 1940. 7

表紙の圖案▶辰年に因めて三木弘畵伯の繪ける扶餘の古瓦當模様

〈口繪寫眞〉

第十九回朝鮮美術展覽會作品
庭躑躅(1)▶西島智子
兵士(2)▶江口敬四郎
磯邊(3)▶赤澤修一郎
萬物相(4)▶沈亨弼
修道(5)▶平野春子
牧童(6)▶金景承
第十九回朝鮮美術展覽會
千人針群像(1)▶遠田運雄
風景(2)▶韓在南
少女達(3)▶沈亨求
靜物(4)▶永野碩哉

少年劍士(5)▶朝田寬一郎
甕と女(6)▶戶張幸男
卷頭言 …… 1
皇國臣民ノ誓詞 …… 2
朝鮮教育の三大綱領 …… 2
國語と國民性▶石山脩平 …… 3
日本文學の精神＝宣長に依つて把握されたる＝▶須藤糸雄 …… 9
古典の世界▶高木市之助 …… 18
國語學と國語教育▶時枝誠記 …… 25
教師と國語問題▶石黑修 …… 31
音聲言語を大切にせよ▶神保格 …… 49
所謂「濁音」とその指導法▶大西雅雄 …… 62
話方教育を定立す▶末永又一 …… 62
國語教育に於ける聽取の地位▶富山民藏 …… 69
最近十年間に於ける國語教育の變遷と今後の動向▶輿水實 …… 77
朝鮮に於ける國語教育と社會教育▶近藤時司 …… 82
讀方への道▶西原慶一 …… 86
彙報 朝鮮總督府圖書館月報(昭和十五年五月中) …… 99
編輯後記 …… 100

文教の朝鮮 第180號 1940. 8
朝鮮教育會代議員會號

表紙の圖案▶辰年に因めて三木弘畵伯の繪ける扶餘の古瓦當模樣

〈口絵寫眞〉

滿洲國皇帝陛下橿原神宮御參拜

記念すべき七月七日京城光化門通の勇壯なる觀兵式

同日上海市街戰を偲ぶ京城市街戰演習

皇國臣民ノ誓詞 ……… 1

朝鮮教育の三大綱領 ……… 1

國民總訓練に就いて(昭和一五、六、二四、京畿道小學校長會議に於て)▶鹽原時三郎 ……… 2

初等國語教育の比較考察▶田花爲雄 ……… 10

新に問はるべき國語教育の一面▶森田梧郎 ……… 26

昭和十五年度朝鮮教育會 役員會竝代議員會▶役員會 ……… 33

東京市及帝國教育會共同主催 紀元二千六百年記念東亞教育大會概況(昭和十五年七月八日より同十二日に至る五日間)▶岩村俊雄 ……… 88

通牒 昭和十五年七月二十五日▶朝鮮總督府 學務局長 ……… 94

彙報 朝鮮總督府圖書館月報(昭和十五年六月中) ……… 96

編輯後記 ……… 97

文教の朝鮮 第181號 1940. 9
科學教育振興特輯號

表紙の圖案▶辰年に因めて三木弘畵伯の繪ける扶餘の古瓦當模樣

〈口絵寫眞〉

學務局員の勤勞奉仕草刈作業 總督府後庭にて

八木學務課長①

課員一同②

朝鮮教育會主催 各種夏季講習會

中等學校音樂講習會(京城第一高等女學校にて)③

中等學校理科講習會(大學豫科にて)④⑤⑥⑦

朝鮮教育會主催 戰力增强競技體操夏季講習會

外園大佐と講習員①

クリーク渡練習②

女講習員の砂嚢扱練習③

障壁越④

倒立⑤

鐵捧⑥

女子講習員の唱歌遊戯⑦

卷頭言 …… 1

皇國臣民ノ誓詞 …… 2

朝鮮教育の三大綱領 …… 2

日本的科學の建設▶中島信一 …… 3

科學教育の振興▶伊倉健治 …… 10

科學教育振興の根本用意 = 獨創自發の精神の涵養と日本的科學教育の建設 = ▶津田榮 …… 21

科學と農業教育▶植木秀幹 …… 32

農業と科學教育▶木村隆 …… 35

科學振興に伴ふ小學校理科教育の指針▶上田常一 …… 38

皇國女性錬成理科教育方案▶慶北・慶北公立高等女學校 …… 57

皇道歸一の理科教育▶山口秀雄 …… 63

朝鮮に於ける科學教育振興方案▶鎌田和夫 …… 73

科學教育振興に關し卑見を述ぶ▶竹藤峰政 …… 80
科學教育振興について▶仙波巖 …… 87
彙報 朝鮮總督府圖書館月報(昭和十五年七月中) …… 95
編輯後記 …… 96

文教の朝鮮 第182號 1940. 10

表紙の圖案▶辰年に因めて三木弘畵伯の繪ける扶餘の古瓦當模様

〈口繪寫眞〉
聖旨奉體京畿道聯合野外演習(九月二十日 二十二日)
統監部に於ける南總督·中村司令官鈴川統監(上)
分列式(中)
突擊(下)
朝鮮教育會主催 畓作講習會(水原高農校にて)

詔書▶各國務大臣副署 …… 1
皇國臣民ノ誓詞 …… 3
朝鮮教育の三大綱領 …… 3
國民學校教則案の指導精神▶中島信一 …… 4
國民學校教則案講習要項 …… 19
科學教育の振興(續)▶伊倉健治 …… 42
低學年綴方教育の設營▶田中稔 …… 61
獻詠歌を募ることば
國民進軍歌
學校經營上に於ける國語科の地位▶山下裕 …… 67

書方から習字へ▶西舘善平 ………………………………………………… 72
戰時國民生活體制ノ確立ニ關スル件▶國民精神總動員朝鮮聯盟
………………………………………………………………………………… 76
彙報 朝鮮總督府圖書館月報(昭和十五年八月中) …………………… 82
編輯後記

文教の朝鮮 第183號 1940. 11
教育勅語御下賜五十周年記念特輯號

表紙の圖案▶辰年に因めて三木弘畫伯の繪ける扶餘の古瓦當模様

〈口繪寫眞〉
紀元二千六百年奉祝京城府小學校聯合運動會(十月十二日)
兒童の人文字[國旗](上)
小學兒童の分列行進(受禮者は高橋京城府尹 其兩側は各校長)(中)
各校兒童の土嚢運搬繼爭(下)
紀元二千六百年奉祝青年團大會(十月九日)
分列行進 = 總督閣下受禮 = (上)
朝鮮神宮第一鳥居前に於ける鹽原團長の視閲(下)
勅語
卷頭言 …………………………………………………………………………… 1
皇國臣民ノ誓詞 ……………………………………………………………… 2
朝鮮教育の三大綱領 ………………………………………………………… 2
教育勅語と興亞の大業▶小西重直 ………………………………………… 3
教育に關する勅語と東亞新秩序の建設▶吉田熊次 ……………………… 6
教育勅語解釋の基準▶渡邊幾治郎 ………………………………………… 13

教育勅語奉戴五十周年に際し聖旨を仰いで皇國臣民の基礎的錬成を思ふ▶小野正康 …… 24
斯道の普遍性歴史性と皇國臣民の育成▶亘理章三郎 …… 37
「教育ニ關スル勅語」著作考▶鎌塚扶 …… 46
朝鮮國民組織新體制要綱 …… 63
彙報 朝鮮總督府圖書館月報(昭和十五年九月中) …… 66
編輯後記

文教の朝鮮 第184號 1940. 12
記念表彰竝總會號

表紙の圖案▶辰年に因めて三木弘畵伯の繪ける扶餘の古瓦當模樣

〈口繪寫眞〉
紀元二千六百年竝 教育勅語御下賜五十周年記念式及記念表彰式其他
會長式辭(上)
南總督告辭(二段目、右)
總會ニ於ケル副會長挨拶(三段目、右)
慰靈祭會長玉串奉奠(下)
武道大會優勝旗授與(三段目、右)
表彰狀授與(二段目、右)
京城に於ける紀元二千六百年奉祝
朝鮮神宮(1)
總督府の式典(2)
總督府裏にて官民合同祝賀會(3)
學生兒童の旗行列(4)(5)

花電車(6)
市民の奉祝神輿(7)

勅語
紀元二千六百年奉祝會 總裁代理高松宮奉祝詞
近衛總理大臣の壽詞
皇國臣民ノ誓詞
朝鮮教育の三大綱領
昭和十五年十月　朝鮮教育會紀元二千六百年並教育勅語御下賜五十周年記念行事 昭和十五年度總會諸行事 …… 1
第二回全鮮教育者武道大會戰績記(劍道部) …… 55
昭和十五年十一月十二日　國民服令ノ制定ニ關スル件▶學務局長 …… 65
彙報 朝鮮總督府圖書館月報(昭和十五年十月中) …… 66
編輯後記 …… 67

文教の朝鮮 第185號 1941. 1

〈口繪寫眞〉

南總督新年揮毫
新裝成れる皇國臣民誓詞之柱

卷頭言(一月號)
皇國臣民ノ誓詞 …… 2
朝鮮教育の三大綱領 …… 2
總力昂揚▶南次郎 …… 3

一途邁進あるのみ▶大野綠一郎 …… 5
明治維新と教育勅語の渙發▶田保橋潔 …… 7
全體主義▶大關將一 …… 29
青少年保導の重要性▶島田牛稚 …… 50
歸化人關係の神社▶原榮一郎 …… 51
俳詩(川柳)に對する教育理念＝特に學校教育者への提唱＝▶津郵瓢二樓 …… 68
紀元二千六百年竝教育勅語御下賜五十周年記念 帝國教育會表彰者名簿(朝鮮關係 順序不同) …… 79
彙報 朝鮮總督府圖書館月報(昭和十五年十一月中) …… 82
編輯後記 …… 83

文教の朝鮮 第186號 1941. 2

〈口繪寫眞〉

京城師團の陸軍始觀兵式の壯觀(京城日報寫眞部ヨリ)
皇國臣民ノ誓詞 …… 1
朝鮮教育の三大綱領 …… 1
時局下當面の生活倫理▶鎌塚扶 …… 2
漢籍讀と讀癖▶中澤喜男 …… 8
皇國臣民育成と儀式教育勅語の取扱作業竝施設一般▶八重樫達郎 …… 25
朝鮮に於ける國語教育と“國語の家”設定に就いて▶江原繁 …… 41
昭和十五年度朝鮮總督府 視學委員視察報告(中等學校)▶尾高朝雄 …… 45
體操科器具類代用としての竹棒體操▶城後榮太 …… 77

內外地高女校卒業生結婚調▶平壤公立高等女學校 ………………… 83
彙報 朝鮮總督府圖書館月報(昭和十五年十二月中) ………………… 85
編輯後記 ……………………………………………………………………… 86

文教の朝鮮 第187號 1941. 3

〈口繪寫眞〉
總督竝に學務局長揮毫(國境地帶教職員慰問)
國境地帶教職員慰問狀況
第二班(平北)
途中熙川驛頭の局長(1)
雩時小學校に於ける局長(2)
渭原端溪小學校にて同(3)
向陽簡易學校(4)
炭領を越ゆる橇(5)
第一班(平北)
東興小學校職員兒童の出迎(6)
江界郡南新小學校々庭にて(7)
厚昌郡葡坪簡易學校の出迎(8)
中江鎭警察署前にて(9)
國境地帶教職員慰問狀況
第三班(咸南)
好仁堡城小學校の出迎(10)
惠山西小學校の出迎(11)
寶泰小學校兒童の休み時間中のスキー(12)
普天附近の牛橇運材(13)

嶺城峠にて(鴨綠江と羅暖堡道)(14)
寶泰小學校に送られて(15)
好仁小學校兒童(16)

卷頭言
皇國臣民ノ誓詞 …… 2
朝鮮教育の三大綱領 …… 2
國民學校國民科教則案について(上)▶中村榮孝 …… 3
昭和十五年度朝鮮總督府 視學委員視察報告(中等學校)
國語科▶麻生磯次 …… 24
朝鮮內の六つの公立工業學校と四つの公立職業學校を見て▶西川九藏 …… 31
戰陣訓 …… 35
青年訓練所教育研究▶有田新 …… 42
教育效績者竝に社會教化功勞者選奬▶鹽原學務局長 …… 46
朝鮮教育會主催 第八回滿洲國內に於ける皇軍慰問竝教育視察梗概 …… 48
國境地帶教職員慰問 …… 52
昭和十五年十月施行小學校教員試驗(主意事項試驗問題) …… 70
彙報 朝鮮總督府圖書館月報(昭和十六年一月中) …… 82
編輯後記 …… 83

文教の朝鮮 第188號 1941. 4
國民學校令施行·青年團新體制特輯號

〈口繪寫眞〉

前朝鮮總督府 學務局長 朝鮮教育會副會長 鹽原時三郎閣下
陸軍記念日の壯觀
學生隊に答禮する南總督 中村司令官①②
學生騎馬隊③
朝鮮神宮に參拜せる女學生隊④
學生の街頭劍道⑤
女學生隊の日の丸行進⑥
學生隊の市街模擬戰⑦⑧
第二圖朝鮮青年團役員
第三圖 道團役員
第四道 府郡島團役員
第五圖 邑面及單位團役員
第六圖 種類別標識

皇國臣民ノ誓詞 …… 1
朝鮮教育の三大綱領 …… 1
鹽原局長を送る …… 2
國民學校制度實施につき訓令▶南次郎 …… 4
國民學校制度實施に際して▶學務局長 …… 5
國民學校國民科教則案について(中)▶中村榮孝 …… 7
新「國民學校令」發布サル …… 25
青年團の新體制解說▶朝鮮總督府 學務局 …… 51
彙報 朝鮮總督府圖書館月報(昭和十六年二月中) …… 78
附錄 祓禊の獎勵▶國民總力朝鮮聯盟 …… 1
參考資料 祭祀と事業(拔萃)▶平沼騏一郎 …… 14
編輯後記

文教の朝鮮 第189號 1941. 5

〈口繪寫眞〉

新學務局長朝鮮教育會副會長 眞崎長年閣下

四月二十五日靖國神社臨時大祭·南總督以下官民合同遙拜式(右、上、下)

四月一日學務局員一同誓詞之柱參拜(左、上)

御親閱奉唱歌▶東京音樂學校謹作 …… 1

皇國臣民ノ誓詞 …… 2

朝鮮教育の三大綱領 …… 2

國民學校國民科教則案について(三)▶中村榮孝 …… 3

ふたたび國語對策協議會に出席して▶森田梧郎 …… 37

孔子の「詩」觀＝子曰詩三百一言以蔽之曰思無邪の解釋＝▶山口好見 …… 55

新刊初等國史をして生命あらしむるの道▶桐山一男 …… 62

教育新體制に處する覺悟▶水越巖 …… 62

國民學校實施への第一步▶河本卯一 …… 71

朝鮮教育會錄事 …… 77

新刊紹介 …… 78

彙報 朝鮮總督府圖書館月報(昭和十六年三月中) …… 79

編輯後記 …… 80

文教の朝鮮 第190號 1941. 6

〈口繪寫眞〉

青少年學徒に賜りたる勅語奉讀式(總督府東側運動場に於て雨中嚴肅なる光景)

政務總監の奉讀(中、右)

雨中勇壯なる學生分列式(その一)(中、左)

雨中勇壯なる學生分列式(その二)(下、右)

雨中勇壯なる學生分列式(その三)(下、左)

京城青年團の結成式(五月二十二日京城運動場にて)(その一)(上)

(その二)(中、右)

(その三)(中、左)

(その四)(下)

國民學校國民科教則案について(四)▶中村榮孝 ………………………… 1

「行」▶高田邦彦 ……………………………………………………………… 42

「文教の朝鮮」におわかれの辭▶北川清之助 ………………………… 65

朝鮮教職員共濟組合令 …………………………………………………… 67

國民學校教員試驗 ………………………………………………………… 73

彙報 朝鮮總督府圖書館月報(昭和十六年四月中) ………………… 77

編輯後記 …………………………………………………………………… 78

文教の朝鮮 第191號 1941. 7

〈口繪寫眞〉

第二十回鮮展出品

鍛錬▶戸張幸男(右、上)
花▶山田きみ(右、下)
聽音▶金仁承(左、上)
新綠の東明館▶大平敬次郎(左、下)
青い戰服▶張遇聖(右、上)
高原の朝▶竪山坦(右、下)
旅▶鄭未朝(左、上)
好日▶松田黎光(左、中)
溫室模樣額(工藝)▶隱技文子(左、下)

支那事變四周年記念日に際して＝主として昭和十六年前半期の諸作戰について＝▶岩崎春茂 …… 1
最近我が國に於ける勞務動員の概況▶鹽原時三郎 …… 6
教育原理としての報德道の提唱とその教育實踐形態▶宮崎秀義 …… 11
入學兒童選拔試驗綴方選後雜感▶豊巻英吉 …… 25
北鮮科學博物館設立 …… 29
國民總力推進隊規程 …… 30
朝鮮教育會錄事 朝鮮教育會評議員會概要 …… 32
彙報 京都府教育會夏期學校紹介 …… 57
京城帝國大學法文學部夏季講習會要項 …… 61
中等學校生徒貯蓄奬勵宣傳用ポスター圖案募集要綱 …… 62
編輯後記 …… 63

文敎の朝鮮 第192號 1941. 8

〈口繪寫眞〉

在滿半島入學齡兒童敎育覺書調印さる

在東京朝鮮學生交驩競技大會

百メートルの熱戰(上)

入場式(中)

優勝花瓶を受ける京城軍代表主將(下)

新令の敎育▶喜多村肇 …… 1

國民學校制度實施上の疑問と應答▶高橋濱吉 …… 10

學務局 在滿朝鮮人の敎育問題に關し鮮滿關係官の意見交換 … 17

我が校の夏季鍛錬▶國民總力龍山公立中學校聯盟 …… 18

機械化國防と敎育▶三橋濟 …… 24

南北兩胞胎山登攀記▶竹中要 …… 32

夏海點描▶水島謙 …… 38

彙報 朝鮮總督府圖書館月報(朝鮮總督府圖書館に於ける昭和十六年六月中の狀況の通りである) …… 41

映畵敎育についての考察▶須田靜夫 …… 48

國民學校關係參考圖書一覽 …… 51

珠算指導の要訣▶榊原昇 …… 56

第七回鮮滿商業學校珠算競技大會▶京城高等商業學校 …… 60

音樂敎育の基礎問題▶大竹政平 …… 64

編輯後記 …… 68

文教の朝鮮 第193號 1941. 9·10 併合號
體錬科特輯

〈口繪寫眞〉

八月二十六日から三十一日まで朝鮮神宮で開催された禊會に南總督閣下が參加され範を示された

水浴される南總督(上)

禊の行に精進される南總督(下)

京城東大門公立國民學校養護學級、紫外線浴室(上)

京城府立第二高等女學校の懸垂 音樂體操、團隊行進(中左)

京城芳山公立國民學校の劍道(中右)

卷頭言 我が教學の眞姿▶倉島至 ……… 1

柔道教育▶依田德藏 ……… 2

劍道教育▶根本通夫 ……… 8

高等女學校に於ける體操科教授綱領▶村岡哲夫 ……… 18

國民學校體錬科武道(劍道)指導私見▶土居菊丸 ……… 23

運動會に對する考察▶今岡賢一郎 ……… 28

國民學校と養護學級▶京城東大門公立國民學校 ……… 32

國民學校生徒と榮養▶弘中進 ……… 42

國民學校柔道私見▶寺田俊郎 ……… 49

我が校に於ける教育相撲指導精神▶武內良夫 ……… 52

小奇談▶飯島滋次郎 ……… 56

我が國民性に立脚して科學教育の反省▶市村秀志 ……… 58

日本學打合會▶小出直三郎 ……… 63

兒童映畵について▶須田靜夫 ……… 64

兒童研究 讀書獻立▶碓井隆次 ……… 68

讀んでほしい本 女の先生へ▶正木賢次郎 …… 69
女の先生方へおすゝめする本▶田中稔 …… 71
男教員へおすゝめ▶宮村淑鍾 …… 72
かなしき生活を愛す▶津田節子 …… 73
昭和十五年度朝鮮初等學校教員互助會事業成績 其の他 …… 76
編輯後記 …… 81
九月號十月號併合發刊の挨拶

文教の朝鮮 第194號 1941. 11
音感教育特輯

〈口繪寫眞〉

錬武の學生軍
輝く統監旗と、南・板垣兩將軍(上)
曉の霧を破つて突擊にうつる學生軍(下)
學校總力隊結成式
學校總力隊結成式で調示を與へる南總督(上)
學校總力隊を檢閱する南總督(下)

音感▶平間文壽 …… 1
音感教育所見▶菅一市 …… 5
金忠輔の話▶石森久彌 …… 12
京城壽松公立國民學校藝能科音樂研究發表會を観る▶記者 …… 14
映畫聯盟機構改正竝に經營法改正に就いて …… 27
編輯後記

文教の朝鮮 第195號 1941. 12
朝鮮教育會總會記

〈口繪寫眞〉

總會諸行事

會員一同朝鮮神宮參拜(上、左)

會長代理 眞崎副會長の祭文奏上(上、右)

劍道の熱戰(中、左)

柔道の美技(中、右)

弓道靜中動の極致(下)

臨時歷史教科用圖書調查委員會

新任に際して會員諸君に望む▶本多武夫 …… 2

學務課長を去るの辭▶倉島至 …… 3

師の道▶高田邦彦 …… 4

第十八回朝鮮教育會總會記 …… 11

垂訓的散步▶佐藤九二男 …… 24

臨時歷史教科用圖書調查委員會 …… 26

編輯後記 …… 28

文教の朝鮮 第196號 1942. 1 新年號

〈口繪寫眞〉

南總督新年揮毫

大野政務總監新年揮毫

龍山原頭の観兵式

巻頭言 時局下教育の目標▶島田牛稚 …… 1
ただ戰ひ抜かん▶南次郎 …… 2
天下の正位に立つ▶大野綠一郎 …… 4
大東亞戰爭下に於ける學園の態勢▶眞崎長年 …… 6
當所に於ける研修の目的とその實際▶坂東藤太郎 …… 9
國民學校教師への要望▶長崎祐三/塚田滿江/新本三吾/山田新一/田花爲雄/伊達平野/野村盛之助/藤好虎秀/森田四郎/奥山仙三/德野鶴子/田淵きよ子/遠田運雄/菊池謙讓/森爲三/田村芙紀子/二科十朗/隱崎文子 …… 10
香港の思出▶工藤武城 …… 17
我が愛讀書▶廣瀨續/松月秀雄/橳島孝介/竹中要/森爲三/飯島滋次郎/八束周吉/香山光郎/長谷山利市/宮原眞太/住友國春/海老原虎雄 …… 20
年頭感▶黑田滋 …… 20
自らに誓ふ▶川口清 …… 22
大東亞戰爭下に於ける教育者の決意▶林原宏光 …… 24
東亞教育と私の覺悟▶佐藤悟 …… 26
捧げまつる▶岩本健 …… 27
編輯後記 …… 28

文教の朝鮮 第197號 1942. 2

〈口繪寫眞〉

朝鮮教育會諸行事(昭和十七年一月)
天日育英農業實習生內地派遣生七名朝鮮神宮參拜(上)
映畵教育講習會、京城日出公立國民學校に於ける開會式(中)

同講習會に於て、關根講師機械實地指導(下)
シンガポール陷落
炎熱のもとシンガポールめざして進擊の我が自動車自轉車部隊(上)
マレー戰線ジャングルを征く我が砲兵隊(中)
シンガポール市街(陸軍省檢閱濟)(下)

教育に携はる者の矜持▶高橋濱吉 ………… 1
詔書▶各國務大臣副署 ………… 2
大東亞戰爭必勝の信念と教育者の使命▶本多武夫 ………… 4
國民學校一年の步み▶町田定治 ………… 7
時局下教育者への要望▶齋藤哲人 ………… 8
國民學校一年間の步み▶岩島一二三 ………… 9
東條首相議會演說 ………… 14
我が道新學年の計畫▶島幸治/依田泰/水越實美 ………… 15
獅港陷落の意義▶南總督 ………… 29
學務局便り ………… 30
編輯後記

文教の朝鮮 第198號 1942. 3

〈口繪寫眞〉

第一次戰捷祝賀旗行列(二月十八日)
陸軍記念日學生隊の分列式(三月十日)

卷頭言 大東亞教育體制の確立 ………… 1
大東亞戰爭と日本戰時經濟▶鈴木武雄 ………… 2

東亞大戰の示唆と女子教育▶辻董重 …… 8
我が道新學年の計畫▶藥師寺淸彦 …… 11
南方共榮圈地誌 比律賓地誌 …… 13
帝國の光榮を保全する教育▶中村多門 …… 14
世界觀に立つ皇國臣民の錬成▶伊藤兵吾 …… 16
決戰體制を最高目標に▶西村義雄 …… 18
佛蘭西領印度支那に就いて …… 20
內鮮一體の實現▶金田京一 …… 20
皇道に歸一し奉る▶前田德一 …… 21
國民團結の根底を築く▶西野義雄 …… 25
シンガポール陷落の經過 …… 26
學務局便 各道學務關係者竝に中等學校長會議 …… 28

文教の朝鮮 第199號 1942. 4

〈口繪寫眞〉

眞珠灣擊滅戰に輝く特別攻擊隊九勇士
眞珠灣の波ときへた九軍神 古野繁實少佐·岩佐直治中佐 横山正治少佐·廣尾彰大尉(上、左)
横山薫範特務少尉·佐々木直 吉特務少尉(上、右)
稻垣淸兵曹長(下、左)
片山義雄兵曹長(下、中)
上田定兵曹長(下、右)
新制中等學校生徒制服

卷頭言 國民學校制度實施第二年を迎へて …… 1

大東亞戰爭と世界外交の潮流▶奥平武彦 …… 2
戰時下の教壇にたつ心▶森田梧郎 …… 7
南方共榮圈地誌 蘭領印度/タイ地誌 …… 10
大東亞の指導精神を目標に▶立野雅人 …… 11
大國民たる品格の錬成▶山守志郎 …… 12
教師は先づ垂範せよ▶清水種秋 …… 14
剛毅果敢雄飛の精神を▶松本涉 …… 16
隨筆 母の日▶鈴木重道 …… 19
蘭印遂に降伏す▶大本營陸軍報道部 …… 22
學務局便 中等學校理化擔任教員講習會▶學務課 …… 26
新しい習字手本を見る▶西館善平 …… 28
我が道新學年の計畫▶石井正雄 …… 30
中等學校生徒制服制定 …… 30
編輯後記 …… 32

文教の朝鮮 第200號 1942. 5

〈口繪寫眞〉

建設する大東亞戰
杉山參謀總長昭南島プキテマ激戰地を視察(參謀總長の向つて右は山下最高指揮官)(上)
スラバヤ郊外オノコロモ油田の火災(中、右)
パダンの大通りに日章旗ひるがへる(中、左)
海軍工作班の活躍に噴油した○○油田(下、右)
皇軍を迎へて平和に還るスマトラ·メダン街(下、左)
靖國神社臨時大祭の日朝鮮神宮の遙拜式(南總督·大野政務總監)(上)

京城日報主催 朝鮮教育會後援第四回全鮮學童代表聖地參拜團南總督に出發の御挨拶(四月二十三日)(下)

卷頭言 時局と教育者 …… 1
國民學校令と體育▶松月秀雄 …… 2
大東亞戰爭完遂の心構▶大久保弘一 …… 10
學務局便 改正中學校高等女學校數學理科教授要目講習會▶學務課 …… 16
南方共榮圈地誌 ビルマの地誌 …… 18
電車▶鮎川潤 …… 19
印度洋新作戰の意義と我が國防の完備▶平出大佐 …… 23
バタアン 皇軍に慴伏 コレヒドール斷末魔/我が本土空襲▶川岸總長 …… 26
國民學校教員試驗 …… 30
編輯後記

文教の朝鮮 第201號 1942. 6

〈口繪寫眞〉

朝鮮總督 小磯國昭大將(上)
朝鮮總督府 政務總監 朝鮮教育會會長 田中武雄閣下(下)
大學專門學校聯合野外演習(五月二十一日午後三時より翌午前五時まで)(上)
朝鮮徵兵制度實施(學生達の感激の萬歲)(中)
南總督·大野政務總監の總督府廳員とお別れの式(五月三十日)(下)

巻頭言 朝鮮教育の使命 …… 1
半島は跳躍す＝徴兵制度の實施決定の歴史性＝▶倉島至 …… 2
獨逸に於ける日本研究▶小出直三郎 …… 8
米英戰時財政の破綻▶嶋元勸 …… 14
南洋の乗物▶境勝 …… 17
科學教育講習會 …… 19
南前總督・大野前政務總監惜別 …… 21
珊瑚海々戰の意義▶大本營陸軍報道部 …… 22
徵兵制度實施の感激 皇國臣民の誓詞を尊奉して▶伊東政昊 …… 23
啓蒙運動の急務▶金本憲明 …… 26
ビルマ作戰と重慶 作戰經過の概要 …… 27
死を以て君恩に報い奉る▶崔奎東 …… 29
善政の具體的發現▶洪山範植 …… 31
國民學校「夏の學習帳」口繪當選發表 …… 33
マレー半島 …… 34
南方共榮圈地誌 …… 35
學務局便 大學專門學校聯合野外演習竝に青少年學徒に賜りたる
勅語奉戴記念式▶學務課 …… 38
教育會便り …… 40

文教の朝鮮 第202號 1942. 7
徵兵制度特輯

〈口繪寫眞〉

小磯總督初の二大會議
道知事會議(六月二十六日)(上)

總力聯盟理事會議(六月三十日)(下)
鮮滿一如の契
京城驛に出迎へた小磯總督と握手する藏式毅氏(上)
朝鮮ホテルに於ける歡迎晩餐會

卷頭言 徵兵制度の實施 …… 1
諭告▶小磯國昭 …… 2
徵兵制度實施に當り教育者に與ふ▶波田重一 …… 4
眞宮校長と特別攻擊隊▶增田道義 …… 6
徵兵制度實施を控へて座談會 …… 12
隨筆 愛國班內輪話▶松崎武之助 …… 14
學務局便 大學專門學校體育振興大會(第一回)▶學務課 …… 27
ナツノオケイコおよび夏の學習の編纂について …… 28
太平洋印度洋 同時作戰▶大本營海軍報道部 …… 36
朝鮮教育會主催 夏季各種講習會 …… 40
編輯後記

文教の朝鮮 第203號 1942. 8
朝鮮の國語問題特輯

〈口繪寫眞〉

明治天皇三十年祭
朝鮮神宮の例祭に參列する、小磯總督、板垣軍司令官、田中總監其の他(上)
板垣軍司令官國民學校長招待(下)
在內地在朝鮮學生體育鍊成會

走幅飛び(上、右)

障碍競爭(上、左)

京城運動場に整列した兩學生(下)

卷頭言 …… 1

國語普及運動の展開▶島田牛稚 …… 2

國語の指導者へ「コクゴ」及び「コクゴノホン」編纂趣意▶廣瀨續 …… 10

雜駁の魅力▶齋藤淸衛 …… 17

朝鮮における國語問題を語る …… 20

我が校の國語常用徹底施設▶見原正治 …… 22

學務局便 各道學務課長會議▶學務課 …… 37

昭和十七年度朝鮮教育會代議員會書面回議 …… 39

編輯後記

文教の朝鮮 第204號 1942. 9
國體の本義特輯

〈口繪寫眞〉

日米在留民交換

日米居留民の交換により野村·來栖兩大使は久方振りにて歸國した(上)

交換船龍田丸(下)

朝鮮教育會主催 夏季講習會修了

模型滑空機製作講習會(科學館に於て)(上)

模型航空機製作講習會(京城師範に於て)(下)

巻頭言 國體本義の透徹 …………………………………………………………… 1
國體の本義透徹に關する施策▶高橋濱吉 …………………………………… 2
惟神の大道▶鈴木重道 ……………………………………………………………… 6
國體の本義徹底施設▶平壤師範學校附屬國民學校 ……………… 12
踊るマニラ(十年前の思ひ出)▶田中さだし …………………………… 23
滿洲事變より大東亞戰爭へ▶倉茂周藏 ………………………………… 26
學務局便 師範學校改正教授要目講習會受講▶學務課 …………… 34
昭和十七年度朝鮮教育會代議員會書面回議 ………………………… 36
編輯後記

文敎の朝鮮 第205號 1942. 10

〈口繪寫眞〉

小磯總督教學硏修所御視察(九月十日)(上)
滿洲國教育視察團出發の際朝鮮神宮大前にて記念撮影(中)
內地大學職員朝鮮視察團入城・九月三十日京城驛にて(下)
大東亞戰爭聖戰美術傑作展より九月六日より二十日まで朝鮮總督府 美術館にて
朝の英靈▶松岡寬一
哈爾哈河畔之戰鬪(中下)▶藤田嗣治

巻頭言 ………………………………………………………………………… 1
教育勅語と國民教育▶松月秀雄 ……………………………………… 2
師弟一德の教育▶市村秀志 …………………………………………… 9
家庭教育の精神の確立▶吉田正男 ………………………………… 15
謹告 ………………………………………………………………………… 21

愛の教育を薦む▶佐伯銀太郎 …… 21
桂園先生をとふ▶森田梧郎 …… 22
隨筆 國語を知らない女達▶皆川進一 …… 25
京城大和塾訪問記 …… 28
昭和十七年度朝鮮教育會代議員會書面回議(三) …… 33
學務局便 道教育狀況視察 編輯課 教科書用紙確保さる▶學務課 …… 38
編輯後記 …… 40

文教の朝鮮 第206號 1942. 11

〈口繪寫眞〉

十一月三日明治節の祭式が朝鮮神宮で擧行せられ、御參列の小磯總督·板垣朝鮮軍司令官·田中政務總監(左、上)
朝鮮總督學務局長に着任のため京城驛におり立たれた大野謙一閣下(十月二十六日)(上、右)
朝鮮文化功勞者表彰式(十一月三日·總督府に於て)(下)
靖國の宮にましますす神々もみそなはしませ菊にほやかに

卷頭言 我が國の家庭教育 …… 1
母性愛の本質▶島田牛稚 …… 2
道義朝鮮の建設と家庭教育▶田花爲雄 …… 9
隨筆 南山をめぐりて▶飯島滋次郎 …… 15
戰時下の家庭教育を語る(座談會) …… 18
フユノオケイコ及び冬の學習の編纂について …… 32
學務局便 京城府内中等學校視察 編修課 編修課竝に課員の名義

改正▶學務課 …… 40

文教の朝鮮 第207號 1942. 12

〈口繪寫眞〉

聖戰一周年を迎へて
ビルマ方面のジヤングル地帶を難行する陸軍部隊(上)
南太平洋の激浪を蹴つて出擊する我が艦艇の勇姿(下)
青年特別鍊成所開所式(十二月一日健兵めざして全鮮一齊に開所された)(上)
兵制七十周年記念軍學生合同演習　十二月二十八日京城府に於て實戰さながらの市街戰(中)
光化門通りに於て擧行された分列式(下)

卷頭言 …… 1
大東亞戰爭一周年に當り教育者に望む▶松本一郎 …… 2
アメリカの生産力と我が必勝の構へ▶堂本敏雄 …… 5
戰爭遂行と物資▶山名酒喜男 …… 12
隨筆 南方をめぐりて▶鎌田澤一郎 …… 18
學務局便 學務局の移轉 …… 22
武士道精神と皇國女性▶武田誓藏 …… 24
婦人啓發運動の精神に就いて▶永田種秀 …… 30
朝鮮青年特別鍊成令 訓育要旨及要目 …… 35
戰時下恩給金庫の使命▶三島小六 …… 37
編輯後記 …… 40

文教の朝鮮 第208號 1943. 1

〈口繪寫眞〉

小磯總督新年揮毫(上)

農家の新春(下)▶森川新一

朝鮮教育會總會諸行事

朝鮮神宮に參拜する會員一同(上)

勅語奉讀する田中會長(中)

優勝旗授與(下右)

弓道の女子選手(下左)

卷頭言 ……… 1

戰時下の新年に際し教育者に望む▶田中武雄 ……… 2

大東亞共榮圈の經濟問題▶鈴木武雄 ……… 4

學務局便 朝鮮總督府 教育審議委員會 第一回開催▶學務課 ‥ 13

海軍の教育▶江頭六郎 ……… 14

大東亞戰爭一周年を迎へて 全鮮國民學校兒童に告ぐ▶大野謙一 ……… 20

茶の水▶市村秀志 ……… 22

教育と世界觀について▶近藤英男 ……… 24

東亞教育大會の印象▶小出直三郎 ……… 25

餅▶田尻柳市 ……… 27

四角な鏡餅▶當山民藏 ……… 28

無限小の私と無限大の私▶坂東藤太郎 ……… 29

肇國の春▶廣瀨續 ……… 30

百人一首▶森田梧郎 ……… 31

新年にあたり朝鮮教育に望む 人材の統制▶橫瀨守雄 ……… 32

新春隨想▶吉田正男 …… 33
日本的人材の養成▶野田新吾 …… 34
人をつくること▶村上隆造 …… 35
精神教育の重要性▶朴澤相駿 …… 36
株式會社朝鮮機械製作所訪問記▶編輯部 …… 37
教科書の再使用に就て▶學務局編修課 …… 41
第十九回朝鮮教育會總會記 …… 45
第四回全鮮教育者武道大會 …… 57
謹奉賀戰勝新年▶職員一同 …… 60
編輯後記 …… 60

文教の朝鮮 第209號 1943. 2
1943. 3 休刊

小磯總督朝鮮統理方針 …… 2
修養錬成の徹底的實踐要綱 …… 8
時局卽應學校態勢の整備强化に就て國民學校教師に告ぐ▶本多武夫 …… 11
時局卽應の學校態勢整備强化要項▶學務局學務課 …… 17
生産擴充特に食糧の增産確保に關し學校生徒兒童の協力方▶學務局學務課 …… 19
義務教育制度實施計畫▶總督府學務局 …… 20
義務教育制施行と教育者の責務▶市村秀志 …… 21
徵兵制の實施と朝鮮青年の特別錬成▶朝鮮總督府 學務局錬成課 …… 27
萬歲を三唱して逝つた半島少女を繞る美談 …… 33

農業報國青年隊內地派遣の狀況 …… 34
教育會便 國境地域教職員慰問 …… 36
昭和十六年度朝鮮教職員共濟組合事業成績及收支計算▶大野謙一 …… 39

文教の朝鮮 第210號 1943. 4

〈口繪寫眞〉

戰時食糧增産に挺身する學生勤勞部隊(一)
早朝の行事作業開始以前に全員集合して作業の意義を若き胸におり込み敬虔なる行事をなす(上)
潑剌として作業に從事する勤勞部隊(中、下)
戰時食糧增産に挺身する學生勤勞部隊(二)
樂しき作業に終日疲れも知えあず、彼等の面には微笑がたゞよう(上)
庖丁のさばきも鮮かに炊事係は忙しい(中)
思ひ切り働いた後の食事は例へるものもない程のおいしさである(下)

明治天皇御製 …… 1
諭告▶小磯國昭 …… 2
朝鮮教育令の改正とその實施に就いて▶大野謙一 …… 4
義務教育制度實施準備に就いて▶大野謙一 …… 8
朝鮮教育令改正案要綱 …… 11
師範教育制度改善實施に關する通牒▶學務局長 …… 12
改正中等學校制度の指導精神▶中島信一 …… 14

朝鮮總督府官報 勅令 …… 23
大學專門學校學生生徒戰時食糧增産出動計畫 …… 64
大東亞戰爭前執筆に係る教科書教材の取扱に就いて▶編修課 · 67
國民學校第一學年用修身教科書の神宮神社よりの配布▶編修課 …… 69
神に親しむ教育▶田尻柳市 …… 71
教育會便 帝國教育會の新發足 …… 76

文教の朝鮮 第211號 1943. 5·6 併合號

皇國臣民ノ誓詞(其ノ一)
皇國臣民ノ誓詞(其ノ二)
明治天皇御製 …… 1
卷頭言 學徒修錬體制の確立 …… 2
食糧增産と教育▶近藤英男 …… 4
海軍特別志願兵制の新設に際して▶石本清四郎 …… 10
戰時學徒體育訓練實施要綱 …… 14
朝鮮に於ける決戰下一般國民體育實施要綱 …… 18
朝鮮體育振興會體育大會開催實施要綱 …… 20
決戰下一般國民體育實施要綱に於ける重點種目以外の體育種目に關する留意事項 …… 22
京城帝國大學豫科修練要綱案 …… 23
師範學校修練指導要目案 …… 31
中學校修練指導要目案 …… 38
高等女學校修練指導要目案 …… 40
實業學校修練指導要目案 …… 43

決戰下一般國民體育實施要綱に基く實際的指導の基本に就いて
▶山本壽喜太 …… 46
中等學校教授要目改正に伴ふ國民科歷史及び地理の指導に關して▶編修課 …… 54
來年度改正に先だち「初等地理卷一」の應急的取扱▶瓜生二成 …… 58
大學專門學校生生徒戰時食糧增産出動狀況(其の一)▶本部隊 …… 64
第十二回京城附近大學專門學校等聯合演習實施要綱 …… 68
京城教育報國挺身隊結成式の狀況▶京城教育報國挺身隊情報部 …… 71
朝鮮農業報國靑年隊員の感想 …… 74
水原勤勞作業體驗記 土の偉大さを知る▶相馬廣明 …… 77
苦しさを通して喜悅を體得▶山下直之 …… 79

文教の朝鮮 第212號 1943. 7

明治天皇御製 …… 1
昭和十八年七月十二日 全鮮中等學校長會同に於ける總督訓示 · 2
中等學校令改正に伴ふ各教科目解說 …… 10
朝鮮教育會便り …… 40

文教の朝鮮 第213號 1943. 8

皇國臣民ノ誓詞(其ノ一)

皇國臣民ノ誓詞(其ノ二)
明治天皇御製 …… 1
昭和十八年七月 大學專門學校長事務打合會に於ける總督訓示 …… 2
全鮮中等學校長會同指示事項▶朝鮮總督府 …… 8
總督訓示に對する決意 全學園の決戰行動の確立▶市村秀志 …… 12
總督閣下の御教諭に對する決意▶江頭六郎 …… 14
文教維新と教育者の自己錬成▶武田誓藏 …… 15
教育訓として▶野村稔 …… 16
各道學務課長·視學官竝師範學校長事務打合會に於ける指示、希望、參考事項▶朝鮮總督府 …… 18
大學專門學校長事務打合會指示事項▶朝鮮總督府 …… 22
國民學校教員の優遇に就いて▶大野學務局長 …… 25
昭和十八年度體力章檢定實施について▶山本壽喜太 …… 29
教育會便り 教員優遇に教育者の感激▶京畿道教育會代表感謝表明 …… 37
朝鮮教育會會員戰歿者弔慰

文教の朝鮮 第214號 1943. 9

皇國臣民ノ誓詞(其ノ一)
皇國臣民ノ誓詞(其ノ二)
明治天皇御製 …… 1
朝禮訓話▶學務局長 …… 2
學徒戰時動員體制確立要綱ニ關スル件通牒(昭和十八年七月二十二日政務總監各道知事各直轄學校長宛) …… 4

學徒戰時動員體制確立要綱(昭和十八年七月二十二日政務總監)· 4
我が校の戰時動員體制▶京畿公立中學校 ……………………………… 7
學徒戰時動員體制の實際▶京城舞鶴公立高等女學校 ……………… 12
本校に於ける學徒動員體制の實際▶善隣商業學校 ………………… 16
昭和十八年度朝鮮教育會代議員會 ……………………………………… 18
教育會便り 謹而教育殉職者に敬弔の意を表す ……………………… 40

文教の朝鮮 第215號 1943. 10

皇國臣民ノ誓詞(其ノ一)
皇國臣民ノ誓詞(其ノ二)
明治天皇御製 ……………………………………………………………… 1
學徒航空蹶起大會式辭▶大野謙一 ………………………………………… 2
決戰と科學▶兒玉東一 ……………………………………………………… 4
草莽の微衷を致せ＝青年學徒に對する訓話＝▶學務局長 ……… 7
決戰に備へる學徒の決意▶平野誠太郎 ………………………………… 9
戰ふ敵米國の學校について▶諸留寛 ………………………………… 11
鍊成の體驗 男子公立中等學校長鍊成要項 ………………………… 14
指導者鍊成所入所感想▶久保次助/石井正雄/西村一平 …………… 16
新制中學校制度に基づく本校教育の一斑▶龍山公立中學校 …… 20
決戰下の女教師
　決戰下に於ける女教師の覺悟▶立石きよか ……………………… 26
　決戰下女教師の信念▶外里繁代子 ……………………………… 28
彙報 地方教育實習概況▶京城師範學校 …………………………… 32
學徒航空蹶起大會記 ……………………………………………………… 38
朝鮮教育會便り 國民學校兒童用學習筆記帳配合に關する件 ‥ 41

文教の朝鮮 第216號 1943. 11

皇國臣民ノ誓詞(其ノ一)

皇國臣民ノ誓詞(其ノ二)

明治天皇御製 ………………………………………………………………… 1

大學專門學校長事務打合會に於ける訓示要旨▶小磯國昭 ……… 2

學徒臨戰決意大會激勵之辭▶小磯國昭 ……………………………… 6

學徒臨戰決意大會激勵之辭▶板垣征四郎 …………………………… 10

學徒臨戰決意大會答辭▶學校代表/專門學校代表 ………………… 12

教育に關する戰時非常措置方針▶田中武雄 ………………………… 13

教育に關する戰時非常措置方策 ……………………………………… 15

教育に關する戰時非常措置方策指導要綱▶學務局 ………………… 19

在學徵集延期臨時特例ニ關スル勅令 ………………………………… 21

陸軍特別志願兵臨時採用規則 ………………………………………… 22

學校防空指針ノ要旨▶朝鮮總督府 防護課 ………………………… 24

國民學校六年生の卒業指導方針に就て▶坂東藤太郎 ……………… 26

進學指導に關する申合 進學指導に關する申合 …………………… 31

進學指導に就て學父兄各位に告ぐ …………………………………… 31

進學指導に關する申合趣旨 …………………………………………… 32

決戰下に於ける我校職業科錬成の實際▶京畿道坡州公立國民學校 ………………………………………………………………………… 33

昭和十八年度厚生省女子體力章檢定に就いて▶山本壽喜太 … 37

文教の朝鮮 第217號 1943. 12

皇國臣民ノ誓詞(其ノ一)

皇國臣民ノ誓詞(其ノ二)

學徒勤勞動員ニ對スル需要者側指導要領 …… 1

國民勤勞報國協力令實施要綱 …… 7

武道章検定實施要綱▶山本壽喜太 …… 16

教育會便り 其の一 …… 26

漢法醫學の理論と實際▶杉原德行 …… 27

生産報國園經營の實際▶大邱壽昌公立國民學校 …… 37

本校に於ける錬成の一方途▶京城昌慶公立國民學校 …… 43

聖恩感謝師道昂揚教育總會概況▶忠淸南道教育會 …… 49

兒玉東一君遺兒教育資金募集趣意書 …… 54

文教の朝鮮 第218號 1944. 1

皇國臣民ノ誓詞(其ノ一)

皇國臣民ノ誓詞(其ノ二)

明治天皇御製 …… 1

今上陛下を仰ぎ奉りて▶木下道雄 …… 2

決戰下の新年に際し全鮮の教育戰士に呼びかける▶大野謙一 …… 23

明治天皇の大御歌▶森田梧郎 …… 27

科學戰の實相▶松尾春重 …… 31

滿洲國教育視察斷想▶坂東藤太郎 …… 41

文教の朝鮮 第219號 1944. 2

皇國臣民ノ誓詞(其ノ一)
皇國臣民ノ誓詞(其ノ二)
明治天皇御製 …… 1
學徒志願兵の母姉に與ふる書狀▶小磯國昭 …… 2
特別志願學徒の錬成について▶大堀知武造 …… 6
朝鮮戰時公吏服務紀律▶小磯國昭 …… 9
決戰現段階と文教人▶長屋尙作 …… 10
朝鮮教學論(一)▶尾高朝雄 …… 14
國民科修身教科書の體系とその重點▶吉田正男 …… 18
字音假名遣の問題▶森田梧郎 …… 29
地質學的に見たる朝鮮の地下資源▶木野崎吉郎 …… 34
新要目に基く古典指導の要諦▶江原道中等教育研究會 …… 39
み民のまこと＝萬葉集從駕肆宴の歌に現れたる＝▶中田忠治 · 42
朝鮮教育會便り …… 49
編輯後記

文教の朝鮮 第220號 1944. 3

皇國臣民ノ誓詞(其ノ一)
皇國臣民ノ誓詞(其ノ二)
明治天皇御製 …… 1
告辭▶小磯國昭 …… 2
國境地域教職員慰問之辭▶田中武雄 …… 5
半島に於ける理工科教育並に師範教育の劃期的擴充に就て▶

大野謙一 …… 6
戰時教育非常措置に依る專門學校及中等學校の轉換整備に就て ▶大野謙一 …… 9
朝鮮に於ける戰時教育非常措置の概要▶大野謙一 …… 14
朝鮮總督府 職員禮法 …… 17
慌てず焦らず必勝へ▶厚地兼彦 …… 24
廣島陸軍幼年學校の教育▶吉岡三郎 …… 27
決戰經濟の理論▶鈴木武雄 …… 35
米英擊滅戰意昂揚京畿道教育者決意宣揚大會記 …… 46
京城府教育報國挺身隊勤労仕奉隊作業感想 …… 51
朝鮮教育會便り 文教の朝鮮 各道紹介欄 …… 56

文教の朝鮮 第221號 1944. 4

皇國臣民ノ誓詞
「文教の 朝鮮」の頒布について
明治天皇御製 …… 1
神籬を捧持して▶小磯國昭 …… 2
神武天皇の宏謨▶松本重彦 …… 18
決戰非常措置要綱▶朝鮮總督府 …… 43
總督府竝に所屬官署職員執務容儀 …… 45
「教育ニ關スル臨時非常措置方策」ニ基ク「中等學校教育内容ニ關スル臨時措置要綱」ノ概要▶朝鮮總督府 學務課 …… 47
國民學校教員及養護訓導試驗規則 …… 56
昭和十七年度朝鮮教職員共濟組合事業成績及收支計算▶學務局長 …… 59

文教の朝鮮各道紹介欄▶咸鏡北道 …… 62
恩師を憶ふ▶大巖啓一 …… 63

文教の朝鮮 第222號 1944. 5

故兒玉東一君遺兒教育資金に就て
明治天皇御製 …… 1
學徒動員體制整備に關する訓令▶朝鮮總督府 …… 2
朝鮮總督府 學徒動員本部規程 …… 4
學徒動員體制整備ニ關スル件通牒 各道知事殿(昭和十九年四月二十八日) …… 5
學徒動員體制整備ニ關スル件通牒 京城帝國大學總長、各官公私立專門學校長、各師範學校長殿(昭和十九年四月二十八日) …… 6
學徒動員非常措置要綱ニ關スル件通牒 各道知事、各直轄學校長殿(昭和十九年三月十八日) …… 10
大東亞戰爭の現段階に處して▶齋藤彌平太 …… 14
非常時局下の教育界に寄す＝海軍兵學校にて＝▶伊東隆夫 …… 25
教科書編纂事業の變遷▶大槻芳廣 …… 29
初等地圖に就いて▶瓜生二成 …… 36
學童の晝食に就ての研究▶廣川幸三郎 …… 40
京城帝國大學附屬理科教員養成所開設さる …… 52
國民學校教員試驗及養護訓導試驗 …… 55
編輯後記

文教の朝鮮 第223號 1944. 6

皇國臣民ノ誓詞(其ノ一)
皇國臣民ノ誓詞(其ノ二)
明治天皇御製 …… 1
青少年學徒ニ賜ハリタル 勅語奉戴記念式 告辭▶小磯國昭 …… 2
激勵之辭▶板垣征四郎 …… 4
宣誓▶飛永大和 …… 5
學徒動員非常措置ニ伴フ中等學校教育內容ニ關スル措置要綱ノ件 通牒 …… 6
朝鮮教學論(二)▶尾高朝雄 …… 11
學徒戰時動員體制下に於ける學校衛生上の注意▶田中玄英 …… 21
決戰下の教科經營を觀る▶吉田正男 …… 26
「醇正ナル國語」教育の道＝新師範學校教授要目をみて＝▶森田梧郎 …… 36
滿蒙開拓青年義勇隊に就て▶白原丞 …… 45
朝鮮總督府部內職員共濟組合宿泊所概況 …… 51
池田訓導教壇殉職 …… 53
教育會彙報 昭和十八年度朝鮮教育會會務報告 …… 54
編輯後記

文教の朝鮮 第224號 1944. 7

皇國臣民ノ誓詞(其ノ一)
皇國臣民ノ誓詞(其ノ二)
明治天皇御製 …… 1

昭和十九年七月四日 於中樞院會議 學務局主管事務の概況に就て
▶大野學務局長 …… 2
學徒勤労運動の要義▶近藤英男 …… 11
學徒勤労動員に關する通牒 工場事業場等學徒勤労動員學校側並
ニ受入側措置要綱ニ關スル件 …… 50
教育情報 仁川高女校舍天井墜落 …… 62
教育會彙報 朝鮮教育會役員名簿(昭和十九年六月任期二箇年)· 63
本會幹事 木下好治氏の逝去 …… 64
本會評議員 野中齊之助氏の逝去 …… 64
編輯後記

文教の朝鮮 第225號 1944. 8

皇國臣民ノ誓詞(其ノ一)
皇國臣民ノ誓詞(其ノ二)
明治天皇御製 …… 1
學徒勤労動員の三つの機能▶田花爲雄 …… 2
學徒勤労動員に就て▶辛島驍 …… 14
稀元素に就て▶木野崎吉郎 …… 16
學徒動員非常措置ニ伴フ中等學校教育內容ニ關スル措置要綱ノ
件(昭和十九年六月十六日學務局長各道知事宛) …… 27
教育情報 湖上勉學 …… 34
昭和十九年度飼料及堆肥增産運動實施要領▶農商局長 …… 36
屯田兵及家族教令▶龍谷起 …… 39
教育會彙報 昭和十八年度朝鮮教育會會務報告 …… 42
編輯後記

文教の朝鮮 第226號 1944. 9

皇國臣民ノ誓詞(其ノ一)
皇國臣民ノ誓詞(其ノ二)
勅語 ……… 1
御言葉 ……… 2
明治天皇御製 ……… 3
諭告▶阿部信行 ……… 4
朝鮮教育會長送迎の辭 ……… 6
朝鮮教育副會長送迎の辭 ……… 8
學徒勤勞動員に伴ふ教練實施の要領に就て▶堤赳 ……… 10
元寇掃蕩の教訓▶松本重彦 ……… 13
學校視察を了へて▶鎌塚扶 ……… 33
學徒勤勞令の實施に就て▶學務局當局 ……… 39
學徒勤勞令(昭和十九、八、二三勅令第五一八號) ……… 39
學徒軍事教育ニ關スル通牒 ……… 47
教育情報 教育家諸君に愬ふ▶永井柳太郎 ……… 59
教育會彙報 謹而會員戰歿者に對し敬弔の意を表す ……… 64
編輯後記 ……… 64

文教の朝鮮 第227號 1944. 10・11 併合號

皇國臣民ノ誓詞(其ノ一)
皇國臣民ノ誓詞(其ノ二)
明治天皇御製 ……… 1

「教育ニ關スル　勅語」御下付記念日に當り聖旨を拝して朝鮮教育を念ふ▶高橋濱吉 …… 2
時局隨想 文武のこゝろ▶川崎大佐 …… 7
半島勞務者の素質と勤勞觀▶天野利武 …… 11
東亜に於ける醫學的動物に就て▶小林清治郎 …… 18
最近の航空機に關する諸問題▶藤田新 …… 26
電氣製鋼及び特殊鋼▶小口覺 …… 36
高良女史一行を圍む座談會 …… 46
第一次世界大戰後に於ける獨逸の思出▶持地ゑい子 …… 65
教育情報　天日育英資金內地派遣農業實習生の感想竝に將來の計畫▶新本蓉基 …… 69
教育會彙報　本會々員中澤陸軍少尉等の武勳畏くも　上聞に達せらる …… 73
編輯後記 …… 80

文教の朝鮮 第228號 1944. 12

皇國臣民ノ誓詞(其ノ一)
皇國臣民ノ誓詞(其ノ二)
明治天皇御製 …… 1
入學者選拔法の改正に就て▶武永憲樹 …… 2
戰力としての人口▶四方博 …… 4
新任の辭▶梶川裕 …… 24
新任の辭▶山村仁策 …… 24
學務課長を去るの辭▶本多武夫 …… 25

京城帝國大學豫科及官公私立專門學校入學者選拔ニ關スル件通牒 …… 26
中等學校入學者選拔ニ關スル件通牒 …… 33
「文教の朝鮮」の頒布に就て

文教の朝鮮 第229號 1945. 1 最終號

皇國臣民ノ誓詞(其ノ一)
皇國臣民ノ誓詞(其ノ二)
明治天皇御製 …… 1
「戰力增强講座の誌上掲載に就て」 …… 2
戰力增强の理論と課題▶鈴木武雄 …… 3
血液型▶佐藤武雄 …… 23
決戰時言 …… 36
教育情報 決戰教育の實績表彰▶朝鮮教育會 …… 37
昭和十八年度朝鮮教職員共濟組合事業成績▶朝鮮總督府 學務局長 …… 39
教育會彙報 謹而會員戰歿者に對し敬弔の意を表す …… 40
決戰時言 大詔を奉して完勝へ

第3部

人名索引編

ㄱ

佳陶生 ……61
加藤儉吉 ……172, 221, 236
加藤桂坡 ……25, 27
加藤灌覺 ……38, 43, 88, 113
加藤廉平 ……148, 149, 150
加藤武雄 ……65
加藤三太 ……104, 106
加藤星舟 ……43, 48, 50
加藤松林 ……33, 129
加藤廉平 ……128
加來清子 ……222
榎本生 ……27, 36
家事室より ……111
各國務大臣副署 ……258, 274
各道調査報告 ……109
葛城末治 ……81
甲斐周吉 ……37
岡强 ……230
岡久 ……63
江口敬四郎 ……254
江口早苗 ……58, 169
姜德奇 ……254
江頭六郎 ……93, 237, 284, 289
康明鍾 ……161, 166
江本喜一 ……118
岡部譲 ……166
江上正士 ……176, 186, 188
姜錫柱 ……240
江外山人 ……107
江原道 ……173
江原道·原州公立普通學校 ……148
江原道中等教育研究會 ……293
江原瑠璃 ……62
江原繁 ……262
江原生 ……40
岡田貢 ……29, 40, 46
岡田誠一 ……163
康重植 ……78, 85
姜昌奎 ……142
岡村菊堂 ……37, 63, 66, 77
岡村泰三 ……229
康興淳 ……110
皆川進一 ……282
犬飼俊三 ……171, 173, 175
堅山垣 ……189
堅山坦 ……202, 220
見原正治 ……32, 280
結城素明 ……38
鎌田縫子 ……189
鎌田澤一郎 ……186, 283
鎌田和夫 ……257
鎌塚 ……48

鎌塚生 ……………………………48
鎌塚 ……………………………107
鎌塚扶 ……………………100, 101,
102, 109, 110, 113, 115, 121,
126, 133, 138, 148, 158, 159,
168, 169, 186, 225, 234, 242,
248, 251, 260, 262, 298
京畿公立中學校 ………………290
京畿道·素砂公立普通學校 ··148
京畿道教育會 …………………102
京畿道教育會代表感謝表明 ·289
京畿道漣川中央公立尋常小學校
………………………………242
京畿道坡州公立國民學校 …291
慶南·釜山第二公立尋常小學校
……………………150, 151, 152
慶北·慶北公立高等女學校 ··257
慶北·大邱·慶北公立高等女學校
………………………………247
京城高等商業學校 ……………269
京城公立農業學校 ……………145
京城公立小學校聯合教育研究部
………………………………113
京城公立小學校聯合研究會體
育部調査 ………………………121
京城教育報國挺身隊情報部 ·288
京城大學教育學研究室 ·104, 105
京城東大門公立國民學校 …270
京城舞鶴公立高等女學校 …290
京城府公立小學校聯合研究會
體育部調査 ……………………
…………119, 120, 122, 123, 126
京城府教育會會務竝に事業 ·185
京城附近防空演習統監部 …143
京城府內初等學校女教員會 ·173
京城師範學校 …………………290
京城師範學校音樂教育研究會
………………………………186
京城櫻井公立尋常小學校 …134
京城帝國大學教育學研究室 …
113, 116, 119, 120, 121, 123,
125, 129, 130, 131, 132, 134
京城昌慶公立國民學校 ……292
境勝 ……………………………278
景源 ……………………………202
桂坡散士 …………………………40
高見清太郎 ……………61, 65,
67, 70, 88, 91, 93, 106, 107
高橋武 …………………………236
高橋濱吉 ……………………42, 53,
70, 71, 73, 86, 93, 94, 111, 149,
207, 233, 269, 274, 281, 299
高橋世外 …………………………96
高橋源太郎 ………………………95

高橋清一 ……36
高橋漢太郎 ……127
高僑亨 ……35
高橋喜七郎 ……30
高崎能樹 ……224
高島平三郎 ……87
高麗生 ……38
高力得雄 ……237
高柳遠義 ……85
高木善人 ……108, 179, 211, 237
高木市之助 ……54, 255
高木五六 ……78, 80
高木忠太郎 ……51
高尾甚造 ……216
高本干鷹 ……176
高本稿 ……176
高本高一 ……249
高本新一 ……238
高本千鷹 ……176, 177, 187, 188
古城梅溪 ……28, 30, 32
高聲天 ……197, 200, 211, 213
高松又輔 ……245
高野六郎 ……37, 51
高野好衛 ……211
古庄逸夫 ……178
高田犁牛 ……23
高田邦彦 ……48, 49, 51, 53, 54, 55, 58, 61, 63, 65, 101, 104, 169, 225, 226, 230, 267, 272
高田生 ……39
古田才 ……221
高田哲太郎 ……160
古澤常次 ……143
高塚豐次 ……170
古賀啓子 ……254
古賀恭子 ……64
古賀代木 ……247
古賀始 ……237
高亨鎭 ……131, 161
工藤武城 ·38, 82, 83, 107, 196, 273
工藤重雄 ……237
瓜生二成 ……288, 295
關寛之 ……187, 188, 190
關本辰次郎 ……58, 66
關本幸太郎 ……98, 106
關屋龍吉 ……200
關屋實善 ……118
關屋貞三郎 ……54
菅原兵治 ……165
菅一市 ……271
菅咲太郎 ……42, 45, 48, 49, 54, 55, 59, 62, 63, 66, 67, 70, 71, 81, 83, 86, 87, 97
廣瀨常一 ……167

廣瀨續 ·····················273, 280, 284
廣濱嘉雄 ·································221
光永紫潮 ···············66, 72, 82, 83
廣田豐 ······································44
廣川幸三郎 ·····························295
光行岡藏 ·······················117, 159
廣瀨續 ····································252
廣瀨哲盛 ·································104
掛札功 ····································100
轟木兼雄 ·······················212, 244
橋本健二郎 ·······························55
橋本宏 ····································237
橋本雅輝 ·····················103, 104,
109, 110, 112, 114, 116, 119,
126, 132, 133, 134, 136, 138,
146, 187, 195
橋田助太郎 ·····························172
具谷砂丘 ····································48
久光茂 ··················161, 175, 240
久米基 ····································120
久米キヨ子 ·····························143
久保庭藤三樹 ·························168
久保次助 ·································290
久野大二 ·································208
溝井金作 ·································209
丘草之助 ·47, 48, 50, 85, 93, 100
搆枕城 ·······························37, 58
國民精神文化研究所 ··········232
國民精神總動員朝鮮聯盟 ·········
·····························228, 259
國民精神總動員朝鮮聯盟事務局
·····································251
國民總力龍山公立中學校聯盟
·····································269
國民總力朝鮮聯盟 ··············265
國富信一 ·································190
國史教育研究會 ··················170
國井甲辰 ···································33
菊池謙讓 ·································273
菊地良樹 ·······························88, 93
堀江千鶴子 ·····························254
宮崎秀義 ·································268
宮木與作 ·································144
宮本美代子 ·····························254
宮本元 ····································244
宮本義時 ·································146
宮原眞太 ·································273
宮田保 ······································51
宮田實 ····································148
宮地直一 ···································95
宮村淑鍾 ·································271
宮下孝雄 ·································176
權永坤 ·························153, 155,
158, 161, 164, 165, 167

權在昌 ……254
權稷周 ……130
橘喬二郎 ……173
近藤時司 ……28, 36, 46, 57, 63, 77, 88, 94, 135, 136, 141, 255
近藤英男 ……284, 287, 297
近藤英三 ……112
根本通夫 ……270
根岸虎之助 ……236
近衛文麿 ……206, 213, 222, 246
近衛總理大臣放送要旨 ……228
近田彰 ……138
根津莊一 ……220
今岡賢一郎 ……75, 270
金庚麟 ……153
金景承 ……254
金敬信 ……254
金景源 ……189
金基烈 ……168
金基昶 ……172, 202, 220, 236
金奇煥 ……83
金吉煥 ……254
金達奉 ……184, 185, 186, 187, 188, 190, 191, 192, 194, 195, 197, 203
金德兆 ……157
金龍祚 ……236
金命求 ……220
金文萬 ……229
金鳳泰 ……237
金分南 ……192
金森群一 ……221
金三斗 ……75
今西龍 ……81, 88, 89, 103, 105, 106, 107, 109, 112, 123, 125, 126, 127, 128, 128
金聲律 ……123, 128, 144, 152
金素雲 ……157
金順伊 ……143
金承均 ……166
金淵軾 ……147
金永基 ……220
金榮星 ……144
金永姐 ……254
金泳薰 ……128
金溶淳 ……39, 66, 86
金龍祚 ……172
金潤祚 ……188
金殷相 ……64
金殷鎬 ……69, 220
金仁承 ……202, 268
金子定一 ……142, 153, 156
金在璇 ……237
金在成 ……132

金在華 ……………………………116
今井壽雄 …………………………40
金貞淑 ……………………………224
今井田政務總監 …149, 179, 185
今井田清德 ………………………120
金堤住土 …………………………38
金鍾湜 ……………………………165
金鍾熙 ……………………185, 186,
187, 188, 190, 191, 192, 195
金種熙 ……………………………210
金周經 ……………………………87
金知極 ………151, 153, 155, 158
錦織信 ……………………………172
錦織重實 …………………………118
金茶村 ……………………………103
金昌鈞 ………………219, 221, 247
金昌煥 ……184, 185, 186, 187,
188, 190, 191, 192, 194, 195
琴川生 ……………………………252
今泉雄作 …………………………54
今村政次郎 ………………………90
今村忠夫 ………………118, 238
金忠煥 ……………………………97
金太善 ……………………………254
金泰楫 ……………………………161
金澤庄三郎 ………………………91
金漢奎 ……………………………81
金漢永 ……………………………236
金海水 ……………………………68
金現彬 ……………………………202
金瀅穆 ……………………………62
金洪三 ……………………………101
金弘雲 ……………………………88
金孝植 ………………………153, 178
亘理章三郎 ……………108, 260
記者 ………………………………271
吉岡三郎 …………………………294
吉尾勳 ……………………………69
吉富和雄 …………………………254
吉原雄四郎 ……………98, 100
吉原正行 …………………………175
吉田繼衛 …………………………176
吉田熊次 …………………………259
吉田雄次郎 …137, 146, 151, 152
吉田熊治 …………………………57
吉田才 ……………………………219
吉田正男 ·247, 281, 285, 293, 296
吉田靜致 …………………………31
吉田態次 …………………………74
吉田幸枝 …………………………254
吉田賢龍 …………………………119
吉田熙 ……………………………159
吉川義弘 …………………………80
吉村春子 …………………………114

吉村ふたば ……………………48, 53
吉澤實 ………………………………153
金本憲明 ……………………………278
金田京一 ……………………………275
金鍾泰 ………………………………103
金泉公立高等女學校 ………195
金丸繁一 ……………………………247

ㄴ

那珂次郎 ……………………………25
南雲親一郎 …………………………81
南伊三松 ………………59, 61, 62
南朝鮮總督 ………197, 200, 210
南次郎 ………………………192, 195, 196, 197, 204, 205, 206, 207, 209, 210, 211, 216, 222, 225, 228, 229, 231, 233, 235, 242, 245, 248, 261, 265, 273
南總督 ……………………244, 274
南泰卿 ………………………………203
內閣紀元二千六百年祝典事務局 ………………………………………204
內尾志津子 …………………………161
內野建兒 ……………………………26
內野健兒 ……………………………41
內野武吉 ……………………………62
內田金作 ……………………………51
論山住人 ……………………………40
農商局長 ……………………………297

ㄷ

多景象 ………………………………61
多田毅三 ………………35, 50, 78
多田正知 ………95, 106, 127, 138
丹生谷章 ……………………………143
丹羽登喜 ……………………………34
丹羽淸次郎 …………………………81
淡路圓治郎 …………………………210
唐變木 ………………………………31
堂本敏雄 ……………………………283
堂本貞一 ……145, 147, 148, 171
當山民藏 ……………………………284
大家二郎 ……………………………238
大谷勝眞 ……………………………35
大谷稔明 …………………222, 233
大串繁雄 …………………140, 231
大關將一 ……239, 243, 252, 262
大橋武夫 ……………………………142
大邱公立高等小學校 ………152
大邱公立農林學校 ……143, 147

大邱公立女子高等普通學校 ……
……………………154, 156, 200
大久保弘一 ……………………277
大邱府初等學校委員會 ……103
大邱壽昌公立國民學校 ……292
大邱初等學校委員會 ………100
大邱初等學校編成委員會 …102
大堀知武造 ……………………293
大槻芳廣 ………………………295
大槻一郎 ………………………243
大內武次 ………………………89
大內收多 ………………………74
大本營陸軍報道部 ……276, 278
大本營海軍報道部 …………279
大山一夫 ………73, 83, 108, 149
大山諹一 ………………………128
大森高雄 ………………198, 199
大西雅雄 ………………………255
大西永次郎 ……………200, 224
大巖啓一 ………………………295
大野謙一 ………………145, 163,
187, 188, 190, 191, 192, 213,
284, 286, 290, 292, 294
大野綠一郎 ……………197, 200,
209, 210, 225, 229, 233, 245,
247, 262, 273
大野政務總監 …………………210
大野學務局長 …………289, 297
大友喜幸 ………………………117
大原利武 ………………34, 132,
139, 141, 143, 144
大原林次郎 ……………………66
大原利武 ………………………49
大田公立高等女學校理科擔任
……………………………181
大田公立中學校 ………………230
碓井隆次 ………………………270
大町清之 ………………………238
大竹十郎 ………………………216
大竹政平 ………………………269
大村百藏 ………………………35
大塚藤吉 ………………………51
大塚諦藏 ………………………118
大澤武雄 ……………137, 153, 154
大坂金太郎 ……………………59
大阪屋號主人 …………………26
大平敬次郎 ……………………268
大坪兆 …………………………252
大海不知人 ……………………93
德富蘇峰 ………………………154
德野鶴子 ………………………273
島崎健三 ………………………254
島崎生 …………………………39
渡邊幾治郎 ……………………259

渡邊崎太郎 ……………………237
渡邊暹 ……………………235
渡邊信治 ……108, 168, 233, 237
渡邊忍 ……………………144, 151
渡邊定一郎 ……………………35
渡邊彰 ……………………25, 37, 45
渡邊忠雄 ……………………43
渡邊學務局長 ·146, 153, 164, 168
渡邊豐日子 ………………41, 148, 149, 150, 161, 162, 165, 179, 179, 182, 183
島本愛之助 ·59, 60, 108, 111, 112
稲富榮次郎 ………206, 207, 209
渡植彦太郎 ……………………89, 91
稲葉慶市 ……………………51
稲葉君山 ……………………33, 167
嶋元勸 ……………………278
稲垣伊之助 ……………………46
稲月茂 ……………………197
菟田茂丸 ……………………234
島田牛稚 ……262, 273, 280, 282
道地啓二郎 ……………121, 234
島幸治 ……………………274
桃紅生 ……………………39
東京農業教育專門學校 ……210
東京音樂學校謹作 …………266
東京帝國大學農學部附屬農業教員養成所 ……………………195
桐山一男 ……………………266
桐野義隆 ……………………225
桐一葉 ……………………39
東風生 ……………………39
東海林儀太郎 …………53, 66, 74
藤岡生 ……………………39
藤居信雄 ……………………253
藤谷宗順 ……………………238
藤崎勝義 ……………………130
藤木主一 ………………139, 140, 169, 171, 181, 190, 195
藤原千壽子 ……………………157
藤田瑠璃 ……………………93
藤田嗣治 ……………………281
藤田新 ……………………299
藤田榮 ……………………230
藤田草路 ……………………64
藤田かずよし ……………………47
藤井寛太郎 ……………………30, 35
藤井秋夫 ……………………32
藤村誠治郎 ……………………165
藤村實則 ……………………78
藤村作 ……………………28, 29, 31
藤塚鄰 ……………………35
藤澤秀三郎 ……………125, 130, 132, 134, 147

藤塚鄰 ··········98, 124, 137, 138, 139, 179, 199, 219, 241, 249
藤好虎秀 ······················171, 273

ㄹ

羅鳳允 ······························155
樂浪山人 ····························39
鈴木萬一 ····························166
鈴木武雄 ·201, 274, 284, 294, 300
鈴木文夫 ····························86
鈴木生 ·······························83
鈴木盛 ·······························249
鈴木正昭 ···············186, 187, 188
鈴木駿太郎 ························156
鈴木重道 ······················276, 281
鹿子木員信 ························232
柳建寺鯨左衛門 ···················68
柳建寺鯨左衞門 ···················82
柳道衡 ······················167, 171, 176, 178, 179, 181
柳種德 ··················197, 200, 211
柳宗悅 ·······························60
柳澤藤策 ···············121, 169, 193
柳下博 ·························82, 83
柳漢益 ·······························63
陸敏哲 ·························116, 168
梨本丈吉 ····························253
隣祐之助 ····························254
林德次 ·······························185
林茂樹 ··················125, 137, 145
林云鶴 ·······························128
林原宏光 ····························273
林藏虎 ·······························133
林貞植 ·······························68
林虎藏 ·······························94
立石隆司 ····················71, 95, 96
立石きよか ·························290
立岩巖 ··················94, 132, 241
立野雅人 ····························276
笠井淳 ·······························179
立川一夫 ····························244

ㅁ

麻生磯次 ··············136, 137, 264
麻生隆秀 ····························79
馬耳生 ·······························45
末石休山 ····························72
末永又一 ··········26, 27, 207, 255
梅谷與七郎 ·························41
梅森郁 ·······························249

梅田育太郎 ……………………135
梅澤慶三郎 …………29, 51, 99, 134, 135, 136, 137, 138, 139, 140, 141, 193, 218, 219, 244
綿引朝光 ………………127, 128, 35
名越那珂次郎 ……………45, 62, 131, 133, 134, 137, 144
木藤重德 ………………………24, 68
木野崎吉郎 ……………293, 297
牧野毅 ……………………………201
木佐貫喜代助 ……………………58
木村隆 ……………………………257
木村雪子 …………………………113
木下久吉 ……………………………71
木下道雄 …………………………292
木下政司 …………………………209
木下竹次 …………148, 149, 150
武久大尉 ……………………………73
武內良夫 …………………………270
武部學務局長 ……………………101
武部欽一 …………………96, 98, 101, 105, 111, 115, 117
茂野直弘 …………………………237
武永憲樹 …………………………299
武田誓藏 ………………283, 289
武田全 ………………………………60
武政正明 ……………………………27
默笑子 ………………………………83
文鳳效 …………………152, 162
文部大臣官房體育課調査 ……………………………109, 111
文部省 ……………………………204
文部省社會教育局青年教育課 ……………………………113
文錫五 ……………………………172
門園廣 ……………………………186
尾高朝雄 ·239, 245, 262, 293, 296
尾崎加四衛 ………………………117
尾崎正哉 ……………………………62
米內光政 …………………………248
梶川裕 ……………………………299
民木襯丘 ……………………………75

ㅂ

朴寬洙 ……………………………247
朴貴粉 ……………………………252
朴呂玉 ……………………………172
朴文弘 ……………………………220
朴尙萬 ……………………………146
朴晟根 ………………………………77
朴壽根 ……………………………202
朴洵龍 ……………………………110

朴淳榮 ……………………………252
朴英雨 ……………………………230
朴壹光 ……………………………40
朴整家 ……………………………179
朴貞淑 ……………………………252
朴鋌遠 ……………………………238
朴宗憲 ……………………145, 169
朴鍾鴻 ……………………………31
朴澤三二 …………………166, 170
朴澤相駿 ……………………………285
朴憲旭 ………153, 155, 158, 159
朴鉉珏 ……………………………141
朴賢鐸 ……………………171, 173, 175, 176, 178, 181, 183
朴賢濁 ……………………………179
朴賢澤 ……………………………184
飯島滋次郎 ………270, 273, 282
飯山浩雄 ……………………………210
飯田一枝 ……………………32, 58
方昇煥 ……………………………238
芳賀失一 ……………………………48
裵甲順 ……………………………224
白斗鉉 ……………………………237
白木康進 ………………207, 208, 210, 211, 212, 213, 218
柏木末志 ……………………………239
白石鎭男 ………………44, 48, 60
白石アヤ子 ……………………143
白容成 ……………………………84
白原丞 ……………………………296
白潤文 ……………………………100
白井規一 ……………………………97
白井成允 ………………67, 125, 166, 168, 196, 213, 218
邊均鎬 ……………………………187
邊文植 ……………………………252
別府喬次 ………………105, 111
保寧公立普通學校 …………153
福間俊正 ……………………………77
福岡貞平 ……………………24, 154
福島政雄 …………194, 195, 197
覆面子 ……………………………23, 25
服部健夫 …………131, 132, 133
服部宇之吉 ………………35, 46
福富一郎 …………222, 224, 29
福士末之助 ………………71, 77, 78, 82, 85, 91, 92, 93, 94, 96, 111, 112, 115, 121, 122
福田義之助 ……………………42
福田豐吉 ……………………………48
本多武夫 ……272, 274, 285, 299
本多由雄 ……………………………115
本部隊 ……………………………288
本山清 ……………………………247

本莊坦 ……193
本田健義 ……101
本田榮三郎 ……154
塚田滿江 ……273
富山民藏 ……154, 156, 200, 255
富永文一 ·193, 196, 197, 200, 212
富永學務局長 ……197, 199
富田溫一郎 ……132
富田儀作 ……31
不破武夫 ……173
北古賀順橘 ……28, 83
北九州學事視察團記錄係 ……54
北上光之介 ……44
北野蘇市 ……89
北川清之助 ……158, 267
北村佐太一 ……209
北脇鷹一 ……136
飛永大和 ……296
肥田米作 ……238

人

寺崎久造 ……48
四方博 ……299
寺烟助之亟 ……189
四元畩助 ……158
砂田生 ……155
寺田俊郎 ……270
寺地與一 ……249
山桂太郎 ……202
山口勘太郎 ……147
山口秀雄 ……257
山口正 ……235
山口正之 ……93, 97, 104
山口智 ……139
山口太兵衛 ……28
山口好見 ……266
山口喜一郎 ……199, 200, 201, 202, 203, 205
山根正勝 ……252
山根政治 ……237
山崎芳夫 ……251
山崎延吉 ……136, 144
山崎義男 ……224
山內繁太郎 ……97
山梨半造 ……63, 91
山梨陸軍大將 ……69
山梨總督 ……71, 72, 74, 75, 78, 79, 81, 82, 84, 85, 87, 88, 90, 91, 92
山梨總督閣下 ……81
山名酒喜男 ……283
山本菊太郎 ……200

山本吉久 ……137
山本務 ……168
山本盛之 ……209
山本壽喜太 …288, 289, 291, 292
山本信三 ……80
山本英男 ……143
山本さだ ……31
山成不二麿 ……43
山守志郎 ……209, 276
山岸貢 ……43
山田謙三 ……238
山田耕作 ……88
山田大佐 ……49
山田立藏 ……249
山田武雄 ……152
山田三良 ……182
山田新一 ……36, 157, 273
山田貞利 ……101
山田鐵 ……64
山田初男 ……97
山田きみ ……268
山村仁策 ……299
山下久男 ……143
山下裕 ……228, 258
山下一彦 ……129, 190, 202
山下直之 ……288
山縣尙 ……51, 53, 54, 62
森岡茂美 ……55
杉谷精 ……142
杉光武右衛門 ……172
三橋濟 ……269
三根謙一 ……68
三島誠也 ……234
三島小六 ……229, 283
三木弘 ……244, 246, 248, 249, 251, 252, 254, 255, 256, 258, 259, 260
三山喜三郎 ……36
三上参次 ……32
森生 ……77
森五龍生 ……59
杉原德行 ……94, 99, 292
三原邦俊 ……72
森爲三 ……25, 43, 77, 88, 98, 107, 109, 112, 125, 131, 141, 159, 232, 242, 273
三田谷啓 ……126, 138, 157
森田四郎 ……273
森田梧郎 ……139, 141, 150, 156, 160, 162, 187, 188, 190, 207, 222, 226, 232, 239, 243, 247, 252, 256, 266, 276, 282, 284, 292, 293, 296
三條御歌所長 ……226

森川萬藏 ……59
森川新一 ……284
森千春 ……241
三太郎 ……30
三宅右祐 ……66, 247
三浦關造 ……141
三浦廣雄 ……136, 138, 157
三浦斧吉 ……26, 175
森憲治 ……161, 222
三好守治 ……85, 97
三好嚴一郎 ……177
三好憲之 ……253
三ヶ尻浩 …54, 63, 163, 168, 184
上內彦策 ……182, 185
相馬廣明 ……288
上萬英夫 ……159
常盤大常 ……27
上杉敏夫 ……41, 51, 59, 67, 71, 82, 126, 128, 130, 143, 144, 145, 161, 162, 165
上野虎造 ……249
桑垣隆人 ……47, 48, 49, 88
上原晩谿 ……61
上原生 ……25, 75
上原千馬太 ……23, 25, 26, 27, 29, 30, 31, 33, 40, 57, 58, 59, 73, 150
上原千馬太郎 ……36
上田常一 ……109, 113, 120, 123, 125, 131, 133, 137, 144, 148, 152, 154, 157, 161, 162, 165, 176, 178, 179, 181, 184, 185, 193, 244, 257
上田若子 ……224
相田重男 ……209
上坂三郎 ……226
生田已之吉 ……117
西岡亭夫 ……193
徐京烈 ……198
西館善平 ……276
西島智子 ……254
徐林炯 ……114
緖方篤三郎 ……101
西山敏雄 ……129
西野義雄 ……275
徐永達 ……146
西原慶一 ……255
西原峰次郎 ……95
西田榮三郎 ……86
西田天香 ……37
西晋一郎 ……108, 229
西川九藏 ……264
西村光治 ……63
西村三子 ……43

西村義雄 ……………………………275
西村一平 ……………………………290
西村ミ子 ……………………………56
西澤新藏 ……………………………35
西脇權治 ……………………………170
西舘善平 ……………………229, 259
石橋吉郎 ……………………………172
石橋令邑 ……………………………101
石橋一郎 ……………153, 154, 163
石本淸四郞 …………………………287
石本淸次郞 …………………………61
石山脩平 ……………………………255
石山紫絃 ……………………………61
石森久彌 ……………………………271
石原貞次 ……………………………125
石原忠義 ……………………………63
石原きく ……………………………224
石井敬悟 ……………………………254
石井正雄 ……………83, 276, 290
石宙明 ………………………………167
石鎭衡 ………………………………45
石天德 ………………………………224
石塚藤太郎 …………………………57
石戸谷勉 ……………………42, 77
石丸惠守 ……………………………242
石黑修 ………………………………255
石黑義保 ……………………………101
善隣商業學校 ………………………290
善生永助 ·102, 127, 129, 130, 134
鮮于文壽峰 …………………………121
仙波巖 ………………………………258
星野 …………………………………97
星野二彦 ……………………………202
星舟生 ………………………25, 26
星厚 …………………………………41
城後榮太 ……………………………262
小貫賴次 ……………………………32
小關二郎 ……………………………148
小口覺 ………………………………299
小久保豊吉 …………………………118
小久保豐吉 …………………………238
小磯國昭 ……………………279, 286,
291, 293, 294, 296
小島見一 ……………………53, 70, 71
小嶋生 ………………………………198
小栗義美 ……………………………235
小林新二郎 …………………………155
小林重三 ……………………………141
小林淸治郞 …………………86, 299
小林致哲 ……………………117, 237
小牧正美 ……………………………236
蘇峰生 ………………………………156
素砂公立普通學校 …………………146
小山一德 ……………………………33

小西重直 ……………………163, 164, 165, 175, 246, 259
小松本町警察署長 ……………104
小野博 ………………………………188
小野友三 …………………………182
小野正康 ……………………235, 260
小畑寬松 …………………………237
沼田茂滿 ……………………170, 171
小田省吾 …………29, 35, 57, 196
小鳥一郎 …………………………220
小早川博之 ………………………128
小竹武夫 …………………………129
小倉進平 ……49, 66, 98, 121, 133
小川三千男 ………………………112
小川信一 …………………………252
小出滿二 …………………………100
小出直三郎 ………270, 278, 284
小坂權太郎 ………………………150
小形勝 ………………………………23
小形愛山 ……………………………26
速水滉 ………………………196, 246
孫一峯 ………………………………62
孫日鉉 ……………………………157
孫貞圭 …………………………30, 151
松岡寬一 …………………………281
松岡修太郎 …………………………35
宋高猛 ……………………………236
松橋喜代治 ………………………165
松崎武之助 ………………………279
松崎喜美 ……………………189, 220
松尾春重 …………………………292
松本涉 ……………………………276
松本一郎 …………………………283
松本重彥 ……………………294, 298
松本眞英 ……132, 137, 167, 171
松本琢磨 …………………………224
松野紋治 ……………………………31
松延信義 …………………………219
松元藏之助 ………………………118
松原ふみ …………………………171
松月秀雄 ………………………48, 55, 57, 70, 92, 103, 108, 110, 111, 113, 115, 117, 120, 122, 127, 135, 137, 235, 273, 277, 281
宋殷鎬 ……………………………252
松田甲 …………96, 102, 103, 108
松田黎光 …………………………268
松田正雄 ……………99, 142, 157
松田忠藏 …………………………114
松井外夫 …………………………237
宋柱星 ……………………………167
松村松盛 …27, 31, 32, 34, 39, 46
松浦鎭次郎 …………………………81
松浦學務局長 …………84, 85, 87

宋熹八 ……………………………66
鬚大尉 ……………………………30
水島謙 ……………………………269
秀島榮 ……………………………219
水島治夫 ……………174, 241, 242
須藤傘雄 ……………………………255
竪山坦 ……………………………268
水上皐太郎 ·42, 72, 73, 75, 77, 79
水野浩子 ……………………………143
首陽山人 ……………………………80
水原高等農林學校附置實業補習
　學校 ……………………………144
水越順 ……………………………59
水越實美 ……………………………274
水越巖 ……………………………266
穗積重遠 ……156, 166, 168, 169
守田覺三 ……………………………117
水田宏 ……………………185, 186,
　187, 188, 190, 191, 192, 193,
　194, 195, 197, 198
須田靜夫 ……………………269, 270
水出梅平 ……………………………40
升谷宗七 ……………………………247
勝部謙造 ……130, 225, 226, 228
市島九郎 ……………………………231
柴山昇 ……………………………71
時實秋穗 ……………………………25
時長宗治 ……………………45, 117
柴田園子 ……………………………254
柴田喜四郎 ……………86, 88, 89
時枝誠記 ……………………………255
市川少佐 ……………………………97
市川榮三 ……………………117, 224
市村秀志 ……………………134, 237,
　270, 281, 284, 285, 289
市秋弘 ……………………………225
植木秀幹 ……………………………257
植野勳 ……………………………124
植田夏彦 ……………………………161
植村勳 ……………………226, 230, 251
新見吉治 ……………………230, 233
信廣靜一 ……………………………253
神克行 ……………………171, 184
神代正人 ……………………………118
辛島驍 ……………………………297
神保格 ……………………………255
新本三吾 ……………………………273
新本蓉基 ……………………………299
申常均 ……………………168, 170,
　171, 173, 175, 176, 178, 179,
　181, 183, 184, 186
新城新藏 ……………………………59
申榮吉 ……………………………162
辛膺敎 ……………………………194

申應植 ……………………………190
新庄よしこ …………………………224
新貝肇 ………………………191, 193
實藤直平 ……………………118, 209
審査員 ………………………159, 231
審査委員 ……………………………140
沈元弘 ………………………………109
深作安文 ……………………………123
深川儀一 ……………………………66
深澤傳一郎 …………………………199
沈亨求 …………189, 202, 236, 254
沈亨弼 ………………………………254
辻徳光 ………………………………40
辻董重 ………………………………275
辻善之助 ……………………………249
十河官太郎 …………………………224

ㅇ

兒島獻吉郎 …………35, 53, 57, 59
阿部文雄 ……………………………51
阿部誠雄 ……………………101, 103
阿部信行 ……………………………298
兒玉東一 ……………………………290
兒玉三男 ……………………129, 130
兒玉秀雄 ………………94, 101, 109
兒玉清彦 ……………………………249
嶽小原天眞 …………………………51
安岡源太郎 …………………210, 247
安岡正篤 ……………………………158
安龍伯 ………………………114, 209
安文英 ………………………………224
岸米作 ………………………231, 252
安倍能成 ……………………35, 45,
89, 133, 203, 130, 131, 132
安保道子 ……………………………189
安部吉治 ……………………………51
安部友愛 ……………………………126
岸勇一 ………………………………244
安寅植 ………………………………108
安田保則 ……………………………134
安周源 ………………………………249
岩橋武夫 ……………………………206
岩宮庄兵衛 …………………………236
岩崎千代子 …………………………41
岩崎清 ………………………………247
岩崎春茂 ……………………………268
岩崎平吉 ……………………………59
岩崎行親 ……………………………164
岩島一二三 …………………53, 274
岩本健 ………………………………273
岩本萬翠 ……………………………161
岩松五良 ……………………………226

岩永雄平 ……………………………237
岩原拓 ……………………224, 235
岩田彦二 ……………………………85
岩佐久代 ……………………………189
岩佐生 ……………………199, 219
岩佐彦二 ……53, 61, 62, 68, 70, 71, 73, 75, 79, 80, 82, 83, 86, 88, 93, 95, 96, 99, 103, 104, 105, 107, 109, 111, 112, 113, 114, 116, 119, 120, 121, 122, 123, 125, 126, 127, 128, 129, 130, 131, 132, 145, 149
岩佐又兵衛 ………………………113
岩佐重一 …………23, 39, 63, 150
岩佐參三 ……………………………89
岩村俊雄 ·24, 28, 34, 39, 200, 256
岩下雅三 ……………………………163
岩下安平 ……………………………85
岩下榮吉 ……………………………39
岩下雄三 ……………………………186
野口孝高 ……………………………39
野路丘聖爾 ………………………86
野上俊夫 ……………………23, 24
野守健 ………………30, 41, 43, 45
野田新吾 ……………………………285
野田義夫 ………………122, 151
野田竹一 ……………………………226
野中齋之助 ………171, 209, 247
野中清彌 ……………………………65
野村綱秀 ……………………………151
野村盛之助 ………………………273
野村稔 …………………237, 289
藥師寺清彦 ………………………275
若山牧水 ……………………………59
兩角達爾 ……………………………240
梁瓊淵 ………………………………252
梁福熙 …………………219, 248
御廚一八 ……………………………239
御親閱拜受朝鮮部隊 …………237
御厨一人 ……………………………229
嚴詳燮 ………………………………61
嚴弼鎭 …………………………47, 64
輿水實 ………………………………255
役員會 ………………………………256
蓮間森信 ………78, 105, 111, 116
鹽原時三郎 ……………205, 209, 210, 216, 229, 232, 239, 241, 243, 245, 246, 249, 251, 252, 253, 256, 268
鹽原學務局長 …………205, 208, 209, 221, 249, 264
鹽飽訓治 ………………133, 166
嶺乾一 ………………48, 55, 70, 94
永登浦住人 ………………………38

永野碩哉 ……………………………254
永田秀次郎 …………………………247
永田種秀 ……………………………283
永井柳太郎 …………………………298
奥利秀 ………………………………106
奥山仙三 …………………240, 273
呉聖達 …………………………………69
五十嵐悌三郎 ………26, 107, 176
呉永善 ………………………………113
呉点壽 ………………………………101
呉貞華 ……………………………65, 224
呉晴 ……………………………………82
奥村敏昭 ……………………………197
奥平武彦 ……………………………276
玉井是博 ………………………………83
玉井荘雲 ………………………………49
玉井ひらく …………………………89
溫金燮 ………………………………185
窪田恒光 ……………………………237
王丸禮子 ……………………………254
外里繁代子 …………………………290
外務省情報部 ……………199, 205
龍谷起 ………………………………297
龍山公立中學校 …………………290
龍ノ口忠太郎 ………………………47
牛島武夫 ……………242, 244, 249
羽柴亥之助 ………………98, 110
宇野佐太郎 ………………172, 202
宇野哲人 ……………………………110
宇垣一成 ……120, 123, 136, 145,
149, 154, 162, 181, 183, 188
宇垣朝鮮總督 …………141, 150,
161, 165, 183
宇垣總督 ……137, 161, 179, 182
禹鍾喆 …………………………………64
熊田滿 …………………………105, 243
元東植 ………………………………243
遠藤壽雄 ……………………………186
遠藤清男 ………………………………53
原房孝 ………………………………108
原碧 ……………………………88, 90,
91, 92, 93, 95, 96, 98, 99
原榮一郎 ……………………………262
原丈一郎 ………27, 31, 41, 56, 63
原田大六 ……………………………153
遠田運雄 ……………………29, 36,
41, 54, 56, 220, 254, 273
原田次郎 ……………………………185
元洪九 ……………………96, 127, 165
元希貞 ………………………………189
楢崎淺太郎 ………195, 197, 198
楢崎八十一 ……………………………69
柳道衡 ………………………………173
有馬慶治 …………………212, 219

楢木末實 ……………………………175
有安熊助 ……………………………198
有田新 ………………………………264
油井猛治 ……………………………212
有働一誠 ……………………………152
柳澤藤策 ……………………………51
有賀光豊 ……………………………35
陸軍省 ………………………………147
陸軍省新聞班 ………………………205
陸軍省調査班 ………………………145
尹鳳淑 ………………………………221
尹相鶴 ………………………………128
尹昌溥 ………………………………127
尹天柱 ………………………………238
尹亨南 ………………………………154
隠技文子 ……………………………268
隠崎文子 ……………………………273
議案 …………………………………74
依田德藏 ……………………………270
依田泰 ………………………………274
二科十朗 ……………………………273
李寬祚 ………………………………254
伊達平野 ……………………………273
李敦英 ………………………………29
李東基 ………………………………125
伊東隆夫 ……………………………295
伊東政昊 ……………………………278
伊藤謙三郎 …………………………247
伊藤久 ………………………………172
伊藤吉三郎 …………………………26
伊藤藤太郎 …………………………108
伊藤文治 ……………………………114
伊藤兵吾 ……………………………275
伊藤雄 ………………………………244
伊藤秋畝 …25, 34, 44, 46, 60, 78
二木謙三 ……………………………25
李鳳商 ………………………………189
李副會長 ……………………………81
李生 …………………………………47
李聖鎬 ………………………………187
李淳鎔 ………………………………170
李升圭 ………………………………224
李榮均 ………………………………237
李英世 ………………………………254
李英一 ……………54, 94, 172, 177
李完基 ………………………………47
李用雨 ………………………………142
李源圭 ……………27, 29, 32, 95
李倫求 ………………………………106
李應魯 ………………………………236
李義德 ………………………………237
李仁大 ……………197, 200, 211
李仁星 ……………………142, 157
李仁伊 ………………………………138

李長錫 ……………………………240
李鍾極 ……………………………116
李種禾 ……………………………237
李俊模 ……………………………185
李俊夏 ……………………………112
李俊興 ……………………………98
李軫鎬 ……………………23, 27, 28, 34, 35, 46, 63, 73, 81
伊倉健治 ………………257, 258
李春彬 ……………………………187
李泰源 ……………………………193
伊賀上野小學校女教員 ……147
李學務局長 …………66, 74, 77
李漢福 ……………………………32
李熙哉 ……………………………143
一記者 ……………………23, 27, 32, 37, 43, 54, 58, 62, 69, 73, 96
日吉守 ……23, 24, 25, 26, 27, 28, 29, 30, 32, 33, 34, 36, 37, 86
日笠護 …………41, 59, 99, 102
一有段者 ……………………………37
一參觀者 ……………………………73
任錫禹 ……………………………55
臨瀛舘主人 ………………………40
林原憲貞 …………………………46
任錫禹 ……………………………27
立石隆司 …………………………51
笠井清 …………………………36, 55
立川一夫 …………………………249
立花香園 …………………………38

ㅈ

紫陽 ……………………………85
長谷山利市 ………………………273
長谷川荒介 ………………………241
長根禪提 ……………………24, 96
長崎祐三 …………………………273
長濱生 ……………………………66
長沼依山 …………………………162
長屋尙作 …………………………293
張遇聖 …………………236, 268
長田武正 …………………………200
長田新 …………………145, 147
張幸男 ……………………………202
齋藤彌平太 ………………………295
齋藤三四郎 ………………………110
齋藤手之嘲 ………………………23
齋藤實 ………………45, 94, 109
齋藤實總督 …………………23, 24, 25, 26, 28, 29, 30, 32, 33, 36, 37, 41, 43, 44, 46, 47, 49, 50, 52, 54, 55, 56, 57, 59, 60, 61,

63, 64, 65, 67, 68, 94, 95, 97
齋藤有二 ……247
齋藤作松 ……25, 34, 68
齋藤正夫 ……133, 135, 139, 147
齋藤正一 ……51
齋藤哲人 ……274
齋藤清衛 ……280
猪川克己 ……189, 202
赤間雅彦 ……107
赤木萬二郎 ……28, 49, 81
荻野正俊 ……93
荻原擴 ……241
赤井米吉 ……142
寂秋生 ……26
赤澤修一郎 ……254
傳姜希顔 ……120
田尻柳市 ……120, 132, 136, 163, 284, 287
田口三千江 ……254
全國聯合教育會 ……48
全南·光州瑞石公立尋常小學校 ……247
全南生 ……38
田島義平 ……70
田島泰秀 ……23, 24, 26, 27, 28, 29, 30, 31, 32, 34, 37, 41, 42, 45, 57, 80, 83, 85, 88, 90, 102, 104, 106, 143, 157
全羅南道羅州公立普通學校 ·140
全羅南道報 ……100
全羅南道初等中等學校兒童生徒 ……222
全羅北道·裡里公立普通學校 ……148
田鹿昴 ……125, 139
專門學校代表 ……291
田邊信靖 ……97
田邊長助 ……155
田邊至 ……203
田保橋潔 ……69, 262
田申政吉 ……213
田淵秀明 ……220
田淵きよ子 ……273
全用涉 ……254
前田金七 ……55
前田德一 ……275
前田藤作 ……219
前田生 ……38
前田善次 ……77
全州人 ……38
田中敬 ……125
田中啓爾 ……152, 153, 154
田中寛一 ……157
田中紀弘 ……202, 220

田中梅吉 ……29, 74, 128
田中武雄 ……284, 291, 293
田中文子 ……220
田中彌市 ……68, 91
田中稔 ……258, 271
田中箴 ……117
田中傳吉 ……236
田中政吉 ……188, 201, 207, 208, 211, 212, 218, 219, 222, 226, 242
田中智學 ……176
田中初夫 ……41, 47, 71, 85, 88, 101, 107, 110, 121
田中平作 ……230
田中玄英 ……296
田中玄黃 ……108
田中さだし ……281
田村芙紀子 ……273
田花爲雄 ……97, 150, 151, 152, 185, 208, 256, 273, 282, 297
截文進 ……107
鮎川潤 ……277
鄭謙齋 ……124
鄭敬德 ……202
鄭啓元 ……105
丁寬植 ……80, 82
鄭德敎 ……254
正木茂久 ……208
正木賢次郎 ……271
鄭未朝 ……268
井上改平 ……86, 104, 118
井上收 ……31, 32
井上勇喜三郎 ……62
井上位人 ……34, 35, 40
井上齊 ……43
井上智 ……44
井上清 ……179
鄭善化 ……254
鄭壽龍 ……129, 159
鄭守連 ……144, 146, 147, 149, 150, 161
鄭淵奎 ……253
丁玉鎭 ……176
鄭用姬 ……172
鄭愚鎭 ……176
井原茂子 ……252
井原友夫 ……167
井原潤次郎 ……224
鄭寅燮 ……144
鄭日秀 ……44, 55
町田定治 ……274
丁焌榮 ……70
鄭鎭裕 ……249
鄭燦英 ……172, 202

井澤正 ··································117
井下田繁雄 ··················243, 249
鄭玄雄 ··································172
鄭喜羅利 ······························254
堤赳 ····································298
諸留寛 ·········37, 45, 55, 110, 290
第二十師團査閱官報 ··········103
堤政助 ···················61, 117, 194
齊賀操 ··································144
蔦崗道人 ································40
趙光濟 ··································184
照崎鐵太郎 ··························123
趙南台 ····································71
趙南薰 ··········197, 200, 211, 213
趙東信 ··································254
趙來壁 ····································71
曺龍承 ··································189
鳥山喜一 ·····················134, 232
朝鮮教育會 ···201, 204, 205, 300
朝鮮教育會長 ······················249
朝鮮總督府 ················173, 217,
289, 294, 295
朝鮮總督府 文書課 ············218
朝鮮總督府 防護課 ············291
朝鮮總督府 人事課 ············158
朝鮮總督府 學務課 ············294
朝鮮總督府 學務局 ······217, 265
朝鮮總督府 學務局錬成課 ··285
朝鮮總督府 學務局社會教育科·
朝鮮體育協會 ····················213
朝鮮總督府 學務局長 ··256, 300
朝野菊太郎 ·······65, 81, 185, 186
鳥野幸次 ······························225
朝田寛一郎 ··························255
趙珠河 ··································155
趙海衡 ·························191, 247
趙洪枸 ··································254
鳥飼生駒 ······························168
足立芝香 ································33
宗高猛 ··································202
佐藤剛藏 ································35
佐藤謙三 ·······················55, 171
佐藤九二男 ··············67, 68, 272
佐藤道義 ··············132, 140, 143
佐藤力 ····································64
佐藤武雄 ······························300
佐藤悟 ··································273
佐藤寅藏 ······························117
佐藤莊平 ································40
佐藤清 ·····························48, 49
佐藤薰之助 ····························51
佐伯銀太郎 ··························282
佐白輝一 ······························221
佐野道 ··································226

佐野武郎 ……………………………249
佐田至弘 ……………………………63
佐々木等 ……………………………194
佐佐木一郎 …………………………117
佐村生 ………………………………39
佐村信平 ……138, 139, 140, 141
酒匂精 ………………………………181
朱東性 ………………………………38
朱利鳳 ………………………………224
住友國春 ……………………………273
酒井作藏 ……………………………137
酒井抱一 ……………………………115
竹內熊治 ……………………………54
竹內一 ……………………130, 132,
135, 138, 140, 153, 154, 176
竹藤峰政 ……………………………258
竹山龍白 ……………………………247
竹田延 ………………………………238
竹中康雄 ……………………………78
竹中要 ………………233, 269, 273
竹中やすを …………………………91
竹之內秀夫 …………………………119
中谷健次 ……………………………176
中根晃 ………………………………231
中島武重 ……………………………209
中島信一 ……………………235, 243,
244, 247, 257, 258, 286
中島隆衛 ……………………………249
中島忠利 ……………………120, 123
中林英三 ……………………26, 65
中尾清 ………………………………88
中山久四郎 ………………99, 135
中山太一 ……………………………60
中西政周 ……………………………51
中西ツグエ ………………157, 172
中西ツグヱ ………………189, 202
中西つぐゑ …………………………71
重松正良 ……………………………242
中野實 ………………………………244
中野已之吉 ………120, 141, 147
中野已之助 …………………………119
中田午川 ……………………………93
中田忠治 ……………………………293
中村庫造 ……………………………57
中村多門 ……………………………275
中村不折 ……………………………126
中村不折畵伯謹畵 ………………184
重村生 ………………………37, 53, 55
中村盛一 ……………41, 42, 43, 44,
46, 47, 49, 50, 54, 55, 56, 57,
59, 60, 61, 63, 64, 65, 67, 69,
71, 72, 74, 78, 79, 81, 83, 84,
86, 87, 89, 90, 91, 92, 95, 97
中村榮孝 ……………193, 194, 228,

242, 243, 264, 265, 266, 267
中村惟正 ……243
中村音吉 ……159
重村義一 ·31, 53, 58, 60, 70, 127
中村竹次 ……117
中村止戈男 ……139
中村止才男 ……140
中村辰雄 ……240
中澤希男 ……137
中澤喜男 ……262
中和公立普通學校 ……153
增原薰三 ……118
增田道義 ……251, 279
增田收 ……198
增田收作 ……135, 152, 221
增田一人 ……125, 144, 168, 229
增井淸 ……33
池谷耘兒 ……65
芝崎總夫 ……131
池上四郎 ……67, 73
池上秀畝 ……99, 129
池上政務總監 ……80
池上朝鮮教育會長 ……81
池順烈 ……176
志原善四郎 ……44
池田敬介 ……140
池田林儀 ……158, 160,
171, 173, 174, 176
池田芳榮 ……117
池田併治 ……202
池田正長 ……106
持地ゑい子 ……299
志村善四郎 ……30, 37, 46, 63
志村喜四郎 ……31
志賀潔 ……24, 35, 43, 55, 86, 98
職員一同 ……285
眞崎長年 ……273
秦世斌 ……172
眞須也一水 ……32, 34
津田常男 ……28
津田信夫 ……203
津田榮 ……108, 126,
152, 176, 228, 257
津田節子 ……271
津田重哲 ……202
津郵瓢二樓 ……262

ㅊ

車基鼎 ……46, 64
車田篤 ……253
倉島至 ……24, 27, 270, 272, 278
倉茂周藏 ……281

倉房子 ······254
倉本純一 ······135
倉田健之助 ······39
倉澤藤三郎 ······40
蔡南仁 ······190
川口清 ······273
川根虛水 ······33
川崎大佐 ······299
川崎繁太郎 ······42, 77
川島桂 ······118
川島義之 ······231, 245, 246
千頭小次郎 ······167
川岸總長 ······277
天野利武 ······299
天野武夫 ······185
天野壽助 ······178
天野壽之助 ······58, 61, 181
天野榮十郎 ······99
淺野卓次 ······185, 218
千葉房男 ······220
千葉昌治 ······140
川窪德藏 ······117
千田金治郎 ······235
川田達懿 ······142
川畑滿洲男 ······254
千鳥草 ······47, 58
淺川藤次 ······172
淺川牧榮 ······221
川村光也 ······175
川村多實二 ······192
川村理助 ······183
清宮宗 ······125
靑嵐生 ······60
靑木戒三 ······73
靑山弘城 ······63
淸水前義 ······97
淸水節義 ······80, 176
淸水種秋 ······276
淸原貞雄 ······169, 170, 173, 174, 176, 177, 179, 181
草木茂 ······140, 173
楚人冠 ······240
草場貢 ······98
初田太一郎 ······34
村岡典嗣 ······185
村岡哲夫 ·51, 80, 89, 111, 120, 270
村瀨哲夫 ······254
村山道雄 ······150, 152
村上博之 ······238
村上隆造 ······285
村上種一 ······184
村松儉爾 ······97
村松洋三郎 ······237
村松祐淳 ······200

總督府學務局 ························285
塚本忠信 ························117
崔奎東 ························278
崔琦松 ························127
崔己元 ························212
崔南善 ························168
崔德勳 ························254
崔秉協 ························119, 121, 126, 129, 132, 135, 136
崔聖德 ························165
崔承愛 ························79
崔淵海 ························129
崔榮鶴 ························249
崔榮翰 ························162, 170
崔允秀 ························36, 47, 48, 52, 66
崔璋烈 ························68
崔載瑞 ························131, 132, 133
崔種穆 ························254
崔昌崙 ························47
崔致範 ························236
秋葉隆 ························125, 138, 139, 249
秋葉祐之 ························224
秋葉隆 ························86, 99
春城寺麗 ························229
沖石與一 ························195
沖永菖 ························143
沖原南海 ························98
忠淸南道教育會 ························292

ㅌ

灘井巖 ························247
湯本高男 ························107
湯山仁平 ························151
太古生 ························39
泰西名 ························27
太田一江 ·178, 183, 195, 199, 235
澤光範 ························34, 41, 66
澤柳政太郎 ························25, 62
澤幡常業 ························106
澤輝子 ························66
土居菊丸 ························187, 270
土居彩畝 ························30, 63, 81
土谷玲湖 ························58, 60
土谷珍湖 ························61
土生米作 ························178, 179, 183
土生生 ························176, 185, 186
土生黎光 ························64, 66
土屋耕造 ························173
土井晩 ························170
土井晩翠作 ························240
樋口節春 ························103, 113
筒井誠 ························238

鬪生 ……………………………………47

ㅍ

波多野尊虎 …………………………54
波場左右司 …………………………252
波田重一 ……………………………279
坂東藤太郎 ………………197, 273, 284, 291, 292
坂本彦治郎 …………………………118
板垣三郎 ……………………………235
板垣征四郎 …………………291, 296
坂村眞民 ……………………………184
八束周吉 ……………………………273
八尋生男 ……………………111, 115, 125, 126, 127, 128, 129, 130, 131, 132, 133, 134, 135, 136, 137, 138, 140, 143, 150, 152, 167, 175, 186
八田吉平 ……………………………111
八重樫達郎 …………187, 247, 262
八丸生 …………………………………38
貝谷砂丘 ……………………………66
片岡都三郎 …………………………31
片山坦 ……………………………28, 236
編修課 ……………………287, 288
編輯部 ………………………………285
平間文壽 ……………………………271
平本雄 ………………………………253
平北·義州公立普通學校 ……148
平北嘉山公立普通學校 ………70
平山敏 ………………………………247
平山正 ………………………………108
平山孝一 ……………………………163
平沼騏一郎 …………………………265
平安北道嘉物南公立普通學校 ……………………………………173
平野吉三郎 ………………118, 238
平野誠太郎 …………………………290
平野政良 ……………………………191
平野春子 ……………………………254
平壤公立高等女學校 …………263
平壤師範學校附屬國民學校 ·281
平壤若松公立普通學校 ……135, 139, 211
平井三男 ………23, 28, 44, 49, 69
平井正 …………………………………40
平泉澄 ………………………………179
平春眞一郎 …………………58, 72
平出大佐 ……………………………277
平賀教授 …………………110, 112
平賀良藏 …92, 99, 102, 107, 181
浦村鷺外 ……………………………36

俵福子 ······91
俵雅亮 ······74, 97
風間勝顯 ······225
豊卷英吉 ······268
豊田操 ······40

ㅎ

河口政之助 ······66, 70, 72, 158
河口杢堂 ······239
下郡山誠一 ······47
河內山樂三 ······28, 35
河本卯一 ······226, 266
河受源 ······31
河野高秀 ······66
河埜多久實 ······247
河野省三 ······126
下野朝岳 ······90
河野宗一 ······128
河野卓爾 ······101
賀田直治 ······37
下田次郎 ······108
河村幹雄 ······23, 24, 25
學校代表 ······291
學務課 ······276, 277, 278, 279, 280, 281, 282, 283, 284
學務局 ······251, 291
學務局當局 ······298
學務局長 ······87, 168, 207, 251, 261, 265, 286, 289, 290, 294
學務局主管 ······156, 201
學務局編修課 ······285
學務局學務課 ······285
學務當局 ······80, 84
學園居士 ······40
韓景淳 ······254
韓圭復 ······100
韓相龍 ······35, 99
韓在南 ······254
韓正愚 ······225
韓炯宣 ······58
咸鏡北道 ······295
咸鏡北道報 ······119
咸鏡北道行營公立普通學校 ·154
咸北·茂山公立普通學校 ······166
合原松芳 ······52
海老原虎雄 ······273
行德八郎 ······117
行實重義 ······34
向江犬吾 ······77
鄕司武肆 ······201
香山光郞 ······273
向井盛 ······159, 161, 171

向井虎吉 ……51
香住喜一 ……50
許貴同 ……224, 229
許文華 ……143, 144
許鎭 ……153, 47
許眞極 ……242
玄永燮 ……205
玄重植 ……171, 173, 175, 176, 178, 179, 181, 184
玄櫶 ……28
峽谷岐延三 ……52
戶谷正造 ……176
戶張幸男 ·172, 189, 236, 255, 268
戶田直溫 ……38
洪龍俊 ……238
洪山範植 ……278
洪淳三 ……171, 173, 175, 176, 178, 179
洪祐伯 ……52
弘中進 ……270
和久正志 ……102, 106, 107, 165, 166, 233
花木光男 ……249
和田三造 ……46
和田英正 ……150, 210
和田雄治 ……43
和田一郎 ……36, 39
和田重則 ……233, 241, 243
和田香明代 ……59
丸山敬次郎 ……36
黃南周 ……56
荒內貞作 ……249
荒木悌二郎 ……203
荒武房芳 ……177
黃海生 ……39
橫瀨守雄 ……284
橫山吉守 ……197, 241
橫山彌三 ……31, 203
橫山政吉郎 ……38
橫田俊郎 ……29
後藤瑞巖 ……181
後藤一郎 ……23
後藤逸次 ……85
後藤長治 ……78, 109, 110, 112, 114, 116, 119, 120
後藤正 ……172
厚地兼彦 ……294
暉峻義等 ……184
黑田聖吉 ……190
黑田洋 ……252
黑田滋 ……273
黑田長禮 ……141
黑川漸 ……209
黑川銑三 ……176

喜多村肇 ……………100, 222, 269
姫野登 ……………………………249
柿元一 ……………………………192
榊原昇 ……………………………269
樰島孝介 …………………………273
欝陵島廳 …………………………155
豐崎生 ……………………………45
豐永重行 …………………………236
豐田重一 …………………………154
隈耳 ………………………………37
鵜川博 ……………………………189

あ

アルヴイト·パルク ……………205
アルフオンス·レグロス ………74
アンリ·ロイヤー ………………102
いにしへ人 ……………………38

か

ケルシェンシュタイナー ………
……………………106, 109, 110, 112

さ

サー·エス·ダブリュ·ベーカー …
…………………………131, 132, 133
さざなみ ………………………38
さすたひ人 ……………………44, 45
さすらひ人 ……………………40, 43
シイー·イー·ターナー ………224
シヤルレ シヤプラン ………127
シユプランガー ………………212
ジヨセーフ·ウオーレン·メーソン
……………………………………147
スポーツマン …………………39

た

トムソン女史 …………………206

な

ナサニエル·ペツフア ………205

は

ひでを …………………………63
ふぢのや ………………………41
ペーカ、アリス ………………189
ヘレン、パークハスト ………24
ヘレン·ケラー女史 …………206

ま

むらさき ………………………38
モルトン·ハワード …………80

E

Ethelbert White ……60

H

HK生 ……46

I

IS生 ……39

K

KI生 ……38
KK生 ……47

M

M·O生 ……41
M生 ……39

S

SI生 ……54
SO生 ……96
SS생 ……39
S生 ……72

T

T生 ……23

U

U生 ……23, 26

편저자_최혜주(崔惠珠)

숙명여자대학교 사학과와 대학원을 졸업하고, 일본 도쿄대학 대학원 인문과학연구과에서 한일 관계사를 전공해 석·박사학위를 받았다. 도쿄대학 문학부 외국인연구원, 숙명여자대학교와 한양대학교의 학술연구교수를 지냈다. 2010년 지금은 한양대학교 동아시아문화연구소 연구교수로 강의와 연구 활동을 계속하고 있다.

저서로는 『창강(滄江) 김택영(金澤榮)의 한국사론』(1996), 『한국 근대사와 고구려·발해인식』(2005, 공저), 『근현대 한일 관계와 국제사회』(2007, 공저), 『최남선 다시 읽기』(2009, 공저), 『한국 근현대사를 읽는다』(2010, 공저) 등이 있다. 번역서로는 『일본 망언의 계보』(1996), 『일본의 근대사상』(2003), 『일본의 군대』(2005), 『조선잡기(朝鮮雜記)—일본인의 조선 정탐록』(2008), 『일본인의 조선관』(2008), 『조선인의 일본관』(2008), 『만주국의 탄생과 유산—제국 일본의 교두보』(2009), 『인구로 읽는 일본사』(2009, 공역), 『일본 망언의 계보 개정판』(2010) 등이 있다.

한말·일제 강점기 일본인의 한국사 왜곡과 조선에 관한 조사에 관심을 가지고 있다. 한국 근대사상사, 한일 관계사, 재조 일본인의 활동과 조선 인식, 역사 교과서 문제 등에 관한 여러 편의 논문을 발표했다.

문교의 조선 총목차·인명색인

초판1쇄 발행일 | 2011년 3월 18일

편저 ● 최혜주
펴낸이 ● 박영희
표지 ● 강지영
편집 ● 강지영, 이은혜, 신수정, 김미선, 성소연
펴낸곳 ● 도서출판 어문학사
132-891 서울특별시 도봉구 쌍문동 525-13
전화: 02-998-0094 / 팩스: 02-998-2268
홈페이지: www.amhbook.com
e-mail: am@amhbook.com
등록: 2004년 4월 6일 제7-276호

ISBN 978-89-6184-247-1 94080

정가 48,000원